Manual do Infinito

PAUCA SED BONA

POUCAS COISAS, MAS BOAS

Henrique Vitorino

MANUAL DO ∞ INFINITO

Relatos de um autista adulto

NECESSÁRIO ↳
- ~~ACORDAR~~
- ~~TOMAR O REMÉDIO~~
- ~~TOMAR CAFÉ~~
- ALONGAR O CORPO
- LIGAR PARA ELE
- PÔR O LIXO PARA FORA
- ~~ESCREVER UM TEXTO~~

© *Copyright* Henrique Vitorino
© *Copyright* Editora Nova Alexandria Ltda, 2023.
Todos os direitos reservados.
Nenhuma parte deste livro pode ser reproduzida sem a expressa autorização da editora.
Em conformidade com a nova ortografia.

Editora Nova Alexandria Ltda.
Rua Engenheiro Sampaio Coelho, nº 111/113
CEP 04261-080 – São Paulo/SP
Telefone: 55 (11) 2215-6252

https://editoranovaalexandria.com.br

Coordenação editorial e revisão: Rosa Maria Zuccherato
Capa e Diagramação: Antonio Kehl

FICHA CATALOGRÁFICA
Dados Internacionais de Catalogação na Publicação (CIP)
Tuxped Serviços Editoriais (São Paulo, SP)
Ficha catalográfica elaborada pelo bibliotecário Pedro Anizio Gomes - CRB-8 8846

V845m   Vitorino, Henrique.

Manual do infinito: relatos de um autista adulto / Henrique Vitorino. – 1. ed. – São Paulo, SP : Editora Nova Alexandria, 2023.

272 p.; fotografias; 16 x 23 cm.

ISBN 978-85-7492-500-4.

1. Autismo. 2. Espectro Autista. 3. Neurodivergência. 4. Relatos. I. Título. II. Assunto. III. Autor.

CDD 616.89
CDU 615.851

ÍNDICE PARA CATÁLOGO SISTEMÁTICO
1. Autismo. 2. Transtorno do Espectro do Autismo.

Sumário

Prefácio 9

Tomo I. O Autista e o Mundo 17

    Amizades de vento: noções de distância e proximidade 19

    Eu quero os meus direitos: ativismo autístico no mundo neurotípico ... 23

    Bibelô: o autista-enfeite 26

    Me deixa: o pesadelo das redes "sociais" 30

    Família Tradicional Autista: a família e a vida familiar no espectro 34

    Eu não aguento mais: os episódios de *burnout* e *meltdown* 39

    Válvula de escape: a importância de não coibir os *stims* 46

    Deixa eu falar, Doutora: conversa com profissionais que lidam com autismo 50

    Que QIsso?: níveis de suporte e níveis de capacitismo 55

    O legado para os autistas de amanhã: o que penso do futuro 61

    O melhor autista do mundo: representatividade de autistas para autistas 65

    Naturalmente exímio: um cérebro que não cansa de ser atípico 70

Tomo II. Os Bastidores do Espectro 75

    Meu jeito é meu mundo: organização e disfunção executiva 77

    O peso das horas: autismo, pontualidade e controle 81

Autistinder: a saga do autista apaixonado 85

Frieza: a lógica sentimental de um autista 90

Moto-contínuo: a repetição (e seus prazeres) 95

Vida cartesiana: o método autista para viver e sobreviver 101

Tortura: a hipersensibilidade autística em um mundo neurotípico 107

Caminhos da pele: o autismo e o contato físico 113

Pensamentos que machucam: o cérebro incansável e a memória sensorial 117

Sobre a arte de parar: hiperfocos e interesses específicos 124

Lado B: os segredos do meu espectro 129

Mente de diamante: o pensamento rígido no autismo 140

O que o povo gosta: vivências e descobertas da sexualidade autista .. 147

Alvo em minha testa: autismo e violência contra as pessoas com deficiência 155

Minha cara: um desabafo poético sobre o mascaramento 160

Tomo III. O Infinito em mim 163

Artista ou autista: fronteiras do Transtorno do Espectro Autista nas artes 165

Eu me toquei: como a sexualidade me tirou do ostracismo 169

Aluga-se: a epopeia do autista que mora só 173

O *bon vivant* do espectro: relatos de um autista boêmio 190

Militância isolada: o papel das redes sociais na minha aceitação enquanto pessoa autista 196

Rotulado: a importância social de assumir o diagnóstico 200

O Enigma de Si: o benefício da psicanálise para um autista (e a polêmica das terapias) 204

Vil metal: a tensa relação entre o dinheiro e o autismo 209

Amizades de suporte: pessoas que transcendem o espectro 214

O que o autismo uniu, ninguém separe: cônjuges como suportes (ou não) 218

Meu Garoto: a família que o espectro me deu 223

A força de Sansão: superdotação no espectro autista **227**

Tiozinho: as aventuras de um autista velho em um corpo jovem **231**

Vida em branco: a falta de memórias da infância **235**

Superação sem capacitismo: como transformei minha vergonha em autoestima **239**

Minha vida não é nada sem você: o luto no autismo **243**

Agradecimentos do autor **250**

Dicionário da Pessoa Autista **253**

Prefácio
Por Claudia Costin

O Brasil começou há poucos anos a contar com livros de autores brasileiros sobre o Autismo. A maior parte deles, mesmo alguns de ficção, como o magnífico "Arthur, um autista do século XIX", de Maria Cristina Kupfer, são de autoria de especialistas no tema, psicólogos, psiquiatras ou neurologistas. Neste sentido, a obra de Henrique Vitorino traz algo bem distinto: trata-se da voz de um jovem autista relatando como já adulto descobriu sua condição, aprendeu a lidar com ela, conectou-se a uma comunidade de pares, sem deixar de ter laços com a sociedade mais ampla em que, dentro dos seus limites e possibilidades, busca construir sua vida, inclusive sua sexualidade.

Conheci o Henrique num experimento vivido durante o isolamento social decorrente da pandemia. Um grupo de amigos judeus, liderados pelo José Luiz Goldfarb, sentindo falta da sinagoga, decidiu organizar com o apoio da Hebraica a "Sinazoom", em que amigos se alternavam em fazer a prédica do texto da Torá e outros assumiam os cânticos da liturgia. Henrique tinha grande dificuldade para se comunicar, dada sua gagueira, mas canta maravilhosamente e foi um dos cantores. Descobri depois que trabalhava também num grupo de teatro.

Quando me procurou para mostrar seu livro, li sem grandes expectativas, mas depois de poucas páginas, fiquei fascinada. Havia acompanhado de longe a sua busca e seu diagnóstico, mas não imaginava o que ele me enviou para ver se fazia sentido. Fez muito!

Sou avó de dois lindos netos autistas que puderam ter sua condição identificada na infância e assim receber atenção adequada, como fonoaudiologia, acompanhamento psicológico e fisioterapia. Tenho também um sobrinho com uma história parecida com a do Henrique, que descobriu já adulto sua condição que, no caso dele, o levou a grandes dificuldades na escola e em relacionamentos sociais. Por conta disso e por ter sido secretária de educação na cidade do Rio de Janeiro, a maior rede municipal do país, com muitos alunos incluídos, leio muito sobre o espectro autista. Mas nunca havia esbarrado com um relato portentoso como este de uma vida adulta dentro do espectro.

O livro do Henrique traz uma reflexão sobre o que é ser e se perceber como neurodivergente, como lidou com a percepção inicialmente um pouco confusa de que havia algo estranho, ou ao menos diferente, na forma como ele estabelecia relações, organizava suas rotinas cotidianas ou se preparava para situações que poderiam lhe causar ansiedade. Ao lidar com o seu estranhamento e o de sua família, acabou buscando ajuda, nem sempre com sucesso.

O trecho em que escreve sobre sua autoaceitação e até o alívio que teve ao entender o que se passava com ele vale a pena ser lido por pais e educadores de jovens. Mais do que conselhos e das necessárias orientações técnicas, vale a pena ouvir a "voz" de um autista que se aceita e respeita, e deseja não apenas poder ter uma cidadania plena no mundo, mas fazê-lo a partir de quem ele é e da sua condição.

Recomendo a leitura não só a quem está inserido pessoalmente neste mundo, tem familiares no espectro ou uma atuação profissional na área, como também para aqueles que desejam construir uma sociedade inclusiva, mais diversa e justa.

Claudia Costin é diretora do Centro de Políticas Educacionais da Fundação Getúlio Vargas. Foi Diretora Global de Educação do Banco Mundial, Professora do Mestrado em Educação da Universidade de Harvard e Secretária de Educação da cidade do Rio de Janeiro.

Os conceitos aqui explicados se baseiam na experiência de Henrique Vitorino como pessoa autista. Alguns destes conceitos podem criticar ou divergir dos conceitos veiculados nos manuais de ciência, ou ainda das teorias relacionadas ao Espectro Autista.

O autor

Eu tenho apenas uma forma simples de ver o mundo.
Típicos é que têm dificuldade de observar.
Sempre buscam explicação onde apenas deveriam ter fé.

Fernando Murilo Bonato, autista escritor e ciclista

Aqui está a confissão de minha vida: eu sou autista.

Meus pensamentos são completamente autistas. Todas as minhas emoções também. Minha maneira de fazer Filosofia, de compreender o mundo e observar a humanidade são autistas. Minha preferência política é moldada pelo autismo. A minha literatura, minha música, minha arte teatral e minha poesia são parte de mim: ou seja, são autistas. As fórmulas que rezo, as canções que entoo em minha sinagoga, e o texto sagrado que estudo também são autistas. O meu autismo se manifesta no jeito em que me visto, no deus em que acredito, quais produtos consumo, a maneira com que crio e mantenho laços de amizade, os locais que frequento. Minha conta bancária e minha profissão também são influenciadas pelo autismo. As aulas que eu ministro possuem seu próprio método autista. São autistas meus desejos e fantasias, a maneira com que amo e faço sexo, e como torço pelo meu time de coração. Os textos que publico na internet são autismo puro. O autismo está nos meus destinos turísticos, no meu jeito de limpar a minha casa, e na rotina até o endereço do meu trabalho. No dia em que eu for pai adotivo, o autismo participará da educação de meus filhos. As doenças que terei serão também influenciadas pelo autismo. Sou autista nos meus mínimos detalhes, e até depois da minha morte viverei na mente das pessoas numa saudade autista.

Em seu livro *O Cérebro Autista: Pensando através do espectro*[1], Temple Grandin aborda o autismo do ponto de vista biológico e genético, utilizando o seu próprio cérebro como exemplo para as suas ideias. Comparado a ela, tenho grandíssimas disparidades: ela é doutora em Biologia, e eu sou filósofo; ela é uma mente realmente brilhante, e eu estou no meu caminho para começar a entender a minha condição de neurodiverso; ela é uma mulher com mais idade, e eu sou um homem com menos idade; ela teve acesso a exames modrníssimos, executados por professores de Medicina e profissionais de ponta – eu descobri o meu diagnóstico depois de adulto, e já integrado à sociedade neurotípica. Ela nasceu e é cidadã de um país de primeiro mundo: eu ainda preciso lutar pela garantia de direitos básicos, como a fila preferencial e o acesso integral aos convênios médicos, sem pagar mais por isso.

Dra. Grandin consegue mostrar, através dos seus exames de ressonância magnética, que seu cérebro possui algumas áreas maiores do que outras. Essa neurodiversidade biológica é o que faz Grandin sentir o mundo de maneira diferente de um neurotípico. Não tenho certeza de quais áreas do meu cérebro podem ser maiores, ou menores, ou com hiperatividade, ou com deformações congênitas. Lembro apenas que recebi aos três anos de idade o diagnóstico formal de *irritabilidade frustra difusa*, o que não faço a menor ideia do que significa. Deixo a explicação correta para os neurologistas. Penso que a "irritabilidade difusa" seja a capacidade que o meu cérebro possui de não desligar criativamente, o que tem muito a ver com o autismo. Durante a minha adolescência, fui desleixado com minha existência autista. Eu nunca me interessei em saber da saúde do meu cérebro. Apenas agora, depois do diagnóstico, é que surgiu a vontade de compreender melhor *a massinha cheia de sangue que me faz ser eu*.

Ainda não tenho condições de demonstrar exames ou análises médicas acuradas sobre o meu cérebro. A única abordagem do *Manual do Infinito* é vivencial: conto aquilo que sei através de minha própria experiência. As

---

[1] GRANDIN, Temple; PANEK, Richard. *O Cérebro Autista: pensando através do espectro*. São Paulo: Editora Record, 2021. 14ª edição.

impressões de um cérebro autista devem ser consideradas e validadas, complementando o que a ciência já descobriu, diz e ensina. Este livro, no entanto, deseja falar de autismo apenas sob a ótica de uma pessoa autista. Afirmo, no Tomo I deste livro, que "precisamos ouvir todos os autistas: quem quer que sejam, ou onde quer que estejam." É justo que um autista fale sobre autismo assim como uma pessoa trans fala sobre transfobia, uma mulher fala sobre machismo ou um idoso fala sobre ageísmo. Mas não é o que ocorre.

O autismo sob o ponto de vista neurotípico tem o perigo de tornar-se apenas um estereótipo ("*você não tem cara de autista*"), uma mania ("*ela sempre fica assim quando ligo o som alto*"), uma moda ("*ele deu para ficar surtado depois que leu essas coisas*") ou uma doença ("*meu neto ficou autista de tanto jogar no computador*"). Nenhuma dessas frases é verdade. Todas essas hipóteses foram construídas por pessoas que não estão no espectro e que não sabem o que estão falando, ou acham que sabem o que estão falando, ou pensam que sabem mais que as pessoas que vivem nessa condição. É preciso romper o silêncio de forma intolerante – sim, intolerante. Não se destrói um preconceito com um buquê de flores. É preciso ser intransigente diante do silêncio que nos impuseram durante séculos; revoltar-se diante da segregação que nos considera *malucos, doentes, endemoniados*, ou *uma epidemia*.

Somos pessoas unidas por nossa diversidade. Existem autistas em todas as classes sociais, das mais invisibilizadas às mais abastadas. Estamos nas universidades, no chão de fábrica, nos conventos e seminários, atrás dos balcões de atendimento. Somos mães e pais de família; somos filhos, irmãos, netos, avós. Podemos ter namorados ou namoradas, noivas ou noivos. Somos transsexuais, heterossexuais, homossexuais, assexuais e bissexuais. Gostamos de rock pesado, pop japonês e bossa nova. Podemos gostar tanto das maravilhas da natureza quanto da facilidade da vida urbana. Estamos todos orgulhosamente *fora do padrão neurotípico*. Nossas particularidades nos unem: podemos ter hipersensibilidades parecidas, gostos parecidos, níveis de suporte parecidos, interesses específicos parecidos. Um neurotípico nunca saberá o que é a alegria de encontrar uma pessoa tão parecida com ele mesmo – é como se encontrássemos um amigo de infância no outro lado do mundo.

Somos pessoas diferentes, mesmo que estejamos no mesmo espectro. Apesar disso, também temos particularidades. Existem autistas que precisam de mais suporte, e outros possuem mais autonomia pessoal. Questões abordadas por mulheres autistas (como o machismo, a transfobia e a misoginia), ou por pessoas não-brancas (como o racismo e a intolerância religiosa) podem não ser muito bem conhecidas por um "autista padrão" – homem, branco, de classe média. Do autista padrão surgiu o termo "anjo azul", que reproduz duas ideias erradas: a de que somos apenas homens cisgênero, e a metamorfose de pessoas autistas em seres fofos que servem de enfeite na estante da sala. Existem autistas que conseguem se expressar através da comunicação verbal falada, ou que compreendem pensamentos abstratos; existem autistas que não compreendem figuras de linguagem, ou precisam de comunicação alternativa. Assim como o espectro das cores, *o Transtorno do Espectro Autista é infinito em si mesmo.*

E é a infinitude, amigas e amigos, que tentarei plasmar neste livro. Sei de minhas falhas e de minha incapacidade em abordar todos os assuntos de tema tão complexo, mas é o início de uma caminhada. Assumo a coragem de subir ao palco, tirar meu "figurino" neurotípico e deixar que o público me veja como sou. Desejo, inclusive, que a comunidade autista vá muito além do que eu fiz. Que cada pessoa possa escrever, falar, gravar, apresentar a sua própria vivência autista. Que cada mãe e pai de autista possa dizer como é cansativo – e maravilhoso – ser pais de pessoa autista. Que os profissionais de saúde possam explicar a nós, pessoas no espectro, o que não sabemos sobre nós mesmos. Que este livro abrace os autistas de todas as matizes, idades, etnias, crenças, culturas e níveis de suporte, em todos os países, e em todos os rincões do mundo.

Que este livro seja o verdadeiro *Manual do Infinito.*

O autor

Tomo I
O Autista e o Mundo

Amizades de vento: noções de distância e proximidade

Não é porque estou longe demais que eu abandonei uma amizade, ou não quero mais estar com alguém.

Não é porque estou perto demais que eu sou grudado em alguém, ou tenho segundas intenções em relação a essa pessoa.

Não é porque sou atípico em meu afeto que preciso ser considerado estranho.

Uma pessoa neurotípica pode não entender o jeito que eu pego nas mãos de quem amo, que preciso de colo independentemente da minha idade, ou que desejo encostar a testa no corpo dela.

Da mesma forma que a sociedade neurotípica não entende porque às vezes eu preciso me afastar da bagunça sadia com os amigos.

A conduta social de um autista é baseada no cuidado com os estímulos sensoriais. Quanto mais um autista é estimulado – seja pelos sentidos, ou pelo âmbito psicológico –, mais estresse ele sentirá. E quanto mais estresse ele sente, menos energia terá para fazer suas atividades cotidianas. Não é exagero dizer que os estímulos sensoriais nos deixam exaustos todos os dias, por menores que sejam. Isso para não dizer que ficamos exaustos *várias vezes por dia*. Eu mesmo, que sou um autista nível 1, precisei encontrar formas de dosar a minha energia entre as diversas atividades que faço: trabalhar escrevendo meus livros, trabalhar dando aulas, limpar a casa, cozinhar, mandar mensagem para os amigos... Se eu não tiver um estrito controle da energia que gasto, posso simplesmente desistir dos compromissos que tenho devido ao cansaço da sobrecarga.

Você é responsável por algum autista nível 2, ou nível 3? Descubra qual é a melhor forma que a pessoa autista gosta de viver o seu dia. Equilibre atividades que exigem mais energia (como tomar banho, estudar, escovar os dentes ou receber visitas) com outras que revigoram: videogame, computador, assistir filmes, etc. Quando uma pessoa autista se sente obrigada a algo, isso pode gerar gatilhos que lhe causarão crises nervosas ou sensoriais. O prazer, pelo contrário, é uma verdadeira injeção de ânimo. (Não à toa, os momentos de hiperfoco nos causam um prazer inexplicável.)

Muitas vezes os autistas são coagidos a viver socialmente como os neurotípicos, e isso é uma terrível fonte de desespero. Eu fui diagnosticado aos 29 anos, então eu não sabia o motivo de sempre me sentir tão deslocado em eventos sociais. Já perdi inúmeras oportunidades de sair porque eu sabia que ficaria mal: a ressaca sensorial não vale a pena. Outros amigos já me chamaram de "estúpido" ou de "maluco" porque saí de um local logo depois que cheguei. Certa vez, um amigo me convidou para uma casa noturna: não consegui ficar meia hora sequer. Eu não estava com meu protetor auricular, nem com meus óculos escuros. Eu nem sabia que era autista. O dinheiro da entrada na casa noturna foi jogado fora.

Às vezes a conduta, ou a atitude de uma pessoa próxima também pode me causar um estímulo fora do controle. Quando um colega ou amigo faz alguma brincadeira inesperada ou age com indelicadeza, por exemplo, costumo ficar triste e passar um período em silêncio, evitando ter contato direto com essa pessoa. Isso não é maldade – é a necessidade de reorganizar os sentimentos dentro da minha cabeça. Para mim a dor, o medo, a tristeza, a raiva e o luto, por exemplo, são emoções confusas. Preciso de muito tempo para conseguir compreender, aceitar e assimilar todas as informações quando sinto algo que não consigo entender. Basicamente, o que sai do meu domínio racional me amedronta. A terapia psicológica é fundamental no quesito de nos ajudar a compreender os universos além das fórmulas, ou dos nossos interesses específicos.

Mas não sinto essa bagunça mental apenas na tristeza. Eu sempre preciso tirar uma soneca depois de ver meus amigos, ou quando sinto qualquer estímulo sensorial mais forte. A emoção que tenho ao vê-los depois de muito tempo me deixa exaurido. Meus cinco sentidos explodem de alegria: minha visão enxerga seu rosto, minha audição escuta sua voz, meu olfato sente o cheiro de sua pele, meu tato se arrepia com seu abraço... Tudo parece revirar dentro da cabeça. É por isso que preciso arrumar minha casa quando alguém vem me visitar: o ambiente precisa estar o mais organizado possível para não me deixar deslocado. Qualquer coisa bagunçada pode aumentar o meu estímulo sensorial e, por consequência, o meu estresse. Existem autistas que simplesmente preferem não se aproximar das pessoas, e é um direito deles. Somente eles sabem como é difícil agir socialmente quando não há nenhuma disposição para isso.

Imagine a seguinte sociedade: para cumprimentar as pessoas, você deve dar duas cambalhotas. Uma conversa só pode ser travada entre pessoas que se equilibram em um pé de cada vez. Cada sorriso exige vinte abdominais. Uma ida ao supermercado? Somente depois de uma maratona. Qualquer barulho ouvido na rua deveria ser reproduzido pela pessoa num piano. Seria impossível viver numa sociedade assim, não acha?

Pois a vida de um autista é exatamente dessa forma. Para cumprimentar as pessoas, temos que receber toques de mão, ou abraços inesperados. Uma conversa entre neurotípicos exige contato visual, o que muito esforça e incomoda uma pessoa autista. As idas ao supermercado nos exigem óculos escuros e protetores auriculares – ainda mais com os terríveis alto-falantes que anunciam promoções, ou tocam música barulhenta; isso sem falar em *lojas com cheiro*. Os ruídos típicos de uma cidade assustam e nos deixam tensos. Será que dá para viver tranquilamente em um mundo com estímulos ameaçadores a um passo de distância?

Quando precisamos de um tempo para nos afastar, estamos simplesmente nos organizando por dentro. A melhor coisa a fazer é ter um pouco de paciência. Esse descanso, sim, nos fará muito bem.

Eu quero os meus direitos: ativismo autístico no mundo neurotípico

Como uma pessoa naturalmente antissociável pode exigir seus direitos dentro da sociedade? Essa foi a pergunta que me fiz até encontrar outros autistas nas redes sociais.

Parece óbvio reiterar que temos pessoas autistas em todos os lugares. Cada vez mais a população neurodiversa brasileira está aparecendo, mostrando a cara e falando do seu dia-a-dia com orgulho. Infelizmente, essa ainda não é a realidade para toda a população autista de nosso país. Por falta de um diagnóstico e tratamento corretos, muitas dessas pessoas autistas são obrigadas a viver com o autodiagnóstico, tendo apenas as próprias vivências como garantia legal. Outras ainda são subnotificadas e passam batido nas estatísticas, tendo seus direitos violentados em diversos aspectos. A verdade incômoda é que o diagnóstico do Transtorno do Espectro Autista é caro. Terapias específicas e produtos sensoriais para autistas, mais caros ainda. Muitas famílias, então, acabam se acostumando a viver no sofrimento por não conseguir investir em um tratamento adequado.

Como autista diagnosticado, verbalizado e falante, sinto-me na obrigação moral de lutar pela visibilidade das pessoas que estão à margem dentro da própria comunidade autista. Me refiro aqui ao doloroso tabu em relação às pessoas autodiagnosticadas. Não tenho vergonha alguma de dizer que fui autodiagnosticado por quase trinta anos; antes do autismo, eu pensava estar em outras condições mentais, como bipolaridade ou esquizofrenia. Eu sequer tinha ideia de que o autismo possui níveis de suporte. Nenhum autodiagnosticado goza de uma vida perfeita: ao contrário, o sofrimento é cotidiano. E a pessoa autodiagnosticada não está nessa situação porque quer. Muitas vezes ela não tem condição financeira para buscar um tratamento adequado. O serviço de saúde pública de sua região não possui profissionais especializados, ou uma fila de espera muito grande. Outras vezes, a pessoa tem receio de ser estigmatizada como uma pessoa "fora do normal". Lembro da revolta que eu senti quando minha mãe me aconselhou a procurar ajuda especializada em autismo:

– Você está dizendo isso para me tratar como incapaz!

Ledo engano. O laudo me deu a possibilidade de eu ser quem sou; posso agitar minhas mãos em qualquer lugar, usar protetores auriculares na rua e não me sentir diferente de ninguém por isso. Ao mesmo tempo em que o laudo médico não muda absolutamente nada no meu valor enquanto ser humano, ou na minha condição psicológica, ele é um salvo-conduto para eu ser e existir da minha maneira. Um outro ponto importante do laudo médico é o acesso às garantias legais previstas pela Lei da Pessoa Autista (apelidada de "Lei Berenice Piana"). Graças a essa lei, também somos protegidos pelo Estatuto da Pessoa com Deficiência.

Não consigo me tranquilizar ao pensar na subnotificação do autismo entre as mulheres. Me incomodo ao lembrar que uma pessoa preta ou indígena tem muito menos chance de receber um diagnóstico do que eu, um autista branco cisgênero. É preciso gritar com toda a força dos pulmões: os diagnósticos geralmente acompanham a condição financeira das pessoas autistas, ou de suas famílias. Precisamos nos organizar enquanto comunidade autista para exigir o direito legal de ser diagnosticado, de questionar e evitar situações de violência no trabalho, de problematizar o desemprego na maioria da nossa população. O laudo médico não é um luxo: é o princípio de uma garantia legal de toda pessoa que está no espectro autista.

Uma outra questão importante é o abismo entre a população autista e o ensino superior. As políticas anti-inclusão, a ausência de acessibilidade e, novamente, a falta de condição financeira afasta as pessoas autistas do ensino universitário. O artigo 3º da Lei da Pessoa Autista reza que toda pessoa no espectro tem direito assegurado à educação e ao ensino profissionalizante. E o que está sendo feito para isso? Abordo aqui a criação dos *Coletivos Autistas* nas universidades, uma importante iniciativa de pessoas autistas para atrair outros autistas para o ensino superior, e defender os direitos daqueles que já estão inseridos no meio universitário. Quando cursei minha Licenciatura em Filosofia, passei muitos constrangimentos por não saber dos meus direitos enquanto pessoa autista. Fui obrigado a fazer seminários em público, a estudar e fazer trabalhos em grupo, a ter provas com tempo reduzido... Sem contar na violência implícita que eu sofria na relação com os docentes e os outros alunos. Passei dez anos jurando que nunca mais voltaria ao mundo acadêmico. A vontade de estudar voltou somente agora, depois do laudo médico e da existência de um Coletivo Autista que poderá me acolher e proteger.

Sugiro que mestres, doutores e pós-doutores procurem os Coletivos Autistas de suas universidades e se interessem pelas pesquisas de pessoas autistas, alunas ou ouvintes. Peço que convidem autistas para suas aulas, e lhes deem plena oportunidade de se interessar pela Academia. Tenham o desejo de orientar monografias, dissertações ou teses de pessoas autistas. Uma universidade humanizada, plural e aberta está em plena consonância com o espírito científico. Que as universidades, faculdades e institutos de pesquisa brasileiros entendam a oportunidade que estão perdendo: não deixem nossos talentos se refugiar no exterior. Que a educação brasileira abra, e depressa, os seus braços para o futuro.

E o futuro, minhas caras e caros, é neurodiverso.

Bibelô: o autista-enfeite

Mães e pais de autistas: cuidado ao não zelar pela independência de seus filhos.

Sei que a independência de um autista é um assunto extremamente difícil: podemos paralisar diante de nossas dificuldades, ter algum tipo de sensibilidade que nos atrapalha na vida diária, ou parecemos "indefesos" e precisamos de "ajuda" o tempo todo. Mas o que realmente precisamos é de *suporte* e *adaptação*, não de ser "ajudados".

Oferecer suporte e ajuda são coisas completamente diferentes. Primeiro ponto: só podemos ajudar as pessoas que nos pedem – é impossível ajudar quem não quer ser ajudado. Além disso, a ajuda é uma ação que beneficia uma pessoa que não tem condições de fazer aquilo sozinha (como uma criança precisa da ajuda de um adulto para fazer um bolo, ou um compulsivo precisa de ajuda psicológica para superar um vício). O *suporte* necessário para uma pessoa autista é bem diferente de ajuda. Quando adaptados, somos capazes de fazer qualquer coisa; precisamos apenas de orientação, de indicações objetivas como num passo-a-passo, ou ao menos de apoio moral. Em muitas situações da minha vida, precisei de alguém que olhasse para mim na hora certa e dissesse que eu era capaz de fazer. Eu não precisava de ajuda, e sim da coragem que aquela pessoa me deu.

Minha mãe só me ensinou a sua receita de arroz quando eu pedi. Antes disso, quando fui morar sozinho, precisei pesquisar receitas na internet.

Resultado: meu primeiro arroz foi temperado apenas com água e sal, e ficou muito mal cozido. Eu o comi quase cru! Demorei muito até perceber a importância do tempo de cozimento, e dos temperos que dão vida para a alimentação – o alho, o alecrim ou orégano a gosto, azeitonas, cenouras raladas, uvas passas, ervilhas... Minha mãe respeitou a minha autonomia de aprender a cozinhar sozinho, mesmo que tivesse o ímpeto de querer levar arroz pronto para mim todos os dias.

A arte da culinária é algo que estou aprendendo diariamente, bem aos poucos. Nossa independência completa também vem aos poucos, de acordo com a necessidade e a possibilidade de cada pessoa (além de seu nível de suporte, claro).

Apesar de sentir muito orgulho da minha condição autista, tomo o cuidado para não alimentar um conceito romantizado do autismo para os neurotípicos (e sim, as séries e novelas com personagens autistas – que geralmente não são desenvolvidas por roteiristas autistas – podem alimentar essas fantasias). Dentre os estereótipos, o mais comum é o do "autista gênio incompreendido, 'antissocial' e irascível que gosta de ficar sozinho". Eu sou um autista com interesse específico em comunicação e humanidades, então naturalmente consigo ser mais sociável e apegado às pessoas. Mesmo assim, as dificuldades comunicativas me pregam algumas peças: a compreensão literal e objetiva das coisas, a estafa social quando sou muito estimulado, ou a gaguez. Mas não transformei a gagueira numa condição limitante. Já que eu não sei falar muito bem, decidi dominar a arte da escrita para me expressar por inteiro. Não me considero incapaz de falar; apenas me comunico de uma forma diferente. E há quem diga que a gaguez é a minha marca registrada – na música, sou frequentemente comparado a Nelson Gonçalves, um dos maiores cantores brasileiros, e que também possuía fala não-fluente. Sorte a minha.

Preciso dizer a você: o autismo não é um castigo. O autismo não é "escola da vida" nem para os pais, muito menos para os autistas. O autismo não é um "presente de Deus". O autismo nunca quis ensinar nada para ninguém. O Transtorno do Espectro Autista é uma condição neurológica que nos traz dificuldades e habilidades específicas, e só. Precisamos aprender a lidar com essa condição, driblando as dificuldades e realçando os pontos positivos. Acredito que autistas nos níveis 2 e 3 podem ter seu próprio "alto funcionamento" se estiverem bem adaptados para as suas tarefas. Cortar as próprias unhas, organizar a cama, tomar banho sozinho ou amarrar os sapatos são tarefas que requerem habilidades motoras específicas, e que os autistas podem desenvolvê-las aos poucos – desde que sejam treinados para isso, num esforço conjunto entre a família, profissionais da educação e da saúde.

É por isso que eu não gosto do termo "anjo" ao se referir a uma pessoa autista, ainda mais "anjo azul". Explico. Na teologia cristã, a qual influencia nosso pensamento enquanto país, a principal função de um anjo é apenas louvar o seu Criador. Não tenho dúvidas que uma filha, ou um filho autista ame os seus pais. Também acredito que mães e pais chamem seus filhos de "anjos" com inocência e bondade. O problema é quando um autista não pode sair do domínio da família, não pode ter o seu espaço de privacidade, não pode fazer seus movimentos repetitivos, não pode ter sua socialização com pessoas fora do ambiente familiar, não pode ter seus próprios gostos, nem explorar seu corpo – ou seja, servindo unicamente para louvar os pais que o criaram. Um autista que não tem tanta paciência para ser "anjinho" deve ser considerado um *anjo rebelde*?

A associação do autismo com a cor azul era a crença antiga de que havia "maior ocorrência de autismo entre meninos". Cada vez mais sou levado a crer que a proporção entre homens e mulheres autistas é basicamente a mesma. O que acontece é a falta de diagnóstico correto para as mulheres, ainda subjugadas numa sociedade que privilegia os homens em muitos fatores. Já faz tempo, felizmente, que a expressão "mundo azul" tornou-se algo ultrapassado. A cor autista é o arco-íris: não estamos em caixinhas, mas num espectro de variadas matizes.

Mãe, pai, o amor nos eterniza na vida de qualquer pessoa. Mesmo assim, é necessário lembrar que nossa experiência física não será eterna. Para o bem de sua pessoa autista, é preciso que ela seja capacitada para ter o máximo de independência possível, mesmo que seja apenas dobrando o próprio cobertor. Minha mãe foi quem me ensinou e incentivou a ser um autista com plena autonomia:

Filho, eu não estarei aqui para sempre. É por isso que eu acho maravilhoso que você vá morar sozinho, que você tenha as suas coisas; que você saiba fazer sua própria comida, ou saiba lavar um banheiro. Que você corte suas unhas, compre as roupas que você gosta, ou faça suas compras pela internet. Eu gosto muito de ajudar você, mas meu coração fica feliz quando você faz sozinho!

Mães e pais, o mundo exterior já é ameaçador e hostil o suficiente. Deixem que as pessoas autistas falem e vivam por si mesmas! Permitam que elas demonstrem seus gostos, suas preferências, suas condições particulares, e não as julguem por isso! Não precisamos da "ajuda" de vocês, mas precisamos muito de suas presenças, e dos seus suportes. Vocês têm a possibilidade de nos ensinar a conquistar o mundo.

Mesmo que seja do nosso jeito.

Me deixa: o pesadelo das redes "sociais"

Eu fiquei doente por causa das redes sociais.

O isolamento da pandemia de covid-19 nos obrigou a ressignificar nossos contatos imediatos pelo distanciamento social. Nos piores meses de disseminação do vírus, manter-se longe era um ato de amor. As telas passaram a testemunhar nossos afetos, saudades e até visitas hospitalares. Como pessoa autista, senti que o distanciamento social me libertou das "desculpas" para ficar em casa e evitar sobrecargas sensoriais – o que, em justa medida, foi algo positivo. O problema foi o efeito colateral que o isolamento severo causou em mim.

Eu perdi o controle do trabalho sadio no computador. Passei a confundir trabalho com lazer, estudos com pesquisas livres, realidade e virtualidade. Cheguei a trocar o dia pela noite, o que me fez muito mal. Escrever, que sempre foi um de meus maiores prazeres, tornou-se uma atividade cansativa e tediosa. Fazia poemas compulsivamente para não surtar. Até que veio a ideia dourada: comecei a ficar nas redes sociais para relaxar, e acabei emburrecendo.

Os toques constantes do celular não me permitiam ter alto nível de concentração por tempo prolongado. Incomodamente, percebi que as pessoas de minhas redes sociais falavam apenas o que eu queria ouvir – é o famoso conceito da *bolha*. A rede social me condicionou a ler textos de baixa qualidade, por menos tempo, e sobre assuntos irrelevantes. Eu havia perdido o costume filosófico de ouvir quem pensa diferente de mim e tentar conciliar ideias comuns. Passei a ter raiva de amigos e familiares que saíam e postavam uma foto em tempo real; eu achava que espairecer era um pecado, mesmo com os protocolos sanitários. Durante vários meses, eu me sentia o paladino do bom-senso por ter medo de sair de casa. Quando notei que estava com pânico de sair de casa para trabalhar, percebi que precisava de ajuda profissional.

As redes sociais são um mal necessário. É claro que seria muito pior se não tivéssemos a possibilidade de nos encontrar *online*, de estudar à distância, de pesquisar novos estilos de música, assistir filmes ou conversar através de uma máquina. Mas aquele excesso de informação começou a me intoxicar. Eu não me dava tempo suficiente para digerir todas aquelas informações. O pedido insistente e repetitivo de meus amigos para que eu ficasse em casa me fez sentir raiva de quem precisava sair. As notícias se tornavam prognósticos funestos em minha cabeça, tais monstros que fogem do nosso controle. Com a perda do meu avô para a covid-19, em agosto de 2020, passei a não mais separar o autocuidado e o pânico. Até que surgiu o meu diagnóstico de autismo em junho de 2021, o que me reeducou na utilização das redes sociais.

A curiosidade me motivou a procurar contato com pessoas autistas, principalmente no Instagram. Lendo o conteúdo criado ali pelos autistas, aprendi que as redes sociais e o contato social virtual também podem causar estafa em pessoas no espectro; que autistas com pensamento acelerado (o meu caso) precisam de tempo para filtrar todas as informações que recebem; que não é bom ler notícias o tempo todo; que é preciso aprender *a arte de se poupar*. Decidi passar uns dias sem meu computador, e escrever apenas a mão. Passei por um período estranho de abstinência, até que me acostumei. O ato de produzir textos a mão é muito sensorial. Como que num milagre, minhas ideias voltaram a florescer.

Quando eu me sento para escrever um texto, preciso alcançar um estado de consciência superior através dos meus sentidos. Abaixo o brilho do monitor, coloco uma música que não seja muito barulhenta, deixo a tela na cor de papel amarelo, faço um alongamento corporal, tomo uma xícara de chocolate e passo um óleo aromático nas mãos. Meus cinco sentidos precisam estar em plena consonância com o que escrevo. Só assim chego à profundidade para traduzir meu pensamento desconexo em linguagem. Caso algo me atrapalhe, preciso recomeçar toda a tarefa de concentração. Meus amigos-suporte, por sua vez, entendem que eu tenho um método de trabalho muito exigente. Eu preciso me retirar da vida social para permanecer concentrado e conseguir escrever bem, o que me deixa mentalmente saudável. O que seria de mim se eu permanecesse o tempo todo nos aplicativos de mensagem?

Mas eu fico o tempo todo e, geralmente, fico pendurado nas redes sociais quando estou pior. Sinto que quanto mais estou ansioso, mais preciso "ver o que está acontecendo", ou encontrar algo novo para me distrair. A ansiedade não me permite ver que quase todas as informações das redes sociais são repetidas, editadas e maquiadas. Os almoços e jantares em família parecem ser muito mais divertidos, os passeios parecem ser muito mais interessantes, os momentos românticos parecem ser muito mais verdadeiros. Cobiçamos a grama dos vizinhos e esquecemos de cuidar do nosso jardim. Enquanto meu celular pisca alucinado, os livros de Filosofia estão enfeitando a estante. Meus projetos de poesia, parados; não tenho muito tempo para ler. Não arrumo a minha casa porque estou à espera da grande novidade, ou daquela mensagem que vai mudar o meu dia para melhor. Mas essa esperança é ilusória. Decidi, então, me dar um choque de realidade e voltar à minha consciência.

Parei de ficar nervoso por não postar com regularidade no Facebook. Este livro, inclusive, nasceu como um projeto de postagens no Instagram – mas não tenho o método de escrever postagens regularmente. Às vezes eu elaboro três textos em um dia, e depois passo duas semanas sem postar absolutamente nada: o que muito desagrada o algoritmo. Meu estilo de escrita é tão inquieto quanto o meu pensamento. Além disso, as redes controlam o tamanho dos textos, o que não deixa de ser uma forma de controle da disposição mental do usuário. É possível ter uma conversa franca e esclarecedora com apenas 2 mil caracteres? Fui sincero comigo mesmo: "Você precisa trabalhar no que você faz de melhor, Henrique. Escreva um livro." Assim decidi, e adaptei todos os temas das postagens para estes textos, crônicas, desabafos, experiências de vida, palestras escritas – pode chamar como quiser.

Hoje, utilizo as redes sociais como ferramenta para ver e ser visto. Não me importo com o que os algoritmos me coagem a fazer, pois sei que as pessoas que realmente me seguem estão interessadas na minha mensagem. Creio que sentir-se *influenciador* da vida alheia é pretensioso; antes, acho que a palavra "influenciador" é ofensiva. Os únicos pensamentos que devo influenciar são os meus próprios, e para isso eu necessito da Filosofia, das artes, da cultura, do mergulho nas minhas raízes e na minha própria história, da minha religião, do contato com os meus amigos-suporte, com a comunidade autista e com a sociedade maior. Para tudo isso, não preciso abrir uma página na internet – mas abrir a minha mente.

Antes de ter uma página com um milhão de seguidores, prefiro me ocupar em ter um coração com um milhão de nomes queridos. Isso, sim, é o que levarei quando partir de meu corpo autista.

Família Tradicional Autista: a família e a vida familiar no espectro

A família de um autista também pode se considerar atípica.

Basta imaginar como os familiares de uma pessoa no espectro precisam saber evitar determinados estímulos, tomar cuidados cotidianos, colaborar para evitar as temidas sobrecargas, ou tratar a pessoa autista de acordo com a sua capacidade de socialização. Muitas vezes, é necessário desprendimento, humildade, um caminhão de paciência e força de vontade. Mães, pais, irmãos, avós, tios e parentes de pessoas autistas, às vezes, sabem muito mais do que os livros de ciência podem definir ou conceituar.

Morar com uma pessoa autista não é fácil. Meus pais costumam dizer, em tom de brincadeira, que eu sou uma pessoa um tanto "difícil" no dia a dia. E não discordo. Deve ser complicado argumentar com uma pessoa que sempre busca respostas para tudo, que tem os pensamentos extremamente rápidos e possui momentos de foco absoluto como uma máquina. Às vezes, nem eu mesmo me aguento: preciso fugir de mim vendo um filme, fazendo exercícios físicos ou alguma tarefa doméstica. Um dos motivos que me fez morar sozinho é saber que a minha convivência, quase sempre, pode ser muito pesada para uma pessoa neurotípica. Preferi tolerar minhas manias sem incomodar ninguém.

Minha cabeça tem um excesso de informações devido à hipersensibilidade dos cinco sentidos; essa mesma sensibilidade me deixa exausto para o resto das minhas tarefas diárias. Se eu penso em escrever um capítulo a mais no livro, perco o foco de cozinhar, ou limpar o meu escritório. A necessidade de organização é fundamental para o controle da minha rotina e, consequentemente, da minha vida. Mas os familiares podem não entender tamanho rigor. Certa vez, meu pai me ajudou a colocar um tapete em meu quarto. Para isso, ele tirou os meus livros da estante sem me avisar e os colocou empilhados no chão. Apenas ver os meus livros fora do lugar foi o suficiente para que eu tivesse uma crise nervosa.

Eu não suporto ver alguém mexer nas minhas coisas sem permissão. Além de ser um gesto "mal-educado", entendo que a pessoa não irá devolver o objeto no mesmo lugar. Neste sentido, usarei o termo *energia* num sentido estrito: quando alguém toca ou utiliza algo meu, eu sei que alguém mexeu. Por isso sinto a "energia" da pessoa por muito tempo naquele objeto. Uma das formas de superar o luto de meu tio e meu avô, por exemplo, foi herdar os chapéus deles. Quando sinto muita falta de um dos dois, visto um de seus chapéus. Assim, eu sinto que a energia deles se mantém em mim de alguma forma. Nos primeiros meses de luto, carregava o retrato dos dois onde quer que eu fosse – e não sou o único autista que faz isso. Ainda hoje tenho o hábito de escrever, ou ouvir música, olhando para as fotos deles. O violão de meu tio também ficou comigo, e sou extremamente apegado a esse instrumento.

Fico aflito só de pensar na possibilidade de alguém tocar no violão de meu tio: é como se aquela energia mágica pudesse esvanecer. Prefiro mantê-lo comigo, "a salvo" de qualquer influência externa. Quando meu pai disse que o violão estava empoeirado, e pegou um pano com água para limpá-lo, eu gentilmente tomei o pano de sua mão.

Obrigado por me avisar, pai.

Peguei o lustra-móveis (com o cheiro que me agrada) e tirei o pó do meu jeito, com todo o cuidado do mundo. Meu pai ficou um pouco chateado, mas entendeu minha necessidade de organização. "É o violão do Tio…"

[Para não dizer que ninguém além de mim usou o violão, o único que pôde tocá-lo foi o Toninho, um de meus grandes amigos-suporte, e que fazia aulas de violão junto com meu tio.]

Num mundo ideal, seria elementar que todo autista tivesse um espaço seguro para ficar sozinho, para se recuperar das ressacas sensoriais, para ter as suas coisas e exercer a sua independência. Mas sabemos que isso não é possível. Muitas famílias atípicas precisam dividir o quarto entre seus autistas e outras pessoas. Eu mesmo passei muitos anos dividindo o mesmo quarto com minha irmã. Neste caso, creio que é possível pensar em soluções criativas: "o Henrique poderá utilizar o banheiro, ou o sofá da sala quando precisar ficar sozinho depois de uma crise". Se isso não é possível, a família precisará ser compreensiva e lembrar que autistas são estimulados por quaisquer coisas que provocam os sentidos. Quanto mais um autista é estimulado de forma contínua, mais ele corre o risco de ter uma crise sensorial - e, consequentemente, crise nervosa.

Por outro lado, precisamos definir qual é o limite entre a vida do autista e a vida da família. O Dia da Visibilidade da Pessoa com Deficiência de 2021, comemorado no dia 03 de dezembro, trouxe uma pauta sensível para autistas e pessoas com outras deficiências: *a visibilidade dos familiares da pessoa com deficiência*. Nas redes sociais, muitos autistas lamentavam que as rádios, televisões e sites convidaram pais, mães, responsáveis e especialistas para falar sobre algo que nós mesmos vivemos. É claro que precisamos reconhecer o quanto as famílias atípicas podem se doar (ou não) para o benefício de seus entes autistas, mas não podemos permitir que nossos familiares se apropriem de uma narrativa que pertence apenas a nós. Minha mãe pode e deve falar sobre sua experiência como mulher e mãe atípica, mas ela mesma não tem a experiência de ser pessoa neurodiversa. Quando um neurotípico fala por um autista, ele inclui toda a sua visão de mundo na fala da pessoa autista: seus valores neurotípicos, opiniões neurotípicas, condutas neurotípicas e preconceitos neurotípicos. Trago aqui um exemplo de como as famílias neurotípicas podem se equivocar ao se apropriar da vida de uma pessoa autista.

Certa vez, eu soube de uma mãe que perguntava num grupo da internet qual era o melhor remédio para evitar que o filho autista pré-adolescente sentisse libido. Ela acreditava que o autismo tornava o seu filho incapaz de compreender o que era o desejo. De certa forma, ela desejava utilizar uma substância química para *retirar o sofrimento* do filho que, por causa do autismo, era "incapaz" de viver uma experiência romântica ou sexual. Quando perguntei o que motivava esta mãe a ter esse pensamento castrador (para não dizer *criminoso culposo*), a mãe disse que sentia vergonha de dizer essas coisas para o filho. Eu naturalmente respondi: então o problema não está no seu filho, mas na senhora.

É claro que existem detalhes importantes acerca da descoberta afetiva dos autistas, que tratarei de forma mais detalhada em textos posteriores. Este texto tratará apenas da relação familiar entre autistas e neurotípicos. O ponto nevrálgico da questão é: com que direito uma família pode impedir uma pessoa autista de viver a sua vida íntima? Se uma mãe ou um pai não possui a coragem de educar seus filhos para essa parte da vida, quem os educará? As pessoas de fora da família? E ainda mais: é correto usar um medicamento sem prescrição médica para coibir um instinto natural? O que é verdadeiramente contra a natureza: sentir desejo sexual, ou castrar quimicamente o próprio filho?

Existem mães e pais de autistas que estão desesperados por não saber opinar ou falar sobre educação sexual com seus filhos. Penso como eles ficarão quando descobrirem que pessoas autistas não possuem uma visão de mundo tão apegada às regras morais vigentes; que autistas estão mais comumente no espectro LGBTQIA+, e podem também ser demissexuais, assexuais ou arromânticos. Não darei definições: os livros de Sociologia e Psicologia o fazem melhor que eu. Sinto-me apenas na obrigação de dizer que a sexualidade, assim como o autismo, é um espectro. Em vez de amar e proteger a moral castradora, *ame e proteja seus filhos*. Isso, com certeza, é muito mais recompensador do que julgar e ofender quem tem o mesmo sangue que você.

Aos poucos, a comunidade autista começa a ter voz e alguma influência na sociedade. Estamos mostrando a nossa cara, e dizendo a que viemos.

Nossa luta nos trouxe e trará muitos direitos; primeiramente, escritos na lei, e depois traduzidos em qualidade de vida. Mas no âmbito familiar, infelizmente, ainda temos muito o que conquistar.

Não repitamos as atrocidades vistas no século XX em nome de uma perversa "saúde mental", que na verdade quer significar controle e dominação.

Eu não aguento mais: os episódios de *burnout* e *meltdown*

Meu grito surgiu de repente: "A crise!". Quando recobrei a consciência, estava deitado no banco de trás do carro; minha mãe me trouxe suco de maracujá sem açúcar e pedia insistentemente que eu bebesse. Meu pai estava ao longe, com as mãos na cabeça. Eu tinha acabado de passar por uma crise violenta.

Antes de tudo, é preciso definir o que é *crise*. A crise é a perda temporária de controle dos sentidos, ou dos pensamentos. Uma crise pode acontecer sob diversas condições: a primeira (e a mais comum delas) é o estresse; ambientes ou pessoas que nos hiperestimulam; sentimentos fortes como a frustração, ou a raiva; alterações significativas na rotina, ou no ambiente. Qualquer uma dessas condições pode causar um intenso desconforto na pessoa autista, o que causa uma espécie de colapso entre o corpo e a mente.

Fico incomodado com o péssimo hábito de se usar palavras estrangeiras para explicar fenômenos do espectro autista (tais como *burnout*, *meltdown*, *shutdown* ou *masking*). Por este motivo, farei questão de usar palavras em português para simplificar o entendimento das pessoas que estão começando a pesquisar sobre o assunto. Também criarei um exemplo de uma autista fictícia para demonstrar todos estes termos de forma acessível e prática.

Vamos imaginar que a autista Mariana, nível 1 de suporte, receberá a notícia de que será promovida no trabalho. Há dias, seus amigos neurotípicos lhe preparam uma festa surpresa. Seu chefe neurotípico lhe chama na sua mesa de trabalho e diz: "Mariana, precisamos ter uma conversa muito séria". Mariana se estremece toda e começa a pensar o que deve ter feito de errado. Como não existem motivos aparentes para a gravidade daquele recado, ela começa a fantasiar:

Será que é porque atrasei dez minutos ontem? E naquela vez que fui ríspida com o zelador há quinze dias? E no mês passado, quando eu disse que o amigo secreto era uma bobagem? Será que a turma inventou algo contra mim? Será que o meu chefe já está juntando todas as provas para mostrar que eu sou uma fraude? Hoje eu serei despedida, com toda a certeza! Essa é a última reunião que terei nessa empresa... É a penúltima vez que pisarei nesse tapete cinza-claro... E agora, o que vou fazer ao acordar às seis e meia da manhã e não ter para onde ir? Daqui a alguns minutos eu serei uma desempregada!

Entrando na sala da diretoria, Mariana sente todo o seu corpo formigar; sua visão e audição parecem estar em câmera lenta. Seu chefe lhe diz que ela é uma boa funcionária, mas acredita que o trabalho exercido por ela não estava à sua altura. Era preciso uma mudança, e rápido.

Eu serei despedida... Não disse? É a última vez que sento na sala do chefe...

O chefe naturalmente diz: "Você terá que trabalhar mais porque subiu de cargo! Você foi promovida e será minha assistente!"

Mariana entra num estado de *pré-crise*: seus pés começam a se agitar de forma descontrolada, a respiração fica ofegante, lhe vem uma vontade de xingar o chefe, bater nele, se arranhar ou se morder, talvez.

— Era só isso que você ia me dizer? Eu não fiz nada de errado?

— Mariana, você vai ser promovida! Não gostou da notícia? Olha que tem muita gente querendo a sua vaga, viu? Que cara é essa?

Ela não consegue responder. Sua mente focalizou um pensamento único, quase obsessivo:

Ele não devia ter feito isso. Ele não devia ter feito isso. Ele não devia ter feito isso. Ele não devia ter feito isso. Ele não devia ter feito isso. Ele não devia ter feito isso.

O chefe levanta-se da cadeira e lhe dá um abraço sem avisar. Mariana enrijece os músculos de medo, raiva e desespero. Seus sentimentos estão misturados em uma única massa disforme. O chefe põe um braço em seu ombro e começa a conduzi-la: "Venha ver a sua nova sala". Mariana se esforça para abrir a maçaneta, e é surpreendida por um grito de todos os seus colegas.

SURPRESA! UM VIVA PARA A MARIANA!

Nossa amiga tenta ficar contente, mas não tem tempo de aproveitar a emoção: ela cai no chão, começa a gritar e se debater. O burburinho na sala aumenta. Os homens na sala tentam imobilizar Mariana, e as mulheres tentam remediar a situação. Algumas pessoas choram, outras saem da sala. Depois de muita luta, Mariana parece recobrar os sentidos. Ela acorda diferente: já não demonstra interesse em comer, beber ou conversar. Os balões coloridos fazem os seus olhos doerem. Uma amiga comenta que a sua maquiagem está borrada. Mariana está deitada no chão com cinco pessoas em volta, e uma delas tenta lhe empurrar um copo d'água. Ela escuta seu chefe dizendo ao longe: "Eu sabia que ela não tinha como assumir um cargo desses. Já pensou se ela *estrebucha* numa reunião? É melhor passar a promoção para o Fernando."

Resumo da história: Mariana precisou ser afastada do trabalho por quinze dias devido a um estresse pós-traumático, e precisou iniciar tratamento medicamentoso. Perdeu melhores chances de trabalho pelo descuido, e posterior capacitismo do chefe insensível com a sua condição. Sofreu machismo quando o ser mulher foi motivo para que a vaga ficasse com alguém "mais capacitado"; um homem, nas palavras machistas. Para tudo ficar pior, ela ainda ficou com a fama de "maluca".

Este caso fictício demonstra todos os momentos de um episódio de sobrecarga. A *pré-crise* se define pelos gatilhos ou estímulos que podem levar um autista a ter uma crise, seja frustração, sobrecarga sensorial, estresse, alterações de rotina ou interação social estressora. No caso de Mariana, a chamada inconsequente do chefe (estresse), a sensação de que seria demitida (frustração), seguida da notícia brusca de que seria promovida (quebra de expectativa), e que teria uma nova sala (alteração de rotina) somada aos gritos da festa surpresa (hiperestimulação) levaram Mariana a ter uma crise.

Cada autista tem a sua forma de sentir que está perto de uma crise. Eu, geralmente, costumo ficar rude e estúpido. Quanto mais eu ajo com grosseria, mais chance tenho de estar em crise. É importante que os próprios autistas, ou seus responsáveis, tenham em mente quais são os estímulos que podem acarretar crises, e evitá-los o máximo possível.

A *crise* propriamente dita (chamada também de *meltdown*, "colapso") é quando o autista perde o controle de suas ações. Durante a crise os movimentos corporais, gestos, estereotipias ou até o raciocínio se apresentam desordenados. Além da agitação própria da crise, o autista pode também ter comportamento autolesivo. Nas minhas crises violentas, eu tenho o hábito de morder meus braços, ranger os dentes, estapear o meu rosto ou socar as minhas próprias têmporas. É como se a dor me trouxesse de volta para o meu corpo, dando um único foco de concentração sensorial. Mesmo assim, eu não tenho o direito de me bater.

Aqui é necessário abordar uma triste estatística: as taxas de depressão em autistas adultos são maiores do que em crianças, e ainda maiores em autistas no nível 1 de suporte. No estudo, cerca de 50% a 77% dos autistas adultos no nível 1 de suporte sofrem de depressão. Indivíduos em menores graus de suporte, ou com QI elevado, estão em riscos maiores de adquirir depressão ou cometer suicídio – talvez pelo fato de que os seus sintomas são facilmente ignorados ou despercebidos, diz a pesquisa[2].

Os autistas que estão mais inseridos na comunidade neurotípica (e que estão mais expostos aos estímulos ameaçadores) podem se desesperar em algum momento de crise e fazer algo que ameace a sua saúde. Se você

---

[2] PEZZIMENTI, Florencia; HAN, Gloria T; VASA, Roma A.; GOTHAM, Katherine. *Depression in Youth With Autism Spectrum Disorder*. Disponível (em inglês) no site ncbi.nlm.nih.gov, na aba HHS Author Manuscripts.

autista já teve quaisquer pensamentos ou ideações suicidas, ou se você não sabe o que fazer para aliviar o sofrimento de sua crise, não tenha medo de procurar ajuda psicológica. Digo a você com experiência própria – nenhuma crise é eterna, e todas as crises passam. Quando minha ansiedade me fez pensar que não valia a pena viver, eu procurei a ajuda de meu neurologista. Isso foi essencial para que eu saísse daquele poço escuro.

Outra solução útil para evitar as minhas crises violentas foi comprar um mordedor esportivo; num caso mais severo, eu bato num travesseiro, ou mordo uma toalha. Quando preciso morder ou bater em algo, os gritos aliviam minha tensão e me dão vontade de chorar, o que me conduz à segunda fase da crise.

Vamos voltar ao caso de nossa amiga fictícia. Quando Mariana ouviu os gritos da festa surpresa, ela caiu no chão e começou a se debater. Não está claro se ela estava com comportamento autolesivo, mas é importante dizer algo sobre os *stims*, os nossos queridos movimentos repetitivos. Se um autista deseja apenas agitar as mãos, ele não pode ser proibido de fazer isso; é muito diferente de ele bater a cabeça na parede, por exemplo. Só se pode intervir fisicamente numa crise se um movimento ameaçar a saúde ou a integridade física do autista, ou das pessoas ao redor. Impedir um *stim* pode, inclusive, ser um motivo que dispara uma crise sensorial.

Mariana voltou a si e percebeu que todos estavam em volta dela; sua amiga lhe disse que sua maquiagem estava borrada. Só então ela percebeu que se debateu, que caiu no meio do seu trabalho, que todos os seus chefes viram a crise, que ela "fracassou ao não conseguir esconder o *seu lado autista*". Todas as articulações de seu corpo doem, e ela cospe a água que colocaram em sua boca. Ela só deseja sair de tudo aquilo e ficar sozinha, no seu quarto, em sua cama e com seu cobertor.

Depois de uma crise, minha sensação é semelhante ao acordar de uma bebedeira: corpo dolorido, enxaqueca, fadiga, alterações na respiração e nos batimentos cardíacos. A fadiga pós-crise é tão grande que precisamos economizar cada átomo de energia: o convívio social não nos interessa, e ficamos numa espécie de letargia. No meu momento pós-crise, também sinto remorso, culpa, tristeza e angústia existencial (que são sintomas psicológicos). Quando uma crise acontece, preciso dormir para me recuperar. O sono é correspondente ao tamanho do mal-estar: quanto maior for minha sobrecarga, mais tempo fico de cama. Depois que acordo do sono após a crise, vem a terceira e última fase: a *ressaca*.

Também chamada de *burnout*, a ressaca pode ser traduzida como "esgotamento". Não podemos confundir a ressaca da crise sensorial com a *síndrome de burnout*, que também afeta pessoas fora do espectro. No caso dos autistas, a ressaca pode durar algumas horas, ou até mesmo dias – nos casos mais traumáticos, é necessário intervenção médica. No momento de pós-crise, perdemos completamente o interesse e a motivação para nossas atividades. É como se não tivéssemos energia para nada além de nossa recuperação.

No caso de Mariana, ela precisou ser afastada pelo seu médico para se recuperar da crise. O chefe neurotípico achou que era "frescura", ou indolência de sua parte. Quem recebeu a promoção da vaga foi Fernando, um neurotípico que nem estava ali naquele momento. Por causa de uma crise provocada por outras pessoas, Mariana perdeu a credibilidade profissional e a oportunidade de subir de cargo. Isso, infelizmente, é muito comum para os autistas que estão inseridos no mercado de trabalho.

Os autistas nível 1, muitas vezes, precisam fingir que nada está acontecendo diante de um estímulo estressor. No trabalho, essa cobrança é ainda pior. Quantos autistas já foram obrigados a fazer apresentações em grupo na escola, na faculdade, ou são coagidos a desenvolver projetos em grupo numa empresa? Essa conduta é perigosa e ameaça a qualidade de vida dos autistas.

Como pessoas com deficiência, temos o direito de não aceitar quaisquer situações que possam nos fazer mal, e não sermos punidos por isso. Uma das batalhas dos Coletivos Autistas no Ensino Superior, neste sentido, é mostrar nossas necessidades de adaptação: precisamos de tempo extra para fazer nossas provas, dosar a interação social, ou não forçar a pessoa autista a fazer trabalhos em grupo. Antes de ser uma oportunidade de aprendizado, o trabalho em grupo para autistas pode ser o gatilho perfeito para crises de depressão, ansiedade e perfeccionismo.

Tire um tempo para si. Pegue um caderno e escreva tudo aquilo que pode causar uma crise em você, ou na pessoa autista que está na sua responsabilidade. Depois prometa, de todo o coração, que esses estímulos serão os menores possíveis na sua vida, ou na vida da pessoa autista que você ama. Não se esqueça que todos nós precisamos (e merecemos) ter uma vida plenamente feliz, e em paz.

Válvula de escape: a importância de não coibir os *stims*

Eu me vi obrigado a entrar na polêmica recente dos *stim toys*, chamados por alguns neurotípicos de "pedaço de plástico colorido feito para lucrar com quem paga caro em qualquer coisa".

Caro neurotípico preconceituoso: não fale do que você não conhece. Esse tipo de brinquedo não é feito para você. Talvez você nem saiba o que é um *stim*.

Chamado em português de *estereotipia*, um *stim* é um movimento repetitivo e característico dos autistas, que serve como regulação sensorial. Cada pessoa autista tem os seus movimentos preferidos, mas existem alguns principais: agitar as mãos ou o corpo, mexer as pernas, balançar a cabeça ou o corpo, fazer barulhos com a língua, estalar articulações. Também existem as estereotipias mais sutis, como andar de um lado para o outro, o movimento descoordenado dos olhos, acelerar ou diminuir a respiração, organizar quaisquer coisas em fileiras, estimular os mamilos ou o órgão genital, etc.

Quando eu falo sobre *ação regulatória*, o *stim* tem um poderoso efeito calmante. Gostaria de compartilhar uma invenção de minha cabeça: o nome "stim" vem da expressão em inglês *stimuli relief*, alívio de estímulos. A estereotipia permite que eu me concentre no que estou fazendo; ela também me tira de situações estressoras, ou me ajuda a lidar com eventos externos que podem me irritar. A estereotipia é uma grande aliada para evitar crises.

Proibir um autista de fazer seus movimentos regulatórios é impedi-lo de ter um alívio dos estímulos do mundo externo. É realmente torturante.

Aprendi a me agitar todo quando vou ao supermercado. Quando faço compras, pareço estar ligado em uma turbina de eletricidade. Junto com os meus amados fones de ouvido, minha agitação corporal é a ferramenta que me ajuda a suportar a luz fria, o barulho das caixas de som, as cores vivas dos rótulos e das frutas, o entra e sai de pessoas em todos os lugares. Sem esse aparato de guerra contra os estímulos sensoriais, eu teria crise cada vez que eu precisasse fazer compras.

(É por isso que autistas têm direito à fila preferencial, combinado?)

Infelizmente, as estereotipias são coibidas desde a tenra infância. Muitas mães e pais acham "bonitinho" quando a criança autista organiza os seus brinquedos ou materiais escolares em fila, mas passam a impedir que os filhos se agitem, dancem na rua ou façam qualquer movimento neurodiverso enquanto estão fora de casa. A estereotipia é um alarme duplo: ou precisamos nos concentrar em algo, ou estamos com muitos estímulos e precisamos aliviar. É muito comum que eu agite minhas mãos quando eu escuto Bee Gees. A alegria que sinto ao ouvir alguns álbuns específicos do Bee Gees (como o *Odessa*, ou o *Living Eyes*) me causa estereotipias para relaxar, e finalmente curtir a música. Se eu não dançar, eu provavelmente terei uma crise de tanta felicidade. Como entender uma crise de felicidade? Nem eu entendo essas coisas em mim.

Embora eu não seja profissional em Fonoaudiologia, é importante falar um pouco sobre ecolalia e especularidade. A ecolalia é uma repetição idêntica de qualquer som, e nós autistas utilizamos muito desse recurso para nos comunicar. Eu já conheci autistas de todos os níveis que usam fala ecolálica, mas geralmente é mais comum em autistas com dificuldade de comunicação. Apesar disso, eu mesmo (que sou nível 1 e falante) também já utilizei ecolalia. A ecolalia me ajuda a economizar energia: processar o que estou sentindo, encontrar uma linguagem adequada e emitir sons coordenados me deixa cansado. Quando alguém me pergunta "Henrique, você está bem?", eu respondo:

– Henrique, você está bem?

Na verdade, eu quis dizer que sim. Se eu não estivesse bem, eu não me importaria com o estímulo da fala alheia, e simplesmente ignoraria quem está falando comigo.

A ecolalia atua como se fosse um rádio dentro da minha cabeça, repetindo o mesmo som praticamente o tempo todo. Quando aprendo alguma frase de efeito, ou descubro algum meme, tenho o costume de repeti-lo à exaustão. Também me utilizo da ecolalia quando quero estudar expressões faciais diante do espelho, e preciso aprender a entonação correta das palavras para dizer como me sinto. No meu estudo na escola de teatro, aprendi que a pesquisa corpórea é um dos elementos fundamentais para o trabalho criativo do ator.

[O mestre francês Jean-Luc Godard costumava dizer que o ator é um operário, seja no teatro ou no cinema. É necessário que o ator acorde cedo e vá trabalhar todos os dias, seja lendo textos, pesquisando personagens nas ruas, estudando seu corpo ou suas expressões faciais. Quando soube disso, reconheci que *o autismo me ensinou a ser ator*. Acho que estou no caminho certo por seguir este conselho de Godard, mesmo que inconscientemente.]

A especularidade, por sua vez, é uma repetição de fala com entonação própria. Se eu escuto alguém dizer "O Henrique quer tomar sorvete?", respondo:

– O Henrique quer tomar sorvete.

Eu tenho o hábito de me comunicar em terceira pessoa: me refiro ao Henrique como se fosse uma pessoa diferente, e não eu. Neste livro, faço um esforço terrível para utilizar o pronome na primeira pessoa – me sinto muito exposto. Até chegar na linguagem que uso aqui, eu imagino que estou falando do autista Henrique Vitorino, e depois "traduzo" do *ele* para o *eu*. Pense como é difícil escrever assim!

Peço que você não se contente com minhas explicações: elas são básicas e de cunho informativo. Se você suspeita de ecolalia ou especularidade em você mesmo, ou em alguma pessoa próxima, procure um profissional em Fonoaudiologia.

Gostaria de falar ainda sobre as estereotipias violentas, e as consideradas "imorais". Em hipótese alguma devemos permitir que um autista se machuque, mas é preciso encontrar meios efetivos para a descarga sensorial. No caso de um *stim* de autoagressão, o ideal é impedir que a pessoa autista não faça esse movimento no seu próprio corpo, ou não desconte em alguém próximo. Eu encontrei a solução de usar meu mordedor, ou bater num "travesseiro da raiva" para descarregar minha energia. Mesmo assim, eu deixo minhas unhas curtas o suficiente para não me arranhar: o momento da crise é imprevisível.

E as estereotipias nos genitais, o verdadeiro terror das famílias puritanas?

Eu não sabia que zonas erógenas também pediam *stims*, e não entendia a necessidade de mexer nos mamilos durante uma prova na faculdade, por exemplo. Quando coibia esses movimentos em mim mesmo, sentia meu coração disparar. A taquicardia só passava quando eu ia ao banheiro, abria minha camisa e mexia nos mamilos. Embora o *stim* por si só não tenha conotação sexual, a zona erógena pode me trazer excitação quando penso nisso. E qual é o problema? É errado conhecer o próprio corpo?

A própria excitação é um meio de acalmar os estímulos ansiosos. Na adolescência, a descoberta da libido no genital foi um passo importante na minha maturidade. Quando pequeno, eu tinha o hábito de apertar minha glande até receber a indicação: "Henrique, não é bom que você faça isso perto das pessoas". Meus pais não disseram que era feio, ou que eu não podia me tocar – mas que aquela ação tinha um significado além do que eu imaginava, e que não era legal eu fazer isso perto de outras pessoas. Aprendi, assim, que a sociedade muitas vezes enxerga o sexo e a sexualidade como algo maldoso, impuro, sujo; algo diferente do que penso em particular. Tenho ainda hoje a estereotipia de mexer nos mamilos, mas tenho a consciência que meu corpo pode reagir de forma diferente. Em momentos específicos e em ameaças intensas de crise, as estereotipias em geral.

Toda pessoa autista já sabe: o estresse está insuportável? Vamos sacudir o corpo!

Deixa eu falar, Doutora: conversa com profissionais que lidam com autismo

Temos dois pontos de vista diante de nós. Eles não são diferentes entre si, mas complementares.

O autista não é melhor por nascer com uma sensibilidade refinada, nem por ter uma capacidade intelectual incomum. Não somos melhores porque fazemos estereotipias, ou por termos momentos de hiperfoco e interesses específicos. Não somos especiais pela nossa condição, nem precisamos de louvores por fazer as tarefas do nosso dia-a-dia.

Assim também acontece com a neurotipicidade. Um cérebro neurotípico não é o correto, nem o padrão: ele apenas possui maior prevalência em comparação com os neurodiversos. O cérebro neurotípico é tão enigmático quanto o autista, mas possui marcos de desenvolvimento comum entre milhões de pessoas – o que auxilia diversos aspectos educacionais, por exemplo. Mesmo assim, o cérebro neurotípico não é "melhor", nem tem vantagens em relação ao cérebro autista.

Por que estou dizendo coisas tão óbvias? Porque já ouvi tudo isso da boca de profissionais que lidam com o autismo – e com autistas.

Os avanços do CID e do DSM, ou as novas pedagogias parecem não ter chegado a algumas pessoas. Elas ainda insistem em coisas que estão naturalmente ultrapassadas: as noções de "autismo leve" ou "autismo severo" (e não em *graus de suporte*); a terrível expressão "todos têm um pouco de autismo"; o mau hábito de pôr em dúvida um autodiagnóstico, ou mesmo um diagnóstico feito por profissionais; ou o que, na minha opinião, é o pior de tudo – dizer que o autismo tem visibilidade na aparência física de alguém.

Para uma pessoa que está conhecendo o mundo autístico, tal erro é compreensível. Para outros que falam sem ter consciência do que dizem, às vezes é tolerável. Para os profissionais que nos recebem e têm a missão de nos dar qualidade de vida, é triste.

Antes de tudo, o autismo não tem cara. O Transtorno do Espectro Autista não é homem, não é branco, não é cisgênero nem heterossexual. O autismo é um espectro, e inclui todos os tipos de pessoas: verbais ou não, fluentes na fala ou não, treinadas para a vida social ou não, assexuais ou não. Onde já se viu uma pessoa "demonstrar" que é autista? Por acaso o autismo virou uma espécie de truque, ou habilidade manual que pode ser demonstrada? Como posso reproduzir o padrão de algo que é relativo e individual?

Assim como um autista nível 3 possui modos de "demonstrar" sua condição neurológica, um autista nível 1 tem os mesmos modos para escondê-la[3] – seja de forma velada ou consciente. Nascemos em um mundo que ainda não nos acolhe como neurodiversos. Desde pequenos, somos treinados a não agitar tanto as mãos, a fazer e manter contato visual, a interagir com outras crianças e a obedecer os pais, mesmo que não vejamos sentido em nada disso. No ambiente escolar, sem mencionar as dificuldades de concentração e aprendizado, somos frequentemente tratados como saco de pancadas dos outros colegas – recebendo todo o tipo de *bullying* possível, físico e mental. Se conseguirmos chegar ao fim da adolescência com a saúde mental em bom estado (o que é impossível), teremos muito com o que surtar: o ingresso no ensino superior, a colocação no mercado de trabalho num emprego vantajoso, a imposição social de ter sucesso e criar família, etc. É um peso muito grande para um neurotípico, quiçá para um autista.

Eu já ouvi a história de uma pessoa autista que foi a um psiquiatra em pleno desespero para pedir o seu diagnóstico, e o profissional lhe res-

---

[3] O que se apelida de *mascaramento* (masking).

pondeu: "Você não pode ser autista porque olha nos meus olhos quando conversa." Felizmente, a luta pelo laudo não parou neste episódio. A pessoa autista em questão recebeu diagnóstico de outro especialista em autismo – não sei se mais competente; com certeza, mais humano.

Eu me revolto com médicos que riem de seus pacientes. Fico indignado com profissionais que desautorizam a história de famílias inteiras, como se mães e pais não soubessem o que estão falando quando tratam sobre o possível autismo de seus filhos. É certo que, muitas vezes, leituras incorretas do Google podem influenciar os pacientes a "discutir Medicina" com profissionais – vide o caos gerado pela desinformação das *fake news* durante a pandemia. Sei igualmente que o diagnóstico de autismo é um caminho árduo, longo e sofrido, seja para os profissionais, para as pessoas autistas e suas famílias. Por isso, é necessário muito amor e paciência – dos autistas, dos profissionais e das famílias.

O autista que escreve este texto passou 29 anos achando que tinha alguma "doença mental", mas não sabia qual era. Já pensou você se sentir doente, e não saber como se curar? Eu vivia nessa angústia.

Toda família que procura ajuda sobre autismo está sofrendo. Todo autista que chega ao consultório está frequentemente desanimado, cansado de tantas portas fechadas, e necessita de proteção. É preciso humanidade e respeito para acolher quem está neste sofrimento. A postura de um profissional competente é *duvidar* sem sequer conhecer aquela pessoa, ou ao menos escutar sua história de vida?

Além disso, é preciso falar sobre os "profissionais" (esses sim, entre aspas) que vendem soluções mágicas para o autismo, como se nossa condição neurológica pudesse ser curada. Peço perdão se trago más notícias, mas preciso ser sincero. O autismo nunca teve cura, e não terá cura. Se houver, minha geração não a conhecerá. Dada a sua complexidade, os estudos científicos ainda estão começando a entender o básico do Transtorno do Espectro Autista. Nem os melhores cientistas do mundo conseguiram compreender, ao menos, a *causa* do autismo. Se nem a mais alta ciência conseguiu responder questões cruciais, não serão fórmulas mágicas, tratamentos violentos ou crendices que nos farão neurotípicos. Diferentemente do preconceito e da ignorância, o autismo é uma coisa que não se pode mudar.

O meu mundo autista tem alergia ao curandeirismo barato e ao charlatanismo.

Em relação ao autismo, é possível encontrar modos para desenvolver a qualidade de vida da pessoa. É por isso que precisamos do diagnóstico correto, e do laudo médico. É por isso que precisamos de salas de aula que não nos segregam como *deficientes* em relação aos outros, mas que ofereçam um ambiente saudável e adaptado para o nosso aprendizado. É por isso que existem no Brasil as Leis da Pessoa Autista (chamada de Berenice Piana) e a Lei Brasileira de Inclusão, chamada Estatuto da Pessoa com Deficiência. É por isso que surgiu a CIPTEA – a Carteira de Identificação da Pessoa no Transtorno do Espectro Autista, algo pioneiro no país. Se não existir o diagnóstico correto de todos os autistas brasileiros, no entanto, será impossível dar qualidade de vida a essas pessoas: elas continuarão se sentindo à margem da sociedade, sem emprego, sem estudos, sem voz e representatividade social, sem dignidade, sem alegria de viver.

Não tenho quaisquer respostas, mas dividirei meus pensamentos com você: como os profissionais especialistas podem encontrar meios efetivos para realizar diagnósticos em valores sociais para as comunidades de baixa renda, ou para as populações mais afastadas dos grandes centros urbanos? Quais são as iniciativas dos governos e das empresas privadas sobre a contratação de pessoas com deficiência e, mais especificamente, das pessoas autistas? Como poderemos definir metas para a presença de autistas no Ensino Superior? Quais são os editais, por exemplo, que abordarão e darão visibilidade à *cultura das pessoas autistas* no Brasil?

Não sei como chegaremos lá, mas estou disposto a oferecer meu melhor para encontrarmos soluções. É impossível se acomodar com a situação de disparidade entre os autistas abastados, os autistas da classe média, os autistas desfavorecidos e os autistas na linha da miséria. Todos eles têm o mesmo direito de ser protegidos pela lei, e também possuem seus deveres como cidadãos, do alto de suas possibilidades. Todos, independente de quaisquer condições, possuem o direito à vida plena e ao tratamento humano – quem diz isso é a nossa Constituição Federal.

Sonho com o dia em que os autistas das próximas gerações digam que têm orgulho de ser brasileiros, de que seu país possui políticas públicas essenciais para a comunidade autista, e que possamos celebrar nossas conquistas em todos os setores sociais: na educação, na saúde, na cultura, na segurança, no âmbito familiar, no acesso justo e igualitário à sociedade.

Os profissionais que lidam com pessoas autistas são, muitas vezes, a esperança de exigir nossos direitos de forma adequada. Não virem as costas para nós: apesar de nosso jeito parecer distante, estamos mais juntos do que nunca.

Que QIsso?: níveis de suporte e níveis de capacitismo

O *capacitismo* é o desrespeito ou maus tratos a uma pessoa por sua deficiência. Também pode ser o julgamento preconceituoso baseado nas supostas habilidades (ou falta de habilidades) que uma pessoa pode ter devido à sua deficiência.

Um exemplo claro é o da abordagem sobre as Paralimpíadas. Os atletas paralímpicos são continuamente chamados de heróis nas redes de televisão – não por serem atletas de nível internacional, mas por terem deficiências e "superarem suas limitações". A frase levanta o questionamento: atletas sem deficiência também não possuem limitações? Não é incrível que uma ginasta possa desenvolver sua coordenação motora a ponto de flutuar no ar com graça e maestria? Não pode ser incrível que um arremessador de disco consiga jogar pesos com tamanha força? Não é maravilhoso que uma maratonista consiga quebrar um recorde mundial, estabelecido há tempos por uma pessoa de geração anterior à dela, e que a levará para os livros de História do Esporte?

As Olimpíadas são, em si mesmas, o desafio constante de superar as limitações físicas e louvar a maravilha que é o corpo humano – seja sem, ou com deficiência. A lição das Paralimpíadas devia ser uma grande lembrança para não repetirmos esse tipo de conversa frívola:

— Para um autista, até que você atua bem!

Tenho a certeza de que foi o autismo que me ensinou a ser ator. Como eu não conseguia entender a relação entre as minhas emoções e as expressões faciais, passei dias, semanas, meses e anos diante do espelho. Estudei todos os tipos de reações faciais, e como isso poderia influenciar uma conversa. Lembro de sempre repassar a expressão de flerte: olhos semicerrados, nariz dilatado, lábios cerrados e com um sorriso que não mostra os dentes. As pupilas devem dilatar-se numa respiração quase ofegante.

Isso tira a minha naturalidade ao flertar? De forma alguma. O autismo me deu a possibilidade de ser um observador do comportamento humano, o que é fundamental na carreira de ator. Tenho tanto prazer em imitar as pessoas que acabei criando meus próprios personagens. Assim como um autista, a vida de um ator é ilimitada em si mesma. Neste sentido, a atuação teatral me impele a sair de mim: minha razão de ser está nos outros. Uma de minhas vontades secretas é organizar um grupo de teatro feito somente por autistas, para ficarmos mais à vontade e atuarmos do nosso jeito – que é bem diferente do método neurotípico de atuação.

É preciso ter cautela para que os níveis de suporte do autismo não se tornem *níveis de capacitismo*, reprimindo as potencialidades que uma pessoa autista possui. O nível de suporte é a quantidade de auxílio externo que uma pessoa autista precisa para ter a sua vida diária normal. É claro que eu, autista de nível 1 de suporte, posso precisar de menos auxílio que uma pessoa autista de nível 3. Mesmo assim, essa pessoa de nível 3 e eu temos as mesmas sensibilidades, dificuldades sociais, crises e interesses específicos: o que muda é a forma, o assunto e a intensidade.

Sempre digo aos defensores do "autismo leve" que procurem onde está a leveza de uma crise autolesiva. Sendo no primeiro, segundo ou terceiro grau de suporte, o perigo da crise é o mesmo. Antes de tentar ensinar os autistas a explicar algo que eles mesmos sentem, é preciso chamar as coisas por seus nomes certos. Uma gripe leve, ou uma infecção severa, podem ser chamadas assim porque são curáveis com o tratamento correto. O autismo, repito, *não tem cura*. Ele é uma condição neurológica que é medida por vários fatores; dentre eles, a necessidade do grau de suporte. O autismo severo, assim como o leve, só existe na cabeça das pessoas que acreditam no conto da "cura do autismo".

Pretendo falar também sobre a invisibilização das pessoas autistas no grau 2 de suporte. O nosso pensamento ocidental, maniqueísta por excelência, sempre tende a definir as coisas no tabuleiro de xadrez – ou se é quente, ou se é frio; ou se é mulher, ou se é homem; ou se é bom, ou se é mau. A realidade é muito mais complexa, e requer reflexões mais elaboradas. Os estereótipos de "autismo leve" e "autismo severo" engendram a concepção de um "autismo moderado". Graças à terminologia errada, confesso que demorei muito tempo até compreender o que pode ser o autismo no nível 2.

Segue aqui o diagrama que criei para explicar as concepções atuais de autismo nos seus diferentes graus. Peço que considerem os dados apenas como caráter informativo; eles são apoiados na minha vivência enquanto pessoa autista, nos dados que li e nas conversas com outras pessoas autistas. O fundamental é receber o diagnóstico de um profissional especializado em autismo infantil ou adulto, dependendo do caso. Vale a pena lembrar que cada pessoa autista é única, o que cria milhões de *autismos* diferentes entre pessoas no mesmo nível de suporte. Perceba como o Transtorno do Espectro Autista é muito mais complexo do que as definições prontas:

ESTES NÃO SÃO CRITÉRIOS SUFICIENTES PARA O DIAGNÓSTICO DE TEA. DIAGRAMA DE CARÁTER UNICAMENTE ILUSTRATIVO.

Aspecto da vida do autista	Autismo Grau 1	Autismo Grau 2	Autismo Grau 3
Comunicação	Pode possuir certas dificuldades para comunicar-se na forma verbal, mas isso não atrapalha a sua rotina de forma objetiva. Interação social levemente prejudicada.	Possui dificuldades mais efetivas de comunicação, mas consegue se expressar de forma própria. Usa comunicação alternativa aumentativa (CAA).	Déficit significativo na comunicação. Restringe-se a nenhum, ou a poucos códigos de comunicação. Apresenta quadro não-verbal (não usa palavras para se comunicar).

Aspecto da vida do autista	Autismo Grau 1	Autismo Grau 2	Autismo Grau 3
Sociabilidade	Dificuldades pontuais não impedem sua vivência social. Inclusive o grau 1 pode ter vida social intensa. Se faz uso do *masking*, pode passar-se por pessoa neurotípica.	A dificuldade de convivência social é acentuada. Necessita de suporte para fazer algumas atividades sociais, mas pode ter bom desempenho em atividades prazerosas.	Nula ou praticamente nula. Suporte necessário em todas, ou quase todas as suas atividades sociais. Costuma ter contato com poucas pessoas (geralmente o seu responsável).
Rotina	Precisa de suporte psicológico para compreender mudanças de grande porte, mas consegue superá-las com o tempo. Crises pontuais em grandes mudanças. Pode sofrer com a procrastinação e perda de prazos.	Pensamento rígido mais acentuado. Pode ter crises quando exposto a mudanças com frequência. Com tratamento psicoterapêutico, pode se acostumar aos novos estímulos.	Possui intensa dificuldade em qualquer mudança na sua rotina, podendo ter crises diante deste estímulo. Necessita de suporte intensivo para se adaptar a novas rotinas. Precisa de um ambiente estritamente organizado e controlado.
Reflexos sensoriais	Incômodos pontuais não atrapalham a vida cotidiana. Crises surgem mediante repetição do estímulo estressor. Hipersensibilidade ou hiposensibilidade a estímulos de sentidos específicos.	Dificuldade em controlar as crises sensoriais. Consegue ter certo grau de tolerância com apoio e terapia especializada. Hipersensibilidade ou hiposensibilidade a estímulos de sentidos específicos.	Estímulos sensoriais inesperados causam crises violentas. Incapacidade de demonstrar onde sente dor. Hipersensibilidade ou hiposensibilidade a estímulos de sentidos específicos.
Flexibilidade de pensamento	Conduta empírica (vê para crer). Perfeccionismo pode impedir atividades diárias. Encontra alguma dificuldade em manter relacionamentos sociais. Tendência para vícios e compulsões; necessita de cuidados psicológicos contra depressão, ansiedade, baixa estima.	Tem dificuldade de encontrar novos caminhos para resolver problemas; dificuldades são consideradas "teimosia" ou "lerdeza". Possui menos desenvoltura no dia-a-dia; evita tarefas que lhe sobrecarregam, ou lhe causam crises. Criatividade prática.	Encontra limitação significativa para mudar sua mentalidade, ou seu comportamento. Não utiliza linguagem figurada e imaginação abstrata. Tem dificuldade no convívio social. Apego aos mesmos métodos de exploração do ambiente ao redor.

Confesso que não fico à vontade ao ler este tipo de diagrama. Ao mesmo tempo em que me reconheço como autista de nível 1, tenho alguns itens específicos que, nessa lista, são considerados de outros graus: utilizo a comunicação alternativa através de emojis; preciso de suporte em atividades sociais como obter documentos, ir ao supermercado, marcar consultas ou participar de festas; tenho crises com mudanças bruscas de rotina; preciso de um ambiente controlado e estritamente organizado para ter conforto. As caixinhas de uma tabela não são suficientes para me definir.

É por isso que sugiro uma *abordagem espectral do autismo*, utilizando-se do espectro de cores para facilitar a visualização das diferentes condições que cada pessoa autista possui:

(No diagrama – que você encontra no card que acompanha o livro – sugiro uma abordagem espectral do meu próprio autismo. Este é apenas um exemplo de como ela pode ser realizada. Necessito da ajuda de outros autistas, médicos, especialistas e pesquisadores sobre autismo para desenvolvê-la.)

A *abordagem espectral do autismo*, em minha opinião, traduz melhor a variedade de diagnóstico que as pessoas autistas podem possuir. Creio que essa abordagem é interessante no diagnóstico de autistas adultos. Este método permite que a pessoa autista aja com naturalidade, sem medo de "representar bem o seu autismo" diante do neurologista ou psiquiatra que lhe fará o diagnóstico. Se o autista deseja olhar nos olhos de seu entrevistador, ele pode saber mascarar a sua insegurança através do contato visual. Eu, que sou autista nível 1, preciso me controlar para não falar e escrever em terceira pessoa – algo que é considerado mais "severo" pelo senso comum. Digo novamente que o Transtorno do Espectro Autista é muito mais fluido do que os seus níveis de suporte. Cada pessoa autista é única, e precisa ser vista e compreendida como tal.

Uma pessoa no grau 3 do espectro pode ser verbal, apesar da dificuldade que teremos em compreendê-la por ser não-falante. Uma pessoa no grau 2 de autismo pode trabalhar em áreas específicas e ter contato com várias pessoas de sua família, embora por tempo reduzido. Existem autistas nível 1 que são pais de família, possuem déficit de atenção e superdotação. Conheço autistas que escrevem livros por ditado, por comunicação alternativa, por digitação em teclado ou pela construção sonora do texto. Não podemos perder de vista a essência naturalmente fluida e plural do autismo. Que o arco-íris infinito seja capaz de abraçar todas as pessoas que estão no espectro, dentro de seus tons e matizes particulares. Os níveis de suporte, por sua vez, não podem servir para basear os níveis de capacitismo alheios.

Se cada pessoa autista realmente for respeitada, ouvida e compreendida, venceremos o fantasma obsoleto do capacitismo – inclusive dentro das salas de aula e dos consultórios médicos.

O legado para os autistas de amanhã: o que penso do futuro

"E se minha sobrinha for autista? Como estará o mundo quando ela se tornar adulta? Quais serão as conquistas das quais ela vai usufruir? O que eu, autista de outra geração, terei feito para que ela possa ter uma vida melhor que a minha?"

Estes foram os pensamentos que me assombraram quando minha sobrinha nasceu, exatamente um dia antes de eu receber o diagnóstico de autismo. Minha querida sobrinha me trouxe uma nova forma de viver, literalmente. Junto com minha bebê, recebi uma carta que mudou muita coisa em minha vida:

"...quadro de dificuldades significativas a nível dos relacionamentos sociais e comunicação não-verbal, a par de interesses e padrões de comportamento restritos e repetitivos..."

O recebimento do diagnóstico e do laudo médico foi um misto de emoções. Eu achava que iria chorar, que poderia apertar as mãos do meu médico e agradecê-lo, ou que me daria uma crise de riso. Não aconteceu nada disso. Fiquei tão eufórico e, ao mesmo tempo, tão apreensivo que mal soube o que sentir. Creio que minha expressão facial tenha sido neutra. As mãos de meu neurologista permaneciam paradas em plena segurança, como se dissessem: "Você é autista, Henrique. Sua espera acabou." Em minha cabeça, tudo girava. Parecia um sonho, mas aquilo havia sido conquistado com suor e muitas lágrimas. Eu havia conseguido o diagnóstico depois de vinte e nove longos anos de sofrimento, inadequação social, violência, desrespeito e medo, medo de tudo. Mas o gosto da vitória durou pouco tempo: como ficam os autistas que não têm essa oportunidade? Percebi que não tinha o direito de "ostentar" meu laudo sem que outras pessoas não pudessem fazer o mesmo. E fiquei com vontade de lutar.

Como sou movido por desafios e possuo interesse específico em Comunicação e Humanidades, decidi mergulhar de cabeça no ativismo autístico. Usando de metáforas, tirei o paletó, afrouxei a gravata, puxei as mangas da camisa e parti para o trabalho pesado. Conheci autistas de diversas regiões do Brasil, e com as maiores diversidades possíveis: me incomodei ao perceber que não mantinha contato com nenhuma pessoa autista trans, ou pessoas autistas não-brancas. Depois de muitas madrugadas, manhãs, tardes e noites queimando as pestanas (e criando olheiras), eu converso com você através deste livro. A cada palavra que dito ou escrevo, penso nas crianças que são e serão diagnosticadas com um, dois, três, cinco, sete anos de idade. Um dia, todas essas crianças autistas irão crescer.

Minha sobrinha vai ter um tio assumidamente autista.

Nós, os autistas de outras gerações, precisamos pensar no legado que deixaremos para essas crianças. Mesmo que minha sobrinha seja neurotípica, será crucial que ela tenha um exemplo de autismo próximo a ela, dentro de sua família imediata. Quanto mais as crianças se aproximarem e entenderem que a neurodiversidade faz parte da vida, melhores ferramentas teremos para vencer o preconceito, a desinformação e a psicofobia. Quanto mais pessoas conseguirem *sair do armário da neurodivergência*, melhor.

Se uma criança neurotípica convive com uma criança autista na sala de aula, ela aprenderá na prática que o autismo não é uma doença.

Aprendi que se reconhecer autista, sim, também é um ato político: refiro-me à política como a arte de viver em comum. Assumir o diagnóstico de autismo é ter lado na sociedade: não consigo ser autista e ficar calado diante do preconceito contra as pessoas que convivem com a depressão, a esquizofrenia, a trissomia 21[4] ou a ansiedade. Não sei como ficar inerte diante do racismo, da misoginia e da homofobia – este preconceito que me atinge de forma particular. Sinto que devo lutar contra a desigualdade social, contra a miséria e a transfobia. A pluralidade do autismo me ensina a entender a sociedade como um todo. Classes sociais, códigos morais, tradições e culturas são todas criadas pelo ser humano; minha discussão é essencial, é sobre o que subsiste no interior de cada pessoa. Assim que me reconheci autista, não sinto que "recebi uma missão": apenas compreendi que faço parte de uma comunidade muito maior do que eu. Como viver em comunidade quando pessoas ainda são postas à margem das discussões que lhes interessam?

Não podemos ter o luxo de ser omissos diante das lágrimas de ninguém. Não consigo entender como existem pessoas que pensam deliberadamente em fazer mal a outras pessoas, que são coniventes e sentem prazer com o sofrimento alheio. Não compreendo como podemos exigir e sonhar com uma vida longa, saudável e feliz quando agredimos tanto o lugar onde nascemos e vivemos. O ser humano é o filho ingrato da Natureza. Nossa geração tem o imenso desafio de conter o desastre ambiental causado por décadas de depredação para o lucro de poucos. Tenho crises nervosas quando leio os noticiários e vejo as catástrofes ambientais se tornarem cada vez mais frequentes. É por isso que sinto vontade de ser a mudança do mundo. Reconhecer-se autista também é questionar os erros da sociedade e dizer: "Espere aí! Eu tenho outra forma de ver as coisas." Este livro surgiu da necessidade de explicar o que este autista gostaria de dizer aos neurotípicos numa forma direta, organizada e concisa. Não tenho pretensões maiores do que falar por mim. Antes de eu querer representar toda a minha comunidade, desejo que cada pessoa autista possa expressar o que deseja por si mesma. Sou apenas um grão de cor no infinito espectro autista.

O diagnóstico de autismo do *Sir* Anthony Hopkins me libertou do medo de me assumir autista em minha área de atuação profissional. Como

---

[4] Nome utilizado pelas pessoas na Síndrome de Down ao se referir à sua própria condição.

tenho dificuldade na fala, pensava que sempre deveria criar os meus próprios trabalhos: talvez eu nunca seria escolhido em um teste de atuação. Mais tarde, percebi que o teste era de *atuação*, não de *fluência*. Quando tenho um texto teatral decorado, consigo repeti-lo sem qualquer indício de gagueira. Na improvisação, consigo utilizar os movimentos corporais para distrair o foco da gaguez e me concentrar na ação da cena. Quem gagueja é o autista Henrique Vitorino, e não os personagens que ele interpreta. Ser recusado num trabalho por ser autista é um preconceito criminoso; o ativismo autístico, portanto, me ensinou que eu posso entrar num teste de atuação, gaguejar bastante durante a entrevista, ser fluente durante o exame, e conseguir muitos trabalhos – apesar de minha disfluência na fala.

É preciso conhecer, lembrar e homenagear as pessoas autistas que vieram antes de nós. Cito aqui a história da Dra. Temple Grandin, mulher autista e ícone em nossa comunidade. Quisera um dia poder estar próximo dela, ou de Anthony Hopkins, e agradecê-los por me ensinarem que não é errado ser eu; que posso alcançar um alto nível de profissionalismo em meus trabalhos; que posso ser múltiplo e, ao mesmo tempo, ter o mesmo interesse específico durante toda a vida. Suas histórias e contribuições à humanidade não serão esquecidas. Do alto de minha vulnerabilidade, farei o possível para melhorar o mundo à minha maneira. Quero que os autistas do futuro tenham uma vida muito mais feliz do que a minha. E quando eu estiver velho e precisar de cuidados proporcionais à minha idade avançada, quero assistir pela TV quando pessoas autistas serão eleitas para a Presidência da República em vários países do mundo.

Ninguém destruirá o meu sonho de ser um autista com bengalinha e cabelos brancos.

O melhor autista do mundo: representatividade de autistas para autistas

Onde estão as pessoas autistas transgênero? Onde estão as mulheres autistas? Onde estão as pessoas autistas não-binárias? Onde estão os autistas indígenas? Onde estão os autistas demissexuais? Onde estão os autistas com outras formas de neurodivergência? Onde estão os autistas idosos? Onde estão os autistas com distimia? Onde estão os autistas que são autodiagnosticados? Onde estão as autistas pretas, e os autistas pretos? Onde estão os autistas com TDAH? Onde estão as crianças autistas? Onde estão os autistas que se tratam contra a depressão? Onde estão os autistas nível 3? Onde estão os autistas que não são aceitos por suas famílias? Onde estão os autistas gays? Onde estão as mães e os pais autistas que criam filhos autistas? Onde estão as pessoas autistas agênero? Onde estão os autistas com sensibilidade tátil? Onde estão os autistas com superdotação? Onde estão os autistas heterossexuais? Onde estão os autistas que possuem vida social intensa? Onde estão os autistas arromânticos? Onde estão os autistas que adotaram crianças neurotípicas? Onde estão as pessoas autistas no nível 1 do espectro? Onde estão os mestres e doutores autistas? Onde estão os autistas de gênero fluido? Onde estão os autistas que possuem comorbidades de saúde? Onde estão os autistas não-verbais? Onde estão os autistas que mascaram suas estereotipias e precisam se passar por neurotípicos? Onde estão os autistas universitários? Onde estão as pessoas autistas, afinal?

É impossível falar de autismo sem abordar a singularidade de cada indivíduo autista. Sinto dificuldade em falar por uma comunidade tão diversa, infinita em si mesma, e cheia de potenciais criativos. Falo apenas por mim; se caso digo alguma inverdade, espero ser corrigido. Este livro, inclusive, deseja suscitar a voz da comunidade autista para falar sobre si mesma, a sociedade e o mundo. Se este livro deseja se fazer *O Manual do Infinito*, ele deve assumir completamente a sua essência mutável. Não há nada mais contraditório do que uma sabedoria absoluta parada no tempo – a Plena Inteligência, na minha opinião, sempre se reinventa.

Ao mesmo tempo em que a comunidade autista é diversa, sofremos com o estigma da solidão. Quando recebi meu diagnóstico, tinha a impressão de que eu era a ovelha desgarrada da comunidade. Era como se ninguém fosse igual a mim; por conseguinte, ninguém poderia me entender. Até que eu conheci um autista roteirista, com interesse específico em comunicação, que fazia vários projetos de livros e chegou a esboçar uma língua própria. Foi uma amizade-suporte à primeira vista.

Eu defino a *amizade-suporte* como aquela que transmite confiança à pessoa autista, e inclusive consegue ajudá-la a vencer as suas aparentes barreiras sociais. Também chamo as amizades-suporte de "ilhas de segurança". Com os meus amigos-suporte, eu consigo olhar em seus olhos, ter contato físico, passar horas com eles sem me incomodar, contar segredos e cuidar deles à minha maneira. É comum que pessoas autistas tenham suas amizades-suporte em pessoas mais velhas, seja dentro ou fora da família, ou com outras pessoas autistas. Eu tive a maior amizade-suporte da minha vida com o meu avô adotivo, que era neurotípico: nós nos adotamos depois que eu era adulto, e ele idoso. Vovô faleceu sem saber que eu era autista, mas ele já tinha a intuição que eu era neurodiverso. Com ele, nunca me inibi para fazer-lhe carinho, ou dizer que eu precisava dele. O amor que tenho por Vovô é tão grande que, mesmo depois de sua partida, sua família gentilmente me acolheu.

Autistas precisam de suporte emocional, e isso se dá ainda mais no campo da representatividade. É preciso que autistas conheçam autistas, conversem entre si e aumentem o seu conhecimento sobre a nossa realidade diversa. Creio que estudarei sobre autismo a vida toda e nunca chegarei em um pleno conceito sobre o que minha condição neurológica pode ser. O Transtorno do Espectro Autista não aceita resumos: ele é plural como o espectro infinito das cores. Todas as matizes (inclusive a escala de cinza!) estão incluídas. Cabe a cada pessoa encontrar o seu lugar no espectro e brilhar à sua maneira.

Conhecer mulheres autistas foi fundamental para que eu aprendesse sobre o preconceito combinado entre capacitismo, misoginia e machismo. Pessoas autistas pretas me mostraram que a comunidade autista (infelizmente) ainda tem setores racistas, e precisa abrir espaço para as falas e narrativas autistas não-brancas. Como pessoa cisgênero, encontro dificuldade em compreender o universo não-binário: preciso conhecer autistas não-binários e aprender porque precisam se utilizar do gênero neutro, quais são os pronomes adequados, o que sentem no dia-a-dia, e quais são suas dores e dificuldades. Os autistas idosos, por sua vez, mostrarão o caminho que um dia eu hei de seguir.

É incrível perceber como me sinto bem quando estou perto de pessoas autistas. Em certa ocasião, eu estava numa confraternização em meu ambiente de trabalho. Uma criança autista estava presente e, na hora de cantar os parabéns, essa criança pôs as mãos no ouvido e começou a gritar de dor. Não tive como ficar indiferente àquela situação. Rapidamente pedi que a mãe conduzisse a criança para outro local: eu abri a minha sala, sentei-me no chão e disse à criança que tudo ficaria bem. A interrupção dos estímulos fez com que a criança se acalmasse instantaneamente. Foi um milagre? Não! Foi apenas o conhecimento aplicado corretamente. Mesmo que a criança não olhasse nos meus olhos, ela passou a ficar perto de mim e responder às perguntas que eu fazia. Você quer declaração de afeto maior que essa?

Encontrar concepções de autismo semelhantes à minha criou um senso de pertencimento, e me deixou muito mais forte. É maravilhoso quando podemos nos sentir parte do nosso bando, com voz e direitos respeitados. Tenho a graça de simplesmente *não gaguejar* quando estou me dirigindo a autistas. Em relação a este evento curioso, eu digo que é "um privilégio da casa": um autista entende bem, ou ao menos tem mais chances de entender bem outro autista.

Cito três autistas brasileiros que me guiaram com seus textos no início do meu diagnóstico, nortearam a minha busca pessoal e me inspiraram a escrever este livro:

– Fábio Sousa (o Tio Faso): bonequeiro, artista, pai de autista e diagnosticado autista com superdotação e TDAH – sim, ao mesmo tempo! Graças ao seu relato autístico, pude perceber que eu finalmente me encaixava em alguma comunidade neurodiversa. Ele foi o primeiro autista que conheci pela internet e, por isso, fui motivado por ele a procurar o meu diagnóstico;

– Fernando Murilo Bonato, ciclista e escritor. Até os doze anos, Murilo não falava. Repentinamente, ditou dois livros – que foram escritos com a ajuda de sua mãe. Mesmo dizendo que fala o "seu próprio japonês" (ou seja, uma fala de difícil compreensão), Fernando é um grande pesquisador e observador da sociedade. Não tenho medo de dizer que Fernando é um jovem filósofo com maturidade das mais raras. Este *Manual* foi grandemente inspirado por ele;

– Carol Souza, pedagoga e autista nível 2. Seus textos são *aulas magnas* sobre autismo. Aprendi com ela a escrever sobre minha condição sem medo de errar, visto que digo sobre minhas próprias experiências; também aprendi a evitar as generalizações e o conforto de pensar que todos os autistas são iguais a mim. Na minha opinião, Carol é um dos grandes ícones na comunidade autista brasileira: é uma mulher com posicionamentos enriquecedores, didáticos e comoventes.

Todos nós temos o nosso lugar na comunidade. É preciso que os autistas falem por si mesmos: não podemos permitir que ocupem o nosso lugar de fala. A verdade dura é que *só os autistas sabem o que é a realidade particular do autismo*. Mesmo os especialistas, professores, médicos, psiquiatras, mães e pais neurotípicos, que acompanham o espectro de perto, não possuem pleno conhecimento sobre o que passa dentro de nossa cabeça – exceto se essas pessoas também forem autistas. Conhecer o autismo é diferente de acordar autista, trabalhar autista, tomar cafezinho autista, tomar banho autista, estudar autista, se divertir autista e dormir autista. Por esse motivo, é urgente ouvirmos todas as vozes do espectro. Que todas as narrativas autistas sejam ouvidas e valorizadas. Só assim poderemos refletir a beleza do mosaico multicor do autismo.

Precisamos ouvir as pessoas autistas transgênero. Precisamos ouvir as mulheres autistas. Precisamos ouvir as pessoas autistas não-binárias. Precisamos ouvir os autistas indígenas. Precisamos ouvir os autistas demissexuais. Precisamos ouvir os autistas com outras formas de neurodivergência. Precisamos ouvir os autistas idosos. Precisamos ouvir os autistas com distimia. Precisamos ouvir os autistas que são autodiagnosticados. Precisamos ouvir as autistas pretas, e os autistas pretos. Precisamos ouvir os autistas com TDAH. Precisamos ouvir as crianças autistas. Precisamos ouvir os autistas que se tratam contra a depressão. Precisamos ouvir os autistas nível 3. Precisamos ouvir os autistas que não são aceitos por suas famílias. Precisamos ouvir os autistas gays. Precisamos ouvir as mães e os pais autistas que criam filhos autistas. Precisamos ouvir as pessoas autistas agênero. Precisamos ouvir os autistas com sensibilidade tátil. Precisamos ouvir os autistas com superdotação. Precisamos ouvir os autistas heterossexuais. Precisamos ouvir os autistas que possuem vida social intensa. Precisamos ouvir os autistas arromânticos. Precisamos ouvir os autistas que adotaram crianças neurotípicas. Precisamos ouvir as pessoas autistas no nível 1 do espectro. Precisamos ouvir os mestres e doutores autistas. Precisamos ouvir os autistas de gênero fluido. Precisamos ouvir os autistas que possuem comorbidades de saúde. Precisamos ouvir os autistas não-verbais. Precisamos ouvir os autistas que ocultaram suas estereotipias e precisam se passar por neurotípicos. Precisamos ouvir os autistas universitários. Precisamos ouvir todos os autistas: quem quer que sejam, ou onde quer que estejam.

Naturalmente exímio: um cérebro que não cansa de ser atípico

Fico cansado ao ouvir as pessoas dizendo sempre as mesmas coisas:
– "Deve ser incrível ter um ouvido tão aguçado";
– "Eu não faço a metade das coisas que você faz";
– "Sua disciplina para o trabalho artístico é invejável";
– "Como é bom ter essa facilidade de aprender";
– "Você é organizado até demais";
– "Sua *inteligência* é quase um sexto sentido, não é?".

Esse é um recorte positivo sobre o autismo – o que é muito bom, mas não há nada de incrível em mim. O autismo não é um impedimento para uma vida feliz, nem é um superpoder, ou algo sobrenatural: é apenas uma condição neurológica atípica. Essas ditas "habilidades autistas" me causam muito sofrimento, mas também foram diferenciais que me fizeram evoluir na vida profissional. Como qualquer outra condição neurológica, o autismo me traz diversos desafios no dia a dia, mas não sou mais ou menos "herói" do que ninguém. Vale a pena lembrar que não existe um só autismo, mas um *espectro autista*: existem pessoas autistas que não conseguem se concentrar, e pessoas autistas que se concentram demais. Eu estou incluído no segundo grupo. Quando eu penso em reservar uma tarde quente para faxinar a casa e cozinhar, meu cérebro exige que eu seja o melhor faxineiro e cozinheiro do mundo – assim como o melhor poeta, o melhor ator, o melhor dramaturgo, o melhor cantor, o melhor escritor...

Ah, que coisa irritante!

É ótimo ser disciplinado no trabalho, mas o preço que pago é alto: não consigo relaxar quando vou me divertir. A sensibilidade auditiva me ajuda em muitas coisas no meu trabalho musical, mas desenvolvi pânico e distúrbios de ansiedade por causa das constantes dores no ouvido. Minha "inteligência" é, na verdade, uma terrível curiosidade que não me deixa dormir. Se eu não escrever compulsivamente, não tenho saúde mental razoável – minhas artes são uma forma de compulsão sadia. O agitar dos dedos ao teclado do computador (e o som monótono das teclas) sempre foi um de meus *stims* favoritos. Talvez isso explique o meu amor por instrumentos musicais.

É claro que tanta sensibilidade não pode passar em branco. Após o meu diagnóstico do espectro, recebi uma verdadeira enxurrada de perguntas, cuidados e proteções sensoriais de minha família. Isso foi muito bom para me autoconhecer e evitar crises. Com o tempo, essa proteção exagerada passou a me incomodar. Meus pais não sabiam se podiam acender a luz, almoçar ou fazer uma piada enquanto eu pensava num verso para um poema novo. Minha irmã passou a falar baixo, quase sussurrando; seus gestos eram todos medidos e controlados. Eu parecia ser uma outra pessoa até para mim mesmo. Meus amigos passaram a evitar olhar nos meus olhos quando eu queria manter contato visual, ou diziam: "O Henrique não entende as coisas do nosso jeito".

Ora, eu não sou um boneco de louça. É só avisar o estímulo com antecedência.

Eu tenho determinadas condições que podem tanto me atrapalhar, como me ajudar na vida cotidiana. Os momentos de hiperfoco são bons quando preciso me concentrar para fazer algo de grande duração, ou que demanda esforço contínuo. Este livro, por exemplo, foi concebido e planejado por mim em aproximadamente uma hora e meia. Por outro lado, a escrita exige trabalho constante, diário. Preciso traduzir meu pensamento naturalmente desconexo em uma linguagem fluida, elaborar uma sintaxe que seja compreensível, elencar os assuntos que desejo abordar no texto para, enfim, escrever. Depois, leio tudo em voz alta para revisar a sonoridade do texto, ou peço que o computador leia para mim[5]. Escrevo da maneira que eu gostaria de conversar com meus leitores. Como preciso gastar muitas horas para que um texto fique com o meu "padrão de qualidade", sempre entro no *modo hiperfoco* quando vou sentar ao computador para escrever. Só me lembro de usar o banheiro, comer, tomar água ou descansar quando o despertador do celular me avisa. Tive o desprazer de, inúmeras vezes, levantar da cadeira e sentir o tremor nas pernas: eu havia escrito por oito, nove horas seguidas – sem comer, sem ir ao banheiro, sem me alongar, sem preparar um chá, sem piscar os olhos diante da tela. Dá para dizer se o hiperfoco é bom, ou ruim?

Tudo depende do ponto de vista. Eu estudei alemão como autodidata por alguns anos, até que percebi *não precisar* falar alemão no meu dia a dia. Parece óbvio para você, mas não era para mim. A língua alemã era um interesse específico que apenas me motivava pela curiosidade acerca do estrangeiro, mas que dominava todos os meus pensamentos. Minha mãe diz que chego a falar alemão enquanto durmo. Quando parei de ter o interesse obsessivo, parei de sofrer. (O que não impediu de continuar os estudos de alemão, claro).

Meu neurologista foi enfático: "O acompanhamento psicológico é necessário para melhorar sua qualidade de vida". Na verdade, todos nós precisamos de terapia, sejamos autistas ou neurotípicos. Se eu tivesse condições, gostaria de distribuir sessões de terapia grátis para pessoas que nunca tiveram a experiência de serem atendidas por esses profissionais. Qual o problema de precisar de apoio para superar o que não conseguimos sozinhos? Para incentivar sua saúde mental, explico o que me motivou a procurar acompanhamento neurológico e psicológico para otimizar alguns pontos difíceis do meu autismo.

---

[5] Henrique usa a tecnologia TTS (*text to speech*) no seu "computador falante".

É normal eu não acompanhar a velocidade dos meus pensamentos. Dado esse descompasso entre corpo e mente, corro o risco constante de perder o rumo e descarrilar: seja numa crise, num episódio de sobrecarga ou num pensamento fixo. O acompanhamento psicológico me auxilia a entender o mundo, a ver que as pessoas são diferentes de mim, a compreender e respeitar os meus próprios limites, e que não preciso ter medo dos estímulos – apesar da minha relutância. Quando me acostumei a vivenciar as sessões de psicanálise, finalmente senti que eu não precisava ser o homem tão disciplinado que eu era. Aquele momento de livres associações e desenhos de lápis de cor, antes considerados *ociosos* por mim, era o que fazia a minha cabeça descansar.

Meu analista me incentivou a escrever muito. O trabalho artístico me ajuda a manter o equilíbrio emocional: teatro, música, poesia e literatura revelam, e dão sentido a diferentes partes de mim. Prefiro inventar confusões entre meus personagens do que fazer drama com a minha vida pessoal. Nos últimos tempos, meu lema de vida tem sido "mesa de trabalho cheia, cabeça vazia". A escrita em prosa me ajuda a distrair a mente, entender o ser humano, poetizar o mundo. Por outro lado, não posso me viciar no trabalho criativo. De vez em quando, dou-me ao direito de uma pequena subversão: *hoje à noite terei pizza e videogame à vontade*. A psicanálise me fez perceber que a fama de "menino prodígio" me educou para a exaustão: ao sempre dar o melhor de mim em tudo o que fazia, aprendi que trabalho bom era trabalho sofrido. O motivo que me impedia de escrever minhas obras era simples: em vez de me preocupar com a estrutura textual e o sentido da história, eu temia a pergunta fatal que me faria passar vergonha numa entrevista com jornalistas do exterior. Já amadurecido e sabendo evitar exaustões criativas, aprendi a me dar o luxo de parar de pensar. O que importa mesmo é fazer.

Quando me concentrei durante a pandemia em escrever um poema por vez, sem a pressa de querer ter o autoreconhecimento de poeta, consegui montar um livro com mais de cinquenta sonetos. Esperei dez anos para ter a maturidade de escrever o meu primeiro romance. Este livro seguiu o mesmo fluxo: um texto por vez, um parágrafo introduz o próximo, a palavra anterior motiva a palavra seguinte. Como disse antes, tenho muita facilidade em vislumbrar um projeto pelo todo, o que me ajuda a escrever roteiros e romances, por exemplo. O que preciso aprender agora é fazer as partes: um livro só existe depois de ser escrito página após página, como estou fazendo aqui.

É difícil explicar o arrepio da vitória que sinto ao terminar mais um texto, lê-lo em voz alta, e ver que ele realmente traduz o que quero dizer.

i.i.i.I.i.i.i

Tomo II
Os Bastidores do Espectro

Meu jeito é meu mundo: organização e disfunção executiva

A crença generalizada de que toda pessoa autista é extremamente organizada não passa de um mito.

É possível que uma pessoa autista seja organizada em todos os setores da sua vida, e isso lhe traga louros no ambiente profissional. Também é possível que autistas tenham sérias disfunções executivas, o que lhes impede de fazer qualquer atividade de longo prazo, ou que lhes exija concentração maior do que a sua habilidade em se focar em uma única ação. Também existem os autistas que possuem alta capacidade de se organizar em algumas áreas da sua vida, e que talentosamente se desorganizam em outras. Me reconheço nos autistas do terceiro grupo.

Minhas habilidades com a comunicação são facilmente superadas pela minha falta de habilidade emocional. Se não erro pela cuidadosa empatia em relação às pessoas (o que me torna um alvo fácil), eu me descuido em não conseguir manter uma relação de amizade de maneira constante e tranquila. Se uma tarefa não é para ser do jeito que quero, não tenho a mínima vontade de fazê-la. No âmbito emocional, não consigo suportar erros repetidos de uma mesma pessoa. Quando alguém faz algo que me entristece ou ofende, preciso pensar nos pesares e apesares: "Vale a pena continuar essa amizade?".

É a catalogação mental a serviço do isolamento.

Alguns neurotípicos, claro, insistem em se concentrar nos *momentos cinematográficos do autismo*: aprendi a ler e escrever com um ano e oito meses de vida, escrevi um texto exposto na prefeitura de minha cidade aos seis, ministrei uma oficina de poesia aos quinze, estudava hebraico aos dezessete. O que são todas essas habilidades fantásticas comparadas a não suportar o barulho de uma panela de pressão? Nada. Aí tentam me consolar:

– O autismo é como um poder de super-herói.

O neurotípico autor dessa frase talvez não tenha assistido os filmes de super-heróis direito. Os super-heróis e super-heroínas possuem, sim, habilidades extraordinárias. Elas podem ser colocadas a serviço do bem ou do mal comum. Geralmente, os poderes trazem três saídas: ou o isolamento social, ou a disfunção executiva, ou os dois juntos. O *Superman*, por exemplo, precisa se equilibrar entre salvar o mundo, ser um jornalista de uma cidade pacata e encantar sua amada Louis Lane. Já o Homem-Aranha, por sua vez, precisa ocultar sua essência através do "avatar típico" de Peter Parker. Não consigo assistir qualquer episódio do Homem-Aranha sem lembrar das repetidas situações em que precisei mascarar minhas características autistas: *não, ainda não é a hora de salvar o mundo...* E começava a fingir neurotipicidade – para o terror de meus movimentos repetitivos.

Precisamos falar também sobre a disfunção executiva. Eu sou um autista regulado e incentivado pelo prazer laboral. Só consigo escrever quando possuo um grande estímulo de prazer para a tarefa, mesmo que eu seja apaixonado pelo meu ofício. Quando me sento para trabalhar, acabo escrevendo por várias horas seguidas. Assim que começo a pensar em outras coisas (como, por exemplo, na edição do livro, na noite de autógrafos, ou nos posts que devo publicar na internet), esse prazer simplesmente esvanece. A *disfunção executiva* é uma característica neurológica do autismo, e ocorre em todas as pessoas no espectro com mais ou menos intensidade. Quando eu desejo fazer sempre as mesmas coisas, quando não consigo planejar e cumprir tarefas de longo prazo, ou quando simplesmente não tenho forças para tocar o meu dia sozinho sem suporte de outras pessoas, eu posso estar numa crise de disfunção executiva.

Aconteceram vezes em que precisei dizer à minha companheira de trabalho no teatro: "Querida, cancele o ensaio de hoje. Eu não consegui sair da cama." Eu sequer tinha me levantado; mesmo com fome, eu não era capaz de esquentar um chocolate, ou almoçar. Era como se todas as minhas forças estivessem entregues. Não me sentia doente, nem debilitado: mas não conseguia levantar da cama. Antes que os apressados digam que isso é *frescura, corpo mole, falta de lavar louça* ou outras expressões capacitistas, adianto o método que possuo para equilibrar a minha dose de energia diária e conseguir levar meus projetos adiante.

Descobri o *método das colheres* para controlar o meu fluxo de energia, e prometo creditá-lo corretamente assim que eu souber quem o inventou. Vamos supor que eu acorde com três colheres de energia para o meu dia inteiro. Precisarei escolher entre as três tarefas mais importantes, ou urgentes no meu dia:

MÉTODO DAS COLHERES
(Onde aplicarei minha energia?)

- Cozinhar
- ~~Lavar a louça~~
- Guardar a louça
- Retirar o lixo
- Limpar a casa
- Organizar o armário
- Fazer as compras
- Limpar as compras
- Guardar as compras

- Lavar o banheiro
- Trabalhar dando aulas
- ~~Trabalhar no livro~~
- Pagar contas
- ~~Interagir socialmente~~
- Lavar roupas
- Estender roupas
- Recolher roupas
- ~~Guardar roupas~~

O método das colheres ajuda a compreender meu fluxo diário de energia, e dosar entre o que realmente precisa da minha atenção, e o que pode ser dispensável. É como se eu fosse um personagem de videogame e soubesse quanto de "vida" eu teria disponível. Compreendi, deste modo, que não tenho o poder de fazer tudo ao mesmo tempo. Se eu tiver um estímulo que me sobrecarregue, vou gastar uma colher de energia extra:

só conseguirei repô-la através de um bom cochilo. Houve vezes em que dormi alguns minutos várias vezes por dia, principalmente em situações que me exauriram mentalmente, como quando enfrentei o luto de meu tio. A cada atividade que eu fazia, precisava dormir um tanto. Mesmo antes de meu diagnóstico, essa atitude de autocuidado foi fundamental para que eu passasse este período dificílimo com menos sofrimento. O método das colheres, portanto, foi responsável pela minha auto-organização – a ponto de transformar minhas dificuldades em *potenciais de função executiva*. Mesmo assim, há dias que eu simplesmente jogo tudo para o alto: estou cansado demais para pensar.

Nos fins de ano, quase todas as pessoas autistas que conheço postam a mesma coisa em suas redes sociais: *cuidado com a estafa*. Quando sou obrigado a fazer o que não quero, ou sou exposto aos diversos estímulos estressores das festas e encontros sociais (como fotos em grupo, comunicação verbal, fogos de artifício, música alta, contato visual prolongado), minha bateria mental simplesmente descarrega. Quem não deseja que o autista tenha crises precisa respeitar os seus estímulos, gatilhos e sensibilidades. Para os autistas que possuem contato social na família ou no trabalho, saber a hora de parar é fundamental. Se for preciso, não podemos ter medo de dizer que não queremos ir a festas, confraternizações, eventos e jantares. É preciso priorizar nossa saúde mental, e não a interação social em detrimento da nossa qualidade de vida.

Quando sou convidado para sair e não tenho muita disposição, gentilmente remarco (ou recuso) o convite. Coloco o meu disco preferido, deito em minha cama e começo a viajar acordado em meus próprios sonhos. É nesses momentos que consigo tirar as melhores sonecas: vários textos deste livro vieram da sublimação da vontade de sair no isolamento sanitário da pandemia, ou da energia vital canalizada em conhecimento. Mas não comento, é claro, como está a situação de minha pia após o café da manhã...

Minha mesa de trabalho sempre está organizada de forma impecável, mas não posso dizer o mesmo da minha casa – e de meus pensamentos.

O peso das horas: autismo, pontualidade e controle

Esperar sem ter prazo é quase uma tortura. Nós, autistas, vivenciamos o peso das horas de forma ininterrupta.

Apesar de minha alta demanda profissional na literatura, eu sou um autista que às vezes enjoa de horários. Mesmo assim, gosto de sair mais cedo de casa, de começar na hora em ponto, de calcular todo o meu dia no relógio: é como se uma orquestra funcionasse sob a minha batuta. De tão natural que seria, minha rotina perfeita seria quase um poema em ação. Mas certos estímulos me desencorajam a ser organizado. Eu simplesmente canso de ser tão exigente comigo mesmo. E a vida cria dissonâncias: aquele amigo que adora atrasar, o médico que precisou atender uma emergência, a fila preferencial que demora a andar, as mudanças de última hora no trabalho, o recálculo da rota num trajeto feito de carro, ou mesmo a pé.

Tudo isso pode nos causar estafa – que insistem em chamar de *burnout*. E aí vem o descontrole: quatro minutos a mais parecem aterradores. Quinze minutos excedentes são um suplício. Quarenta minutos? O puro desespero.

Para isso, encontrei uma solução baseada em meus momentos de hiperfoco: criei versões estendidas de minhas músicas favoritas. Quando saía à rua e precisava esperar o trem, por exemplo, eu editava uma música de quatro minutos numa versão de dezoito, vinte minutos. Isso engana o espectro e me ajuda a desconectar do *tempo real* para entrar no *tempo autista*, uma vivência diferente que possuo sobre o tempo.

Quando escuto uma música e entro no modo de hiperfoco, é como se o tempo suspendesse e meu corpo levitasse. Não consigo ter quaisquer preocupações, e meus pensamentos ficam no "botão mudo". Entro em conexão com todos os instrumentos da música, e consigo senti-los um por um em meu corpo. Posso inclusive criar arranjos de cordas em minha cabeça. Quando eu me desconectava de tudo, o trem parecia demorar menos. É uma ilusão que funciona num sentido prático.

(A música de minha vida, "How Deep is Your Love?", dos Bee Gees, tem 48min ininterruptos na minha versão estendida. Passa tão rápido...)

Considero que minhas repetições musicais são estereotipias auditivas. A repetição tem o poder de me acalmar – seja no som, na visão de círculos, no trajeto que faço para o trabalho, ou na maneira como recebo um amigo em minha casa. Calculo o meu tempo de compras baseado nas músicas que ouço quando vou ao supermercado. Se eu demorar mais de 38min para fazer minhas compras (a duração do álbum "For You", de Tatsuro Yamashita), começo a ficar nervoso. A música repetida, além de ser um grande calmante, me traz o mesmo alívio que o *stim* de agitar as mãos. E por que eu não posso agitar todo o corpo enquanto escuto minha música preferida?

A necessidade da pontualidade somada à disfunção executiva é um verdadeiro paradoxo. Quando preciso fazer algo que não estou disposto, como sair para interagir socialmente, sofro ao ponto de protelar a tarefa para evitar o estímulo ruim. Meu lado extrovertido (eu o apelido de Vitorino) começa a me cobrar: "Você não vai sair logo? Já se passaram vinte minutos!" E eu simplesmente *não consigo* levantar da cadeira, desligar as coisas, pegar meus documentos e sair. Ao ver que a hora do compromisso se aproxima, o espectro me pede para ouvir música, limpar a casa ou fazer qualquer outra coisa. Só percebo quando está muito tarde para sair, e eu não tenho mais condições de chegar a tempo.

Há pessoas que dizem que isso é "frescura", mas só eu sei o quanto me custa.

Na vida universitária, eu sofria para fazer os trabalhos em tempo hábil – mesmo que eu os entregasse todos na data prevista. Eu confiava nos meus pretensos poderes de hiperfoco e acreditava que poderia fazer tudo com rapidez. Ledo engano. Quanto mais eu protelava, mais ficava nervoso e estressado; isso me impedia de controlar os pensamentos e fazer o trabalho. Era como se um turbilhão me engolisse a cada avaliação semestral, a cada exercício para casa, a cada prova. Hoje percebo que o segredo para o sucesso na vida literária é a antecedência, e a preparação meticulosa de tudo o que vou escrever. Cada frase deste livro é rascunhada enésimas vezes até chegar no resultado final. Se tenho uma base do que vou escrever, o trabalho flui com mais nitidez. Talvez por isso eu tenha decorado a estrutura de um bom texto: começo trazendo um fato cotidiano que me aproxima do leitor, como se eu estivesse puxando conversa (introdução); depois, faço abordagens teóricas e práticas sobre o tema (desenvolvimento). Geralmente é aqui onde crio os meus conceitos. No final, gosto de arrematar com a oportunidade de o leitor tirar suas próprias conclusões. Como aprendiz de filósofo, sei que nada neste livro é verdade absoluta.

(Já que mostrei quais são as estruturas basilares de meus textos, preciso pensar e criar uma outra. Não tenho o costume de mostrar meus segredos literários dessa forma.)

Como criar estratégias para vencer a exigência insana do mundo neurotípico? Ofereço algumas dicas que podem ter valia para pessoas autistas que lidam com prazos:

- Faça as coisas com antecedência, por mais chato que pareça;
- Tente criar hábitos de organização de tempo. Venci o *bloqueio criativo* quando me acostumei ao hábito de escrever qualquer coisa por pelo menos 30 minutos diários, mesmo que fosse uma reclamação fútil sobre o meu dia;
- Às vezes penso que minha rotina é uma gincana, e que devo cumprir minhas tarefas como um jogo. A ludicidade da brincadeira me ajuda a vencer os desafios diários;

- Confie no poder da rotina. Se você se acostumar com uma atividade, ela logo entrará no seu cotidiano (exceto quando somos impedidos pelo *pensamento rígido*, o que requer uma estratégia mais complexa);
- Se você não consegue se organizar sem auxílio externo, converse com seus suportes e peça orientação.

Nosso ambiente familiar, social, profissional e escolar precisa compreender a necessidade autista de ser pontual, e também as características da disfunção executiva. Podemos funcionar quase como um relógio e, ao mesmo tempo, ter extrema dificuldade de fazer nossas atividades na hora certa. Essa é uma das incríveis matizes de nosso espectro. Conheço autistas que não conseguem entrar no horário de trabalho em ponto, mas que realizam coisas incríveis, são extremamente competentes e criativos. Eu os entendo muito bem.

Não é que eu não tenha vontade de fazer as coisas. Quando estou ocupado em meu universo autista, eu simplesmente me ocupo com o que é relevante para mim, e só. Você se lembra da *orquestra do tempo* que citei no começo do texto? Vez ou outra, eu preciso de silêncio para apreciar a vida sem pressa. Todos elogiam a rapidez e a segurança das viagens de avião, mas garanto que as viagens de trem são as mais prazerosas – é a lentidão que nos permite observar atentamente.

O direito de contemplar os próprios pensamentos é sagrado. Vou parar de escrever para pensar nisso.

Autistinder: a saga do autista apaixonado

Nem eu entendo o que sinto. Talvez seja só uma descarga de serotonina, ocitocina e adrenalina. Mas estes hormônios dizem que você é o melhor parceiro possível para eu dividir a intimidade do meu mundo. Sinto muita vontade de te abraçar, te beijar e fazer sexo com você. O que você acha?

Isso não é grosseria: foi o modo em que pensei abordar um dos meus candidatos amorosos. É claro que desisti – tanto da "cantada" quanto do candidato.

Assim como em vários setores de minha vida, eu me sentia desengonçado no universo amoroso. Com todo o apoio de minha baixa estima, sempre me senti desajeitado – seja fisicamente, por meu jeito esquisito, ou ainda por minha aparência. Para ajudar, minha fobia social (que estava fantasiada de "gagueira") insistia em misturar e confundir meus sentimentos quando eu chegava perto de alguém interessante. Diante de uma possível revelação dos sentimentos, minha estrada emocional testemunhava um enorme engavetamento.

Já me apaixonei por garotas – não tenho receio de dizer. Este afeto em direção ao sexo oposto, no entanto, sempre me foi estrangeiro. Tenho todo o amor do mundo pelas mulheres e sempre desejo que elas tenham visibilidade, respeito e tudo o que merecem conquistar. Mas meu amor pelas mulheres talvez não inclua o contato físico íntimo, algo que desejo quando estou atraído por um homem. Não teria receio de namorar qualquer pessoa, desde que me sentisse inclinado a desejá-la, e pretendesse dividir meu mundo autista com ela. Com a maturidade herdada da faculdade de Filosofia e, posteriormente, com a idade adulta, aprendi a reconhecer e filtrar meus desejos. Eu não posso sentir um desejo que não é meu. Precisei assumir para mim mesmo – depois para a família imediata, depois para meus amigos, e então para a sociedade em geral – que meu desejo é diverso da norma social padrão. Desejos e afetos são pulsões essenciais do ser humano e são moldados por nossa moral, além do imenso papel do fator cultural, mas eu não aceitei o *status quo*: o preço seria caro demais. Em troca da aprovação social, eu seria completamente infeliz.

Eu amo as mulheres e aprendo a cada dia com minhas amizades femininas, mas preciso de um suporte amoroso masculino. A companhia amorosa de um homem, sim, me realiza e faz feliz.

Isso me faz bissexual? Isso me faz demissexual? Isso me faz assexual com mulheres, e sexual com os homens? Não sei. Assim como o autismo, a sexualidade é um espectro indefinível.

[Esse papo sobre formas de amar me deixa um tanto desconfortável. Questões de foro íntimo dessa magnitude nunca deveriam ser justificadas. Nós somos o que somos, e ponto final.]

A gagueira me impede de chegar nas pessoas que me interessam, mesmo depois de adulto. O mar do flerte pode ser bravio demais para uma pessoa autista. É difícil flertar sem os diversos recursos que a situação exige: olhares cheios de significados, palavras ricas em sentidos dúbios, pensamento rápido, capacidade de se aproximar sem invadir o espaço alheio, o toque físico que cada vez fica mais próximo e mais intenso. Sem estas ferramentas, corremos o risco de parecer indelicados e grosseiros. É a mesma coisa quando queremos nos comunicar sem saber falar uma língua com fluência:

Dia bom, eu querer pizza essa pedaço não azeitonas grande. Muito caro.

A mensagem se quebra antes de chegar no ouvido do interlocutor. É assim o flerte de vários autistas que conheço, embora existam vários outros que namoram bastante. Confesso que queria ser como eles.

E existem as sutilezas autísticas. Tudo o que nos traz prazer corre o risco de transformar-se em *interesse específico*: bandas, espécies de dinossauros, séries de TV, capitais de países, novelas, e também pessoas conhecidas. Eu sou um autista que possui hiperempatia, ou seja, a intensa capacidade de gostar de uma pessoa e colocar-se em seu lugar. Isso pode gerar problemas quando desejo ajudar pessoas que não me pediram ajuda, ou quando amo alguém que não possui os mesmos sentimentos que eu. Alguns de meus amigos-suporte precisaram saber o motivo de eu falar tanto deles, de precisar ter contato físico quase ininterrupto, de necessitar do retrato deles em meu álbum de fotos, ou ainda o porquê de eu pedir insistentemente para segurar seus polegares.

Já cheguei a criar interesses específicos em pessoas que me faziam mal – o que, infelizmente, não é muito difícil de acontecer. Somente o acompanhamento psicanalítico me fez compreender que o amor (assim como a amizade) precisam ser *recíprocos*. Mas a necessidade de me entregar para tudo o que faço me faz exigente em meus afetos. Raríssimas pessoas que conheci puderam me devolver aquilo que eu lhes oferecia. Mesmo que eu conhecesse muitas pessoas amigas, o meu sentimento de solidão era uma constante. Eu não me sentia amado por ninguém – nem por mim mesmo. Passei anos escrevendo cartas para amigos que nunca me responderam. Já tive milhões de ideias para encontros que nunca se concretizaram. Os passeios noturnos com meus amigos-suporte aconteciam apenas no poder infinito de minha imaginação, protegidos na escuridão de minha caixa craniana. Aprendi que sou uma pessoa exigente: assim como fico cansado quando estou com meus amigos, eles também ficam cansados ao estar perto de mim. Na vida real, sei que a maioria deles não têm tempo para gastar comigo. Até que deixei de me incomodar por isso.

O escritor *queer* chileno Pedro Lemebel dizia que não tinha amigos, tinha amores: "a amizade é burguesa e uma criação da burguesia masculina: [como os conceitos] de *compadre*, de *parceiro*". A intensidade de meus afetos me leva a concordar com Lemebel. Eu amo meus amigos-suporte ao ponto de sentir fisicamente quando não se sentem bem, quando precisam conversar, ou ser aconselhados. Reiteradas vezes, sou eu quem os procura para bater um papo. As ferramentas virtuais possibilitam que o acesso a mensagens seja instantâneo, o que pode ser perigoso quando estou estafado, ansioso ou em perigo de crise. Quantas vezes não escrevi coisas das quais me arrependi? É importante que autistas e neurotípicos possuam estratégias para não se deixar abater pela dor da solidão, ou da carência. No meu caso, sempre tento me lembrar que não posso ser uma *presa fácil*. Para isso, é preciso que eu saiba me defender psicologicamente, o que exige distanciamento, silêncio e muita reflexão.

Embora haja um texto específico sobre o assunto neste tomo, gostaria de falar um pouco sobre a ciência para a sexualidade de pessoas autistas – o que é uma necessidade e um direito de toda pessoa no espectro. Diferentemente do que pensam os medrosos, a *educação sexual* é muito simples. Ela é o aprendizado sobre todos os fatores da sexualidade: como se relacionar com alguém, como lidar com os próprios sentimentos, como saber se alguém está criando uma situação de assédio ou abuso. Falar de ciência para a sexualidade não é falar apenas de sexo, e muito menos tratar sobre obscenidades. Sugiro alguns pontos que podem (e devem) ser discutidos com pessoas autistas quando os responsáveis julgarem oportuno, ou quando as pessoas autistas assim o quiserem:

- Nomear corretamente o nome dos genitais sem rodeios, e dizer quais são as suas funções fisiológicas;
- Explicar fenômenos ligados à puberdade e à sexualidade de forma objetiva, evitando tabus e preconceitos;
- Possibilitar educação sadia para a criança/adolescente, abordando temas como *crimes de intolerância* (machismo, transfobia, misoginia, homofobia), e a necessidade de respeitar cada pessoa da maneira que ela é;
- Abordar o autoconhecimento do corpo com naturalidade, visto que existe uma infinidade de hormônios "pedindo para trabalhar" no corpo da pessoa autista. É um estímulo natural e que deve ser respeitado – não coibido, tampouco estimulado;

- Incentivar a criança/adolescente autista a fazer suas tarefas íntimas sem ajuda dos suportes, tais como vestir a própria roupa, usar o vaso sanitário ou tomar banho;
- Ensinar limites de contato físico, evitando situações em que a criança/adolescente autista pode ser vítima potencial de abuso sexual;
- Abordar o ato sexual com o respeito merecido: é um ato natural na vida humana, faz parte do desenvolvimento individual e deve ser pleno de amor, independentemente de quaisquer aspectos;
- Dar a plena garantia de que a criança/adolescente autista não será alvo de julgamento ao expressar-se em seus desejos, sonhos e vontades.

Conheço o caso de várias pessoas autistas que têm grandes suportes amorosos em seus cônjuges. O amor entre duas pessoas, muito além das limitações do autismo, nos permite criar e ser pessoas maravilhosas. Não importa como: autistas podem se apaixonar por pessoas neurotípicas, ou por outras pessoas autistas também. O amor independe do espectro, e é infinito nas suas milhares de formas, cores e sabores. A pessoa autista tem o direito de amar e ser amada, de desejar e ser desejada, de constituir sua família atípica e revelar todo o amor que possui em seu coração. O amor nos põe sorrisos no rosto, melhora o humor e a autoestima, nos dá qualidade de vida e felicidade. E a felicidade, eu digo, não é assunto usual de gente frustrada.

Acho que vou mandar um correio elegante para ele.

Frieza: a lógica sentimental de um autista

Controlar minhas emoções é como resolver uma equação de álgebra sem calculadora. E sem poder contar nos dedos.

Meus estímulos sensoriais não me permitem pensar com muita clareza. Seja pela visão, pela audição, ou pelo olfato – meus sentidos mais aguçados –, eu recebo uma enorme quantidade de informação nos neurônios. Trocando em miúdos, o meu cérebro precisa descartar algumas funções para responder melhor a outras. É claro que os impulsos físicos são mais intensos que os processos mentais; logo, eu sinto que posso perder o controle de minha razão em alguns momentos.

As ocasiões de crise sensorial são esses terríveis minutos onde minha razão precisa dar lugar à irracionalidade. Somente o estímulo físico pode acalmar o desespero de uma sobrecarga. Infelizmente, meu corpo pede que eu me bata. A função de meus suportes é impedir que isso aconteça.

O conceito de que pessoas autistas são sentimentalmente frias é uma inverdade. O mais provável, sim, é que precisamos pensar muito bem antes de revelar nossos sentimentos. Quem se atreve a entender essa nuvem de informações que paira sobre nossas cabeças por todo o tempo em que existimos?

[Dou um exemplo cotidiano: se ouço latidos na vizinhança, perco o foco do que estou escrevendo. Minha preparação meticulosa necessita de silêncio, o que às vezes é escasso na vida urbana. Acredite em mim – ser um autista na cidade tem os seus percalços.]

Além da sobrecarga sensorial, existe a *hiperempatia*. Defino este conceito como a "habilidade aguda em colocar-se no lugar de outrem, de sentir as dores de outrem, e sofrer por outrem". A palavra "empatia" surgiu do termo grego *pathos*, que pode tanto ser traduzido como paixão, ou doença – no caso da palavra *psicopatia*, por exemplo. Talvez a filosofia grega, influenciada por Sócrates e Platão, realmente considerava que as paixões pudessem ser formas de doença. Lembremos do mito de Narciso, muito conhecido por todos. Narciso era um homem tão belo que, ao recusar todas as suas pretendentes, acabou se apaixonando por seu próprio reflexo visto num lago. Desejando homem tão formoso, Narciso se lançou nas águas do lago e acabou se afogando fatalmente. Também podemos lembrar do mito de Jacinto, um mortal amado por vários deuses. Certa vez Apolo, o deus do Sol, da medicina e das artes, lançou um disco para impressionar (e conquistar) Jacinto. Enquanto o disco corria pelo ar, o enciumado Zéfiro, deus do vento, mudou o curso da brisa. O disco atingiu Jacinto na testa, abrindo um ferimento mortal. Apolo tentou desesperadamente curar Jacinto de todas as maneiras, mas o amado morreu nos braços do deus. Assim, Apolo jurou que lembraria de Jacinto sempre que tocasse a sua lira e cantasse algum poema. De seu sangue nasceu a flor que hoje chamamos de jacinto.

As explicações mitológicas eram a forma que os gregos tinham de fazer ciência e explicar o mundo ao seu redor. Podemos dizer atualmente que Narciso sofria do Transtorno de Personalidade Narcisista, ou que Zéfiro tenha cometido um crime passional. Podemos inclusive discutir o relacionamento do jovem Jacinto com dois homens como uma espécie de cooptação afetiva-sexual. Os tempos e conceitos mudam – para melhor, penso eu.

Empatia tem a ver com paixão, e também com doença. Quando nos apaixonamos, perdemos a capacidade de raciocinar sobre a pessoa amada: ela tem olhos lindos, mãos lindas, pernas lindas, seu jeito de ser é cativante – ou seja, ela é perfeita. Já li em algum lugar que a paixão é uma espécie de "loucura sadia". Prefiro não reproduzir tal capacitismo. Recordo, sim, a teoria freudiana das pulsões. Vale a pena conceituar: pulsão é o instinto que passa pelo crivo da razão. Eros (a pulsão de vida) e as pulsões de morte (chamadas posteriormente por Tânatos) contrapõem-se constantemente no interior do ser humano. Eros é o desejo de preservação, de conservação, de segurança; também podem ser os atos criativos, ou o desejo sexual. Tânatos, por sua vez, representa tudo o que é destrutivo e leva à morte. O ato de alimentar-se, por exemplo, é tanto um ato de vida (a nutrição) como um ato de morte. Só podemos nos alimentar de algo que um dia foi vivo, seja animal ou vegetal. Não coincidentemente, lembro dos conceitos judaicos de *yetser hatov* e *yetser hará*, as inclinações para o bem e para o mal que temos dentro de nós. Talvez Freud tenha partido deste conceito judaico para entender a dinâmica complexa entre o ego e a alteridade.

Não me leve a mal se eu disser que, ao escrever, eu sinto um prazer erótico. A criatividade sempre me leva às alturas.

Diante de todos esses estudos de Psicologia está uma mente autista. Como lidar com todas essas pulsões, desejos, vontades, medos e afetos? Ora, cada pessoa autista possui a sua resposta correta. No meu caso, eu prefiro frear minhas sensações emocionais através de um rígido método de pensamento. Não é que eu não sinta nada. Eu sinto até demais: por isso que preciso de cautela. A minha parcela racional não me deixa esmorecer. Se eu não cuidar de minhas frágeis emoções, posso ficar muito doente; inclusive estarei muito mais exposto a crises sensoriais. A anatomia de meu cérebro – o que me faz ser eu – tem um intrincado sistema operacional entre estruturas neuronais, circulação de oxigênio, irrigação sanguínea e recebimento de estímulos. Como se tudo isso não bastasse, sou capaz de me apaixonar por qualquer pessoa que eu conheça.

Não no sentido erótico ou afetivo, claro. Sinto o intenso desejo de conhecer profundamente as pessoas que gosto, visitar os seus locais preferidos, experimentar suas comidas favoritas, ouvir suas canções; ou seja, fazer um verdadeiro mapa arqueológico da vida daquela pessoa em minha mente.

Isso assusta uma pessoa que não conhece a hiperempatia, o que pode ser um problema. Já fui injustamente acusado de ser "controlador", embora eu me reconheça exigente. À semelhança do filme "O Solista" (estrelado por Jamie Foxx e Robert Downey Jr.), passei anos da minha adolescência me dedicando a cuidar de uma pessoa com uma grave esquizofrenia paranóide. Apenas os estudos psicológicos na faculdade e a terapia psicanalítica me mostraram que eu corria perigo de vida. Os danos causados a mim mesmo pela hiperempatia foram violentos, e precisei de tempo para me curar. Mas não foi impossível.

A solução foi simples: desejei conhecer o Henrique Vitorino como conheço os meus amigos-suporte. O resultado foi um incrível autoconhecimento pessoal, ausência de pudor em relação aos próprios medos e tabus, encanto carinhoso pela pessoa que eu sou, e o desejo de que mais pessoas tenham a felicidade que sinto. Não desejo ser um guru para ninguém: somente quero que ninguém sofra o que sofri. Fazer o esforço de oferecer as próprias experiências em um livro de qualidade é uma forma de empatia saudável. Na contramão, receber o lucro social e financeiro pela qualidade desse trabalho é justo.

Dizia anteriormente que a Arte me traz um prazer erótico – ou seja, um prazer vital, que me recria a cada obra, a cada texto. Não tenho a pretensão de ser eterno, nem de ser um líder, ou um exemplo autista. Meus exemplos fazem sentido apenas para mim mesmo. A minha voz, no entanto, deseja trazer muito mais vozes autistas para a discussão sobre o autismo na sociedade. Somos nós autistas que devemos definir o que é estar no espectro autista. Somos nós autistas que devemos elaborar projetos de lei para a nossa comunidade. Somos nós autistas que devemos dar o limite nas intervenções médicas injustificadas que desejam nos empurrar goela abaixo. Somos nós autistas que devemos ser entrevistados e publicados nas redes de televisão. Somos nós autistas que precisamos estar nos centros de pesquisa sobre autismo. Prometo a você que não descansarei enquanto não ver a minha comunidade no lugar em que merece (e precisa) estar.

Dizem por aí que não sou sentimental. Dizem que sou frio, que sou antissociável. A melhor coisa a fazer, em vez de sofrer por isso, é voltar aos nossos interesses específicos e brilhar no mundo a partir deles. Estou ocupado demais para ouvir o choro capacitista. Sou autista: não preciso de muita coisa para ser feliz.

Diria o meu analista: *isso sim que é empatia.*

Moto-contínuo: a repetição (e seus prazeres)

Quando soube que o filósofo Immanuel Kant era uma pessoa metódica ao ponto de seus vizinhos se basearem no horário de suas caminhadas para consertarem seus relógios, me reconheci nele um bom tanto. O fato de Kant nunca ter saído de sua cidade, e de ser autor de obras tão abrangentes e complexas como a *Crítica da Razão Pura*, ou a *Crítica da Razão Prática*, me faz brincar ao dizer que Immanuel Kant poderia ser uma mente autista. Veja o título deste livro: "Manual do Infinito". Mesmo no receio de não cumprir a tarefa, este livro pretende abordar o autismo de forma didática e explicativa, como num manual. Escrever um livro didático sobre algo tão diverso e tão plural parece uma insanidade. Talvez Kant tenha pensado que nunca conseguiria terminar as suas *Críticas* em vida, pois ele se propôs a fazer uma profunda análise sobre a razão humana. Kant conseguiu, e realizou o seu trabalho com maestria; eu, do meu jeito, insisto em compartilhar as migalhas de experiência que possuo. Todas as pessoas podem brincar com a sua própria genialidade.

No solo de minha imaginação fértil, Kant era ocupado demais para se preocupar com a vida social no século XVIII. Talvez não se preocupasse tanto com deflagrações políticas, tal o caso da Revolução Francesa ou, nas Américas, a guerra de independência dos Estados Unidos. Pode ser que tenha tremido diante da queda da Bastilha, ou quando a França foi invadida por forças militares da Áustria e de sua querida Prússia. Os estudos em diversas ciências talvez impediram de Kant se deliciar com as leituras noturnas de *O Corcunda de Notre Dame* e *Os Miseráveis*, do meu glorioso amigo Victor Hugo. Preferiu, sim, acordar de seu sono dogmático na metade da sua vida, quando conheceu a obra do inglês David Hume. Comparada à sapiência de Kant, a vida social parecia fútil. Seu rigoroso método científico era a sua própria vida: ao levar-se com tamanha seriedade, conseguiu ser um dos maiores cientistas de seu século. Gosto de imaginar meu amigo Kant arrumando a gravata para a dificílima tarefa de fazer o desjejum. E ai dos empregados se o café não fosse "exato" – mas o que pode ser um *café da manhã exato*?

Essa é uma das maiores glórias da antiga cidade alemã de Königsberg: ter a felicidade de, talvez, ter gerado pessoa autista tão ilustre. Infelizmente, a criação do diagnóstico do *Distúrbio Autístico do Contato Afetivo*[6] ainda estava a quase dois séculos de distância do filósofo alemão.

Toda essa história do autismo de Immanuel Kant não passa de uma brincadeira ilustrativa. Quis fazer-lhe uma homenagem, apenas. Quando conheci o trabalho e a vida de Kant na faculdade, apaixonei-me por ele. Sua personalidade metódica e obstinada me fez querer ser como tal: passei a querer acordar mais cedo, organizar-me para os estudos com mais afinco e buscar sua pontualidade. Não consegui. A disfunção executiva, minha grande companheira, impediu-me de realizar o sonho kantiano. Disso tudo, restou apenas a admiração e o carinho por sua obra – que pretendo ler e estudar ainda nessa vida autista. Apesar de não ser como Kant, tenho também os meus focos obsessivos e repetitivos.

Sempre me diverti quando vejo os neurotípicos gritando "Chega!" ao se enjoar de repetições. Não tenho o mesmo tédio que eles. Ao contrário, a repetição me acalma. Conhecer o roteiro do que vai acontecer me traz sensação de controle – o que é muito relaxante. Quando vou escrever, tenho o costume de sempre ouvir os mesmos álbuns: em especial, jazz da orquestra de Glenn Miller; também gosto dos primeiros discos da carrei-

---

[6] Maneira que o Dr. Leo Kanner chamou o autismo pela primeira vez, em 1943.

ra de Willie Nelson e Frank Sinatra, ou Amy Winehouse, ou da banda Simply Red (quando quero me sentir em São Paulo). Pelo roteiro musical repetido, consigo produzir as mesmas sensações auditivas, preparo o meu estado mental para o trabalho literário, e ainda redescubro a beleza do que escuto pela enésima vez.

Eu também tenho o hábito de escrever com repetições. A repetição consiste em recuperar um trecho, ou alguma palavra da frase anterior, e encaixá-la na próxima. O próximo passo é sentir o fluxo do texto; deixar que as palavras encontrem seu próprio caminho. Assim, o caminho mental que percorro acaba me dando tranquilidade e segurança. Se você percebeu, utilizei-me da repetição das palavras "repetição", "próximo", e "caminho". No entanto, eu elimino toda essa cacofonia quando o texto é revisado. A repetição é útil para a escrita criativa; na revisão, contudo, ela me incomoda. Sempre que encontro uma palavra muito utilizada num período, opto por inserir sinônimos. Eis a importância de ler dicionários sem propósito, ou ter um bom vocabulário quando se deseja escrever um livro.

É que eu não gosto de subestimar a inteligência de quem me lê.

Também tenho a obsessão de revisar meu texto enquanto estou escrevendo. Quando dou por mim, gasto mais de meia hora corrigindo apenas um parágrafo – como fiz neste acima. É preciso que eu pare de me repetir, pois o tempo urge e minha existência é finita.

Tinha dois cachorros, o Pete e o Repete. O Pete morreu, quem sobrou?

Minhas repetições não estão confinadas ao mundo literário. Tenho o hábito de, todos os dias, usar os mesmos alimentos para o café da manhã. Um dia normal inclui chocolate quente, pão esquentado na chapa e requeijão, ou manteiga. Se o dia requer energia para as atividades físicas, prefiro me alimentar com granola e iogurte. Quando não estou muito bem, prefiro tomar café com leite. Evito o café porque sou uma pessoa naturalmente elétrica: se eu consumir bebidas energéticas com regularidade, fico ainda mais ansioso. Cafés da manhã fora desse padrão são raros; é possível que minha mesa esteja farta apenas quando um amigo-suporte vem fazer o desjejum comigo.

Minhas comidas preferidas atualmente são as mesmas que me deliciavam na infância. Quando vou provar algum lanche, preciso beber suco de morango; um prato de arroz, feijão e bife precisa de suco de maracujá; ainda como biscoitos com leite quando vou fazer algo que me divirta, como jogar no computador, ou assistir um filme. Quando experimentei comida oriental pela primeira vez, quase passei mal. O gosto agridoce da carne crua, misturada ao molho *shoyu* e a pimenta *wasabi*, retirou-me completamente da zona de conforto gustativo. Parecia que o *sashimi* iria explodir dentro da minha boca! Com muito esforço, consegui me acostumar ao gosto *umami*, e hoje adoro comida japonesa. Foi um esforço que valeu a pena. Mas foi uma exceção: não sou muito habituado a trocar a minha alimentação, o que pode ser ruim do ponto de vista nutricional.

Sou um autista que precisa de rituais particulares para a organização e a vivência diárias. Gosto de pensar no ritual como uma ação que possui um sentido além de si mesma – os atores não gritam antes do espetáculo, ou não se desejam *Merda!* à toa. Do mesmo modo, uma pessoa religiosa precisa de cantos, vivências comunitárias e individuais para alcançar o sagrado em que acredita. Sempre que visito os túmulos de meu tio e meu avô adotivos, canto as mesmas músicas para cada um deles. Tenho a certeza racional de que eles não estão ali fisicamente, mas a minha energia autista se conecta com eles de alguma forma. Não sei explicar. É curioso lembrar da morte quando falo de rituais. Talvez o ritual nos ajude a vislumbrar aquilo que não podemos compreender, ou ainda formaliza ritos de passagem: como o casamento, a festa de aniversário, o juramento à Bandeira ou o *bar mitzvá*, que transforma o garoto judeu em homem integrante de sua comunidade.

Para vivenciar os rituais de minha criatividade, escrevi um livro de mais de 200 páginas com poemas rimados, reflexões e jograis sobre a vivência artística no cotidiano. Fiz o livro com a única intenção de lê-lo. Não sei se tenho a intenção de publicá-lo, mas confesso que seria interessante ver mais pessoas lendo meus segredos criativos.

Muito pouco do que escrevo é verdadeiramente publicado. Existe em minha cabeça um imenso lençol freático de ideias e palavras, que ainda está por ser explorado. É por isso que sonho em ser poeta, roteirista e escritor. É muito bom que eu aprenda a usar o meu hiperfoco para ganhar a vida.

Aqui preciso me valer da generalização: uma pessoa autista pode mudar, desde que seja de acordo com a sua vontade. É possível que pessoas autistas mudem de interesses específicos durante a vida. Essa mudança é natural, embora não seja frequente. Ouço álbuns que escutava há dez anos e penso: "Como é que eu era capaz de escutar isso sem achar horrível? Como é que eu gostava disso?" É natural mudar, e mesmo as pessoas autistas mudam com o tempo. Algumas delas conseguem ficar mais extrovertidas, e conseguem até se comunicar na forma padrão. Outras preferem perder o jeito extrovertido e ficar atentas à sua individualidade, utilizando a introversão como forma de se proteger dos estímulos. Independentemente da mudança ou da estabilidade da pessoa autista, é preciso respeitar o seu modo de ser.

Terapias que prometem "curar" o autismo ou *tornar a pessoa autista mais sociável* podem ser violentas. É preciso tomar muito cuidado com o tipo de procedimento terapêutico, com o profissional que o aplica e suas especializações (pedir referências do profissional nos Conselhos Regionais é útil); e principalmente com a resposta que a pessoa autista oferece ao tratamento. Se o tratamento lhe causa crises, nervoso, estresse, resistência, agressividade ou medo, a terapia não está funcionando da maneira correta. Denuncie qualquer tipo de violência ou capacitismo dentro do ambiente terapêutico: isso é mais comum do que se pensa.

Junto com os avanços do diagnóstico do Transtorno do Espectro Autista e com o empoderamento de nossa comunidade, surgiram também os espertalhões e golpistas do *mercado do autismo*. Para combatê-los, é preciso respeitar a opinião da comunidade autista e muitas, muitas doses de ciência. Tais golpistas tentam enganar pais que não aceitam o diagnóstico de seus filhos e pretendem "convertê-los" em neurotípicos, ou capturam autistas desesperados que possuem apenas o autodiagnóstico, e precisam de ajuda para se formalizar com o laudo médico. É preciso denunciar e coibir essas práticas abusivas, feitas com toda a má fé possível. Só assim venceremos o charlatanismo que pretende ser ciência. Ouvindo falar dessas terapias estapafúrdias, Immanuel Kant teria arrepios.

Prefiro me ocupar com o tema das repetições. Peço que você leia atentamente o conto a seguir, que é de minha autoria e se chama *A Pipa*:

Esta é uma história de um menino com sua pipa. Pode ser uma história qualquer, mas não é o caso desta. Ele não tinha a intenção de revelá-la a ninguém. Aquela pipa possuía o segredo do mundo. Num dia qualquer, esse menino perdeu sua pipa no vento. Com ela, parecera perder tudo o que tinha. "Não me roube!", gritou o menino ao vento. Mas ele nada ouviu. Sumiu quase sorrindo numa lufada de ar. O menino via sua pipa fugir pelo vento, e as cores ficando pequenas, pequenas e distantes.

Aqui é onde mora o centro das coisas.

O menino via sua pipa fugir pelo vento, e as cores ficando pequenas, pequenas e distantes. "Não me roube!", gritou o menino ao vento. Mas ele nada ouviu. Sumiu quase sorrindo numa lufada de ar. Com ela, parecera perder tudo o que tinha. Num dia qualquer, esse menino perdeu sua pipa no vento. Aquela pipa possuía o segredo do mundo. Ele não tinha a intenção de revelá-la a ninguém. Pode ser uma história qualquer, mas não é o caso desta. Esta é uma história de um menino com sua pipa.

A Pipa é um conto-palíndromo. Tente ler o conto de trás para frente, frase por frase, e você terá as mesmas frases no sentido normal. Inclusive o título do texto é um palíndromo:

→ A PIPA   APIP A ←

Este é o meu amor secreto pela repetição.

Vida cartesiana: o método autista para viver e sobreviver

Hoje estou muito filosófico, e por isso homenageio alguns trechos do início do "Discurso do Método", de René Descartes, reinterpretado aqui com minhas palavras tortas:

Nunca acreditei que o meu pensamento fosse melhor do que o de qualquer outra pessoa, muito embora eu desejasse ter o pensamento mais rápido e mais inteligente do mundo. Eu não me lamento pelo tanto que sofri, pois desenvolvi um método que pode melhorar o meu conhecimento do ser humano, de forma a transformar a mediocridade de meu espírito em algo mais elevado. Conhecendo a história da Humanidade, suas culturas, tradições e crenças, encontrei muitas coisas fúteis e inúteis. Observando todas as pessoas do mundo com olhar de filósofo, contudo, sinto intensa satisfação ao chegar onde cheguei. Meu propósito aqui não é ensinar o meu modo de pensar para outras mentes, mas somente mostrar como penso com a minha. Leia este livro como se fosse uma história, ou uma fábula; dentre os exemplos que você pode encontrar aqui, espero que algum deles lhe seja útil – e todos serão gratos por minha sinceridade.

Só posso começar um texto sobre métodos no autismo com uma lista.

22 métodos de H. Vitorino em sua vivência autista

1. Para começar a escrever, preciso organizar meu escritório e limpar a mesa de trabalho. Também tomo banho, me barbeio, penteio o

cabelo e escovo os dentes. Tudo em mim e à minha volta precisa estar impecavelmente limpo.

2. Quando preciso reabastecer as energias de forma rápida, tomo um banho bem quente.
3. Quando sirvo o almoço ou jantar para mim mesmo, a mesa é montada de acordo com a etiqueta.
4. Ao escrever a mão, organizo minhas canetas enfileiradas em ordem de cor: azul, vermelha, preta, verde, depois outras cores; depois o lápis ou lapiseira, borracha e apontador. E tenho minhas marcas de caneta favoritas, claro.
5. Minhas mãos precisam estar limpas e perfumadas quando escrevo. Tenho o *stim* de cheirá-las: a verbena me excita; o jasmim é relaxante, pois lembra minha mãe.
6. Assim como Ludwig van Beethoven, sinto a cabeça ferver quando estou em trabalho criativo. Não chego a me molhar com água gelada, mas já fiz compressas frias na testa. Para aliviar este sintoma, preciso de fluxos constantes de ar fresco, como janelas abertas ou ventiladores.
7. Viro muito na cama antes de dormir, mas durmo sempre sobre o lado esquerdo. E com o máximo de cobertores em cima de mim.
8. Quando minha casa está limpa, meus textos precisam de menos revisões do que quando escrevo com a casa bagunçada.
9. Adoro beber água, mas preciso de alarmes regulares para me lembrar de bebê-la.
10. Ouvir discos de vinil é uma das formas de minha oração autista.
11. Ao ver meus amigos-suporte, sinto intensa vontade de segurar seus polegares.
12. Acender incenso me permite parar de pensar.
13. Sou capaz de passar horas inteiras analisando o dia-a-dia de um formigueiro, ou de um aquário.
14. Folhas sulfite de cor marfim são muito melhores que folhas sulfite brancas: as letras ficam mais visíveis.

15. Gosto de digitar ao computador com fonte e som de máquina de escrever, e com a tela opaca.
16. Faço uma declaração de amor implícita quando limpo a casa para receber visitas.
17. Tenho um arquivo secreto que se chama "Dicionário de Dores", onde anoto coisas que me incomodam, e que potencialmente podem se tornar ficção ou poesia.
18. Muito mais do que um barulho forte, a ironia e o deboche direcionados a mim podem me causar uma crise violenta de forma quase instantânea.
19. Para eternizar meu avô e meu tio adotivos, escrevi uma paródia da Divina Comédia de Dante em versos decassílabos.
20. Embora eu tenha sensibilidade auditiva, não consigo ouvir as consoantes com a mesma clareza que as vogais. Às vezes, as vozes das pessoas parecem fanhas em minha cabeça.
21. Geralmente preciso de 48 a 72h (dois a três dias) para me recuperar plenamente de uma crise não-violenta. Crises autolesivas demandam ainda mais tempo.
22. Para não me cansar de ler todos os textos em voz alta, peço que o computador leia os textos para mim – mas em inglês, francês, italiano, alemão ou espanhol. Só consigo acreditar nos meus textos quando os escuto em outra língua.

Essas não são "manias", como alguns neurotípicos apressados podem dizer (e alguns autistas podem acreditar). Estes são *métodos de sobrevivência autística* em um mundo neurotípico. Recordo-me do "Manual do Escoteiro Mirim", um livro que descobri em minha infância e que ensinava de forma lúdica um pouco de tudo: como atar e desatar nós, a quantidade de comida necessária para alimentar vários animais selvagens, como interpretar os símbolos de um mapa e até acender fogueiras: o que era muito perigoso para uma criança autista e hiperativa. Quando fiquei adulto, tive que desenvolver outros métodos de sobrevivência na selva neurotípica: como não ter crises em ambientes lotados, como me vestir quando preciso enfrentar o calor do sol ou o frio, quais os melhores horários para usar o transporte público, que estabelecimentos são mais ou menos acessíveis e adaptados, como lidar com o contato físico de pessoas desconhecidas, etc. O contato com outras pessoas autistas me permitiu ampliar e melhorar minha estratégia no que tange minhas próprias dificuldades sensoriais e emocionais.

Quando recebi o diagnóstico e comecei o meu ativismo nas redes sociais, desejei conviver mais com autistas do que com neurotípicos. "Fundarei uma *villa* feita por autistas, e apenas para autistas!", pensava com meus botões. Mas a vida não é tão simples. Eu preciso da convivência com os neurotípicos: seja aquele amigo em que não consigo parar de pensar, o suporte que consegue entender o que digo – ou meus próprios pais, por exemplo. Uma sociedade composta unicamente por autistas não seria plural como o espectro. A convivência entre autistas e neurotípicos é muito benéfica; ambos podem aprender reciprocamente, seja em conteúdo acadêmico, humanitário ou intrapessoal, tendo em vista os limites de cada pessoa.

Tenho muito prazer em conhecer e conversar com pessoas que estão na deficiência intelectual, na trissomia 21, e em outras diversas condições neurológicas. Gosto de conversar com elas, me divertir junto delas e apreciar sua companhia. Gosto de analisar suas visões de mundo, quase sempre com incríveis ideias sobre a vida. Muitas pessoas na deficiência intelectual me ensinaram que eu devo levar a vida com menos truculência, pois não sou tão perfeito quanto quero ser.

É sempre bom lembrar do conselho de Nicolau Copérnico: a Terra gira em torno do Sol, não em torno de nós.

O problema é quando os neurotípicos assumem que a sua visão de mundo é a única correta. Problema maior ainda é quando inculcam conosco e, desconhecendo nosso mundo autista, criam as polêmicas vazias:

"*Ele não tem nada e está na fila preferencial*";

"Você fala fluentemente e olha nos meus olhos, então não é autista";
"Isso é algo da sua vida passada que ainda não foi evoluído";
"Você só tem crise quando eu falo o que você não gosta".

Se algo fora do previsto atrapalha a minha rotina, passo mal pelo resto do dia. Geralmente fico deitado na cama, catatônico, esperando que a disposição para trabalhar volte. Um dos obstáculos mais graves que enfrentei na escrita deste livro foi lidar com o barulho descontrolado em meus arredores. Durante meu trabalho criativo, tenho o costume de ouvir música num volume extremamente baixo, pois preciso ouvir o som da digitação no teclado para manter a concentração. Um barulho sequer que fica fora de controle (como latidos, por exemplo) me faz perder o foco da escrita, o que naturalmente me deixa irritado. Quanto mais os barulhos me interrompem, mais me estresso: cheguei a ter crises várias vezes por dia. Certa vez, fui questionar uma pessoa sobre a necessidade de ter acessibilidade sensorial dentro da minha própria casa – o que é um direito justificado na lei. Quando ouvi um simples "Mas cachorro late mesmo", como se fosse eu quem quisesse pretexto para brigar, percebi que precisaria sair daquela situação com minhas próprias forças.

O cachorro não tem culpa de latir se está se sentindo sozinho, com frio, com fome ou com tédio: há quem tenha culpa maior.

[O Poder Judiciário brasileiro, neste passo, necessita urgentemente de jurisprudência para impedir que pessoas autistas independentes sejam vítimas de abuso e violência. Embora a Convenção de Nova York não nos trate como incapazes, a prática ainda é muito diferente do que se prega.]

Precisei de apoio médico e psicológico para ter saúde mental e continuar a escrever, já que não tive qualquer solução de acessibilidade para morar naquela casa. Enfrentei diversas situações de violência psicológica e moral para realizar o sonho de morar sozinho; sinceramente, o sonho tornou-se pesadelo. Um estresse pós-traumático e recorrentes crises de pânico quase me fizeram desistir deste *Manual*. Eu me sentia desesperado por não ver uma saída: se eu reclamasse com os vizinhos, seria visto como chato e arrogante; se não reclamasse, teria crises frequentes ao ponto da ideação suicida. Além disso, não tinha a garantia de que estaria livre de represálias físicas e psicológicas. Por bem ou por mal, fiz a escolha de voltar a morar com meus maiores suportes, os meus pais – o que tem seus benefícios.

Com o tratamento medicamentoso estipulado por meu neurologista, estou bem melhor dos estímulos exagerados da sensibilidade auditiva, e do medo que ela me gerava. Tenho a certeza de que, se não fosse a falta de acessibilidade em minha própria casa, eu terminaria este livro muito mais cedo. O *Manual do Infinito* possui muito de minhas ideias e conceitos, mas também de insônias, suor e lágrimas. Aqui está um autista que tem a cabeça firme o suficiente para acreditar na vida, e que não tem medo de trabalho duro. Eu duvido que alguém consiga me fazer desistir de algo.

Bendito sejam os meus pensamentos rígidos. Bendito seja o *método das minhas loucurinhas*, como diz meu querido amigo William Shakespeare.

Tortura: a hipersensibilidade autística em um mundo neurotípico

Minha sensibilidade auditiva quase me fez desistir de viver. Hoje, sei que devo evitá-la na maioria das situações.

Pelo meu trabalho na música (sou violonista e cantor), muitas pessoas se admiram pelo fato de eu possuir *ouvido absoluto*. O ouvido absoluto não é tão raro quanto se pensa. Percebi que tinha esta aptidão em torno dos meus catorze ou quinze anos, quando aprendi a tocar violão. Eu me divertia com meus amigos quando adivinhava de olhos fechados todos os acordes que eles faziam. Ao aprender e decorar o nome dos acordes junto com as suas tonalidades sonoras, acabei arrumando uma encrenca para mim mesmo.

Passei a querer afinar tudo ao meu redor. Estranhei quando o aspirador da casa de minha mãe, que era afinado em uma nota Fá (exatamente um F3), abaixou um tom.

— *Mãe, o que você fez para desafinar o aspirador?*

— *Como assim?*

— *É que o aspirador estava afinado em Fá, e agora ele está fazendo um Mi bemol. Olha. [Emito as notas para mostrar a diferença] Percebe?*

— *Eu precisei trocar o saco de pó do aspirador, estava cheio.*

— *Mas o aspirador desafinou.*

— *Ah.*

Sem que eu percebesse, um trio fatal passou a me controlar: a habilidade acurada de identificar notas isoladas, o interesse específico de manter a afinação do mundo ao meu redor, e a excessiva sensibilidade da audição. Criei medo de elevadores pelo seu barulho forte e desafinado. Estar em situações de congestionamento ou trânsito intenso me deixava em pleno desespero. Aos poucos, passei a sentir raiva de pessoas que falavam alto. Quando fui morar numa cidade rural, me acostumei com o silêncio campestre – o que me deixava atordoado quando voltava de férias para minha cidade.

Aquela habilidade transformou-se em algo crônico.

Uma crise de hipersensibilidade é horrível. Perdemos completamente o foco de tudo o que acontece ao nosso redor. É como se aquele estímulo em especial invadisse o meu cérebro e me fizesse sentir dor, dor, muita dor. Quando ouço um barulho alto, sinto uma dor semelhante a ter os tímpanos perfurados com agulhas quentes. E não, nunca perfurei meus tímpanos com agulhas quentes para saber a dor, mas sinto uma aflição real, extremamente verossímil. Nos momentos em que sou exposto a sons contínuos, ou sou assustado por barulhos repentinos – quando os cachorros da vizinhança não param de latir, por exemplo – a dor me deixa próximo de um estado de insanidade temporária. Chego a me arranhar, me morder, me dar tapas no rosto, me socar nas têmporas ou pior: bato a cabeça na primeira coisa que vejo pela frente, de tanta dor que sinto.

Não há como ter tantas crises e ficar vivo por muito tempo.

Parte do problema estava em mim – precisei aprender a deixar passar. Existem sons que naturalmente são desafinados, como o aquecimento de uma orquestra; uma avenida em movimento durante o horário de pico; pessoas conversando em um bar; o cozimento de uma panela de pressão. Embora o Universo esteja sempre em perfeita sincronia, ele não é tão melódico, nem tão afinado quanto parece. Eu não tenho como exigir que a Avenida Santos Dumont, uma das maiores avenidas da minha cidade, seja silenciosa às 17h. Mesmo assim, é possível criar soluções inteligentes para melhorar a qualidade de vida das pessoas com sensibilidade auditiva.

Há os autistas com sensibilidade visual. Neste ponto, recordo-me da *Lei Cidade Limpa*, que foi promulgada em São Paulo no ano de 2006.

O objetivo da lei era valorizar a cidade desaparecida entre os anúncios, criando uma séria regulamentação de propagandas, cartazes e *outdoors*. Penso que essa lei foi muito benéfica para os autistas paulistanos com esse tipo de sensibilidade visual. Eu não tenho muita hipersensibilidade visual, mas sempre tenho enxaqueca quando vejo outdoors *luminosos* em semáforos, principalmente à noite. A luz é um estímulo cerebral fortíssimo; minha mãe sofre de epilepsia refratária e compreende minha necessidade de ficar à meia-luz. No caso dela, a luz excessiva pode levá-la a um quadro de crise epiléptica; no meu caso, posso ficar estimulado a ter crises sensoriais mais facilmente. Ambos ficamos nervosos quando vamos ao supermercado e temos que lidar com toda aquela informação luminosa. Neste quesito, alguns supermercados são piores do que outros: citarei os nomes pessoalmente.

Há ainda as pessoas autistas com hipersensibilidade olfativa, ou gustativa. Essas pessoas podem ter sérios problemas com a alimentação: seja porque não conseguem se alimentar de certos ingredientes, porque não suportam a textura deles, ou possuem ojeriza à sua cor, ao cheiro, ou ao sabor. Pessoas com hipersensibilidade olfativa também se sentem mal com perfumes, colônias e desodorantes; quando limpam suas casas, utilizam sempre produtos com cheiro neutro. Você já pensou passar mal com o cheiro do seu xampu, ou não conseguir lavar as mãos por ter ânsia do cheiro do sabonete? Como os sentidos do olfato e do paladar são muito próximos, existem pessoas autistas que vivenciam o fenômeno da *sinestesia*: um cheiro torna-se um gosto, e vice versa, o que torna a experiência da hipersensibilidade ainda mais alucinante.

Sobre a sensibilidade tátil, serei mais específico no próximo texto.

Devido à alta excitabilidade de suas pessoas autistas, muitas famílias precisam residir em sítios ou cidades pequenas. Reconheço que é uma decisão muitas vezes dura, mas igualmente necessária. Eu mesmo penso em me mudar para uma cidade menor. Se morar em cidade grande, eu sonho com uma casa equipada com isolamento acústico, tapetes e móveis com pés de borracha. Faço o possível para não irritar meus próprios ouvidos, mas a maioria das pessoas (na sua quase totalidade, neurotípicas) não compreendem essa necessidade. Costumam dizer que é "frescura", que eu nunca conseguiria morar em Nova York, que preciso usar protetores auriculares 24h por dia, ou que eu devo "me acostumar" (em outras palavras, *não reclamar*) com barulho. Não me acostumarei nunca! Posso até tolerar por tempo determinado, mas nunca conseguirei fingir que um estímulo estressor não está me irritando. Quando não têm mais argumentos, eles partem para o ataque pessoal:

— *Ah, mas você também tem crise quando vai dançar na balada?*

E eu tenho que deixar de ir na balada por ser autista?

Antes de tudo: já tive várias crises na vida noturna, durante o meu trabalho como cantor. Eu só não sabia que eram crises sensoriais. Pensava que aquilo podia ser qualquer coisa: uma dor de cabeça; irritação por estar com fome; algum mal-estar; pressão psicológica ou "manias de artista". Aquilo podia ser tudo, menos a verdade: uma crise por excesso de estímulos sensoriais. Sentindo calor com terno e gravata, eu precisava cantar num local extremamente barulhento e iluminado, com dezenas de pessoas comendo, bebendo e olhando para mim. Elas batiam palmas com vigor a cada música que eu cantava. No fim do espetáculo, já exausto, as pessoas ainda queriam me cumprimentar e tirar fotos comigo.

Como bom ator que sou, conseguia tirar forças de onde não tinha. O dia seguinte, claro, era de pura ressaca – mesmo que eu não tivesse bebido uma gota de álcool.

Existem vários fatores que permitem que eu me divirta numa festa, ou trabalhe na vida noturna. Eu preciso de todos eles:

- Eu preciso estar preparado psicologicamente para me expor ao contato social e ao barulho;
- Devo ter uma pessoa que me acompanhará por todo o evento (de preferência, um *amigo-suporte*);

- Preciso ter um horário de entrada e de saída estabelecidos anteriormente;
- Meu acompanhante precisa estar comigo se eu desejar (ou precisar) ir embora mais cedo;
- O transporte que utilizarei precisa ser calmo o suficiente para não me deixar ainda mais exausto, seja na ida ou na volta;
- O dia da festa precisa ser harmônico – uma quebra na minha rotina pessoal afetará drasticamente o meu ânimo para sair.

Isso prova para a tal pessoa neurotípica porque eu consigo suportar três, quatro horas de trabalho em um restaurante lotado, e não consigo suportar uma furadeira às 7h da manhã, quando ainda estou dormindo.

Precisamos também falar sobre as *hipossensibilidades*, ou seja, a falta de sensibilidade aos estímulos. Existem pessoas autistas que são insensíveis a alguns estímulos específicos. Eu mesmo tenho facilidade em reconhecer rostos, mas não consigo localizar pontos no horizonte, ou em figuras. Entro em desespero quando alguém aponta e diz: "Olha ali!". O jogo dos sete erros foi uma forma de treinar a minha acuidade visual, mas ainda sinto que ela é prejudicada em comparação a outras pessoas. O estudo da arte teatral, no entanto, me trouxe uma enorme capacidade de analisar a fotografia e o figurino de um filme, o que requer detalhismo e boa visão panorâmica.

– *Olha ali o microfone aparecendo à esquerda, em cima da cabeça da mulher!*

Minha mãe reclama quando eu quebro a magia da cena da novela.

Existem autistas que são insensíveis ao frio; outros são insensíveis à dor. Quando estou em momentos de hiperfoco, não sinto que o meu estômago está doendo de fome, que a minha bexiga está cheia, ou que os meus olhos precisam de descanso. Muitas vezes já queimei minha língua por consumir alimentos direto da panela fervendo: eu esqueço que a comida está quente. Não sei quando está calor o suficiente para eu tirar meu casaco, ou quando está frio para colocá-lo. Minha disfunção executiva me obriga a cozinhar sempre um alimento por vez, ou a fazer uma coisa e esquecer outra. Assim, não consigo por um bolo para assar e montar a mesa, ou deixar o feijão cozinhando na panela de pressão e fazer arroz na panela elétrica, por exemplo. Se nossas hipersensibilidades nos roubam o foco de tudo o que estamos fazendo, ou se a hipossensibilidade nos traz perigos iminentes, precisamos encontrar formas e métodos de fazer as coisas do nosso jeito. Cada pessoa autista terá o seu próprio jeito de conquistar sua independência, e também a autonomia que lhe for possível.

O que não dá para aceitar é sermos considerados o problema, ou parte do problema. Se a sociedade maior deseja ser mais humana e igualitária, é preciso reconhecer as diferenças de cada pessoa e possibilitar o acesso desta a todos os setores da sociedade. É preciso, inclusive, individualizar o diagnóstico do Transtorno do Espectro Autista. Mesmo em pessoas com nuances do espectro muito parecidas, elas nunca serão iguais. Pessoas autistas são vítimas de capacitismo dos médicos que se recusam a entender aquele caso de forma individualizada. É claro que os rótulos-padrão fazem parte do que a ciência pesquisou até agora, mas o conhecimento científico pode ser refutado e reconsiderado. É preciso refutar a noção capacitista do autismo, e entendê-lo através de cada pessoa que está no espectro, caso a caso.

Eu não tenho sensibilidade aguçada no olfato, mas não uso perfumes quando encontro uma pessoa autista que tenha. Também não tenho tanta sensibilidade para cumprimentos: quando encontro uma pessoa autista que a possui, eu a cumprimento de longe, acenando com as mãos e sem tocá-la. Assim como respeito a limitação de todos – sejam autistas ou neurotípicos – também quero ser respeitado em minhas limitações auditivas pelos neurotípicos.

A alteridade é o princípio básico do meu humanismo autista.

Caminhos da pele: o autismo e o contato físico

Existe o conceito de que "autistas são frios" e "não possuem sensibilidade emocional", o que já provei ser errado num texto anterior. Um dos motivos para o surgimento dessa lenda é a aversão comum das pessoas autistas ao contato físico.

Como bem sabemos, a pele é o maior órgão do corpo. Ela possui um complexo sistema de camadas, utilizando-se de glândulas, fibras e nervos dérmicos para interagir com o ambiente externo. Além disso, a pele também desempenha funções de regulação de temperatura, formação de vitamina D3 (graças à radiação solar) e proteção imunológica contra bactérias. A pele é a verdadeira porta de entrada do nosso corpo, basicamente, e suas sensações influenciam diretamente o cérebro. Antes de ingerir um alimento, precisamos tocá-lo ou manipulá-lo com um talher. Todas as nossas sensações ou impressões táteis passam por nossa pele: seja o toque de alguém querido, a carícia em um animal, o vento soprando em nosso rosto, ou o tamborilar dos dedos no teclado do computador, como estou fazendo agora.

Se o cérebro de uma pessoa é diverso, as suas sensações táteis serão diversas igualmente.

Confesso que não gosto muito de abraçar as pessoas em geral. No entanto, fui criado numa família neurotípica e para uma sociedade neurotípica, e precisei me adaptar à convenção social neurotípica de abraçar quem não conhecemos. Não atribuo culpa alguma aos meus pais, pois eles não sabiam do meu diagnóstico. Eles fizeram o melhor ao alcance deles, e me deram uma educação repleta de amor, carinho e cultura. Embora eu não os abrace comumente, sinto que eles me amam – e eu também os amo muito.

O que é que deu errado, então? Absolutamente nada.

O toque físico me liberta dos pensamentos, mas ele deve ser de maneira que não me estimule em excesso. Como sempre, preciso estar preparado e adaptado para tal estímulo. Existem coisas que podem excitar e irritar uma pessoa autista – cada autismo possui sua própria medida. Conheço pessoas autistas, por exemplo, que ficam incomodadas com a sua oleosidade natural: seja com a pele oleosa, ou com o suor. Para evitar o problema, desodorantes *rollon* ou aerossóis não funcionam. O que se pode fazer é usar talco. (Vamos imaginar o sofrimento de uma pessoa autista com hipersensibilidade tátil e hiperidrose.) Outras, ainda, sentem irritação em qualquer contato físico com qualquer pessoa – inclusive em apertos de mão – mas adoram sentir as lambidas de seus gatos, ou cães. Toda pessoa tem o direito de possuir limites em relação ao toque físico. Fico muito nervoso quando crianças são coagidas pelos adultos a cumprimentar quem não conhecem: "Dá um beijo na vizinha, dá!" E a criança sente medo, fica agoniada, tampa o rosto. No caso das pessoas autistas, a tensão é ainda maior. Como posso permitir que o abraço de alguém que eu não conheço possa me estimular tanto assim?

Um segredo sensorial mora em cada abraço que eu dou.

Mas também existe o lado prazeroso do toque físico. O contato de minhas mãos ensaboadas pelo meu corpo é uma verdadeira experiência de prazer tátil. Seguindo minha tendência autista de liberdade de pensamento, digo sem falso pudor. Aprendi a descobrir meu corpo na puberdade através dos banhos. É uma experiência natural e libertadora. Aos poucos, entendi que meu corpo autista possui zonas erógenas; na idade adulta, aprendi que só devo compartilhar esta minha dimensão com uma pessoa que realmente me ame, e que não me queira fazer mal. Existem autistas que precisam de acompanhamento e suporte inclusive durante seus banhos; na medida do possível, contudo, é preciso que a pessoa autista tenha autonomia para estudar e entender seu corpo da maneira que quiser. Não se pode reprimir um estímulo natural: não somos "anjinhos". Temos corpo de carne, e muitas vezes sentimos vontades próprias aos corpos de carne – mesmo que sejamos autistas.

A falta de padrões táteis incomodam grande parte dos autistas, e eu tenho este tipo de sensibilidade. Dormir em outra cama além da minha, ou usar cobertores diferentes, equivale a uma noite de insônia. Aprendi intuitivamente que consigo dormir melhor com cobertores mais pesados[7]. Minha mãe sempre me perguntou se eu não sentia muito calor, ou se eu me sufocava com as várias mantas que me cobriam. Pelo contrário: o peso dos cobertores comprime meu corpo continuamente, o que me dá conforto. Quando vou dormir, preciso me preparar para um trabalho de guerra. Preciso ter controle das minhas diversas sensibilidades:

- Sensibilidade tátil (lençol sem rugas, cobertores pesados, travesseiros nem muito altos, nem muito baixos);
- Sensibilidade visual (nenhuma luz acesa ao meu redor, nem as que indicam que o aparelho está na tomada);
- Sensibilidade auditiva (silêncio absoluto – uma goteira ou o tique--taque do relógio de corda, por exemplo, me impedem de dormir);
- Sensibilidade gustativa (não consigo dormir bem se não escovo os dentes antes de ir deitar);
- Sensibilidade olfativa (o quarto precisa estar bem arejado; se eu sentir um cheiro diferente, meu olfato é estimulado e não consigo dormir).

O problema é que nunca dá para conseguir cem por cento desse controle sensorial.

Para ficar em casa, gosto de ficar preferencialmente sem roupa, ou com roupas largas; para sair, gosto de usar roupas extremamente apertadas. A

---

[7] O uso de cobertores ponderados necessita de cautela: o peso deve ser calculado de acordo com o peso da pessoa.

intuição me conduziu a descobrir as roupas de compressão. Nunca usei nenhuma delas, mas tenho vontade de experimentar. Creio que serão muito úteis em situações de interação social. Aqui conto um segredo: sempre gostei de meias novas, porque sinto muito prazer quando elas apertam meus pés.

Trago ainda um último assunto importante: para mim, o contato visual é tão intenso quanto um abraço. Se eu paro de olhar nos olhos enquanto converso com você, é porque estou querendo diminuir um tanto do contato social para prestar atenção no que você diz. Não consigo lidar com o excesso de informações: o contato visual constante, o processamento auditivo da fala, a interação e o filtro dos estímulos do ambiente, o controle dos meus próprios pensamentos... Uma observação útil na minha vida autista no teatro é que as mãos, muitas vezes, falam mais que a boca ou os olhos. Perceba o movimento das mãos de uma pessoa nervosa, ou quando um maestro rege sua orquestra. Cada movimento executado pelas mãos tornam-se gigantes! É por isso que gosto de olhar as mãos, e não os olhos das pessoas. Quando observo as mãos de alguém, consigo concentrar-me plenamente no que ela diz, e não me sinto invadido por seus olhos. E no caso de meus amigos-suporte, gosto de segurar seus polegares.

Até conseguir confiar em alguém para me entregar ao prazer do abraço, demora muito. Mas quando começo, não quero parar mais. (Que falta faz o meu avô!)

Deixo com vocês, neurotípicos, uma charada que os autistas sabem responder. Se autistas "não gostam de contato físico", por que Temple Grandin criou a *máquina do abraço*?

Pensamentos que machucam: o cérebro incansável e a memória sensorial

Desde que nasci, vivo numa corda bamba entre meu corpo e meu cérebro.

No texto anterior, abordei a relação entre estímulo e sensação do ponto de vista corporal, pela sensibilidade tátil. Para fazer justiça com o órgão mais impressionante (e mais delicado) do corpo humano, tratarei agora da mesma relação do ponto de vista mental. Reitero que a abordagem não utilizará análises genéticas ou biológicas, como deveria ser; apesar disso, este texto é o relato de uma vivência autista, o que tem o seu valor. Que eu consiga explicar um pouco do que acontece comigo mesmo.

A ciência sabe muito pouco da verdadeira caixa de Pandora: *o cérebro humano*. Como fiz em diversos outros textos, ponho-me à disposição como exemplo de estudo.

Meu cérebro é um órgão que trabalha em tempo integral. Não me refiro às funções naturais do cérebro, como controlar a respiração, os batimentos cardíacos ou os pensamentos. Quero dizer que o meu cérebro não para de trabalhar criativamente. A minha capacidade de elaborar ideias é contínua e ininterrupta. São raros os momentos em que não penso em assuntos criativos: quando faço serviços domésticos, quando tomo banho ou jogo no computador. De resto, penso absolutamente todo o tempo em projetos de livros, peças de teatro, roteiros para filmes, ideias de cursos. As sinapses me assaltam nos momentos mais improváveis, e principalmente quando estou com a minha mente desocupada. Preciso criar histórias até em meus momentos de prazer particular, onde o clímax é precedido por uma série de acontecimentos e símbolos interligados. Quem é autista, sabe.

Talvez a minha obsessão pela criatividade tenha influência da irritabilidade frustra difusa, diagnóstico que recebi aos três anos de idade. Recentemente, meu neurologista levantou a possibilidade de eu estar no diagnóstico do autismo na superdotação (SD/TEA) – que chamam por aí com o nome capacitista de "alto funcionamento". Confesso que, na época em que fui diagnosticado, não tive a mínima vontade de investigar a superdotação. Já me bastava o "rótulo" de *autista*, quanto mais o de *superinteligente*. Nesse ponto, senti vergonha ao supor minha dupla condição. Não desejo reproduzir o estereótipo padrão do "autista gênio", que vive trancado em seu mundo e sai da toca para mostrar suas ideias mirabolantes, convencendo a todos de sua inteligência fantástica, quase divina. Também não quero ser alvo de adulação e lisonjeios por estar na superdotação. Todos sabem, e os autistas mais ainda, que a superdotação autista é uma espécie de fetiche para os neurotípicos. Muita gente me pede para que eu fale alemão ou inglês, mas não me dão nenhum contexto para conversar em português. Há neurotípicos que se admiram com a habilidade que possuo para escrever livros, ou ministrar palestras e aulas, mas essa é a única coisa que sei fazer: não me sinto capaz de trabalhar em uma empresa, por exemplo. Outras pessoas se impressionam com a dita qualidade de minha atuação teatral, mas não sabem quanto tempo eu estudei e sofri para chegar lá. Existem pessoas neurotípicas que admiram a capacidade autística de hiperfocar em seus assuntos de interesse, mas não sabem que o hiperfoco pode ser uma desgraça na vida profissional. Como se não bastasse, existem grupos de autistas que se consideram "superiores"[8] aos neurotípicos e aos "autistas de baixo funcionamento"; são autistas que sentem vergonha do autismo e do estigma que ele carrega, mascarando a vulnerabilidade de sua própria condição.

---

[8] É o movimento de "supremacia aspie", uma temática polêmica nas discussões autistas. O diagnóstico da Síndrome de Asperger caiu com a mudança do DSM-5, em 2013. Agora, a antiga síndrome está considerada e inserida no Transtorno do Espectro Autista.

A idolatria para o dito "autismo de alto funcionamento" é mantida com o preconceito para os autistas com disfunção executiva severa, dos autistas com TDAH, dos autistas com deficiência intelectual e dos autistas nos níveis 2 e 3: os que são considerados de *baixo funcionamento* pelos olhos capacitistas.

Sobre a minha superdotação, prefiro manter o autodiagnóstico. É uma forma de protesto: não é justo que eu seja completamente diagnosticado se outras pessoas não têm o mesmo acesso que eu ao diagnóstico médico correto. Além disso, o autodiagnóstico precisa ser considerado um caminho inicial para o diagnóstico oficial. Como sempre digo: meu autismo tem grande viés político. Ofereço o meu respeito aos autistas autodiagnosticados.

A única pista biológica que tenho de minha diversidade anatômica é um vago diagnóstico de *irritabilidade difusa*. De resto, nada concreto. Os sinais que me acompanhavam eram vagos e, frequentemente, contraditórios:

- Aprendi a ler com 20 meses de vida (ou seja, apenas 1 ano e 8 meses!), mas nunca me interessei pelo mundo social como as outras crianças. Minha mãe diz que eu sempre fazia minhas brincadeiras com o meu amigo imaginário *Mihi* – em latim, *Mihi* significa "eu mesmo".
- Quando entrei na pré-escola, já possuía o domínio das regras de acentuação das palavras. Essa disparidade com os colegas da sala me deixava extremamente irritado.
- Eu era uma criança muito calma e divertida, mas bati num colega de sala que batia em outro colega mais fraco. Meu senso de justiça foi mais forte que eu.
- No Dia do Indígena de 1997, quando eu tinha apenas seis anos de idade, fiz um texto sobre o assassinato bárbaro do cacique pataxó-há--hã-hãe Galdino Jesus dos Santos: crime que chocou o Brasil de então. Minha professora ficou boquiaberta com o texto de uma criança de seis anos que falava sobre o horror de um índio incendiado vivo. O texto participou de uma exposição organizada pela prefeitura de minha cidade.

- Embora eu fosse desatento durante as aulas e não fizesse as lições que não me interessavam, sempre fui o aluno mais prolífico da sala. Havia matérias em que eu era extremamente competente, como Estudos Sociais, Geografia, Português; mais tarde, o Inglês e a Educação Artística. Em contraponto, eu recebia notas abaixo da média em matérias abstratas como Matemática, Física, ou Química.
- Fui vítima de *bullying* em diversos sentidos, o que me deixou ainda mais arredio ao estar em contato com outras pessoas. Eu temia agressões de todos os lados – e ainda temo. Na adolescência, tive uma séria regressão do ponto de vista social: passei a ficar isolado, perdi o interesse em conhecer novas amizades e não reclamava de toda a violência que sofria.

Todos estes fatos isolados parecem não ter ligação uns com os outros, mas cada um deles é uma manifestação do autismo em mim: precocidade intelectual, desinteresse em conhecer e socializar com outras crianças, apego às pessoas mais velhas, senso inflexível de justiça, interesses específicos em relação aos estudos, fobia social, não-reação diante da violência e do abuso, sofrimento sem verbalização. Essas experiências me construíram como o autista que sou hoje.

Para que se entenda o fenômeno complexo de meu pensamento, é preciso explicá-lo com palavras simples.

Eu me defino pela completa mistura e aleatoriedade entre conexões mentais. Já afirmei diversas vezes que ordenar o meu pensamento é um grande desafio. Preciso organizar tudo o que escrevo, e depois desenvolver um tópico por vez. Sem este método, corro o risco de cair na *tentação do hiperfoco*: escrever por horas seguidas, e depois gastar semanas para me recuperar do esforço. Como minha mente é visual, preciso ver os tópicos-base antes de escrever cada parágrafo. Cada texto do *Manual* possui seis tópicos, e é escrito em pelo menos três laudas. Assim, consigo prever quantas páginas o livro terá. Ao mesmo tempo em que penso na quantidade de tópicos e no número de páginas do livro, preciso desenvolver as minhas ideias com fluidez e leveza – o que requer conhecimento adequado de vocabulário, capacidade de usar exemplos e metáforas convincentes, e ainda tomando cuidado para não ofender ninguém com minha opinião direta. Além da gramática, penso ao mesmo tempo no design gráfico do livro: a fonte que será utilizada no texto, a gramatura do papel, o peso que o livro terá, e como ele ficará em minha estante. Penso em como será o toque da caneta no papel quando eu der o meu primeiro autógrafo na noite de lançamento.

É por isso que esqueço de comer quando estou trabalhando.

Já contei que cada estímulo sensorial me suscita um pensamento. Vou dissertar agora sobre como as memórias me causam estímulos sensoriais.

Meu pensamento é *sinestésico*, ou seja: ele traduz estímulos mentais diretamente em meu corpo físico. Quando tenho uma crise, sinto uma nota aguda (C7) em meus ouvidos; minha visão embaça e fica como numa escala de cinza com alto contraste. Qualquer cheiro que eu sinto se transforma em gosto. Minha hipersensibilidade auditiva me causa arrepios ao notar que as buzinas dos carros não estão afinadas, ou que o elevador tem um ruído irritante entre as notas Si e Do. Ao lembrar de coisas que me marcam emocionalmente, faço uma espécie de "viagem no tempo" e consigo voltar àquele mesmo dia, àquela mesma hora.

"*Vovô, preciso te contar uma coisa*", diz o meu primeiro curta-metragem.[9]

Ainda consigo lembrar do cheiro de meu avô ao pensar nele. Lembro da textura de sua mão e a espessura de seu polegar. Consigo sentir o aperto que recebia ao ser abraçado por ele: conforto semelhante ao da *máquina do abraço* de Temple Grandin. Quando escuto a música *Too Much Heaven*, dos Bee Gees, sou como que transportado para o dia em que saí pela primeira vez com Vovô. Estávamos no trem e ouvíamos a mesma música em outubro de 2013, dividindo fones de ouvido.

---

[9] MEU GAROTO; Direção: Bruna Gabrille e Henrique Vitorino. Roteiro e trilha sonora: Henrique Vitorino. Edição: Bruna Gabrille. Produção independente. Brasil: 2021. (9min) O filme foi exibido no projeto "À minha mãe e ao meu pai com orgulho", do SESC Santo André, idealizado por Fábio Justino.

Quando quero entrar em um momento de hiperfoco induzido, tenho o hábito autista de ouvir determinadas músicas em câmera lenta. A diminuição da velocidade da música me faz apreciar cada nota e cada silêncio que a canção possui. Também sinto muito prazer ao trocar o tom de músicas para me induzir calma, ou excitação. A atual afinação dos instrumentos musicais está padronizada em 440Hz; se eu mudo a afinação da música para 432Hz, ela me induz ao relaxamento, à concentração criativa (sem hiperfoco) e ao sono tranquilo. Este detalhe sonoro me induziu a comprar discos de vinil. A época de ouro da música mundial usava a afinação de 432Hz como padrão. O mundo não era tão agitado, e as pessoas sentavam-se à frente do rádio apenas para ouvir música – hábito antigo que ainda persiste em mim.

Como tento traduzir neste texto, a relação entre meu cérebro e meu corpo é intrincada. É muito difícil explicar como o meu cérebro consegue produzir informações sensoriais. Pelo que digo aqui, eu consigo provar que um pensamento pode criar sensações físicas em uma pessoa autista. Se uma pessoa no espectro autista tem medo, ela sentirá a ameaça de forma real e materializada. Se sente dúvida, a ansiedade pode esmigalhar-lhe o coração. Se descobre algo que a deixa estressada ou irritada, a sobrecarga de informação sensorial pode levá-la ao quadro de crise nervosa. Os cinco sentidos recebem informações aumentadas de todos os estímulos que o corpo autista recebe. Se fico nervoso, tenho a tendência de perder a capacidade de saborear um alimento; meus ouvidos, por sua vez, ficam muito mais sensíveis.

Além disso, caem por terra os conceitos de autismo de *alto* e *baixo funcionamento*. O olhar espectral do autismo[10] exige a compreensão da pessoa autista de forma integral e humanizada, analisando-a por todas as suas habilidades e fragilidades – e não pelas definições prontas (e ultrapassadas) elaboradas pela ciência. Conheço autistas de níveis 2 e 3 que

---

[10] A *abordagem espectral do autismo* está relatada no texto "Que QIsso?: níveis de suporte e níveis de capacitismo" (I, 9).

são extremamente competentes na Literatura, e que inclusive me incentivaram a vencer o meu bloqueio criativo e escrever profissionalmente. Mesmo que não se comuniquem de forma falada, ou que não se sintam à vontade para postar fotos e vídeos de sua imagem, seus textos são faróis que nos ajudam a compreender e caminhar pelos conceitos e vivências do Transtorno do Espectro Autista.

Cada cérebro autista, longe de ser um "microcomputador", é um *cérebro humano*. É preciso respeitar a cada um deles com todas as suas singelezas, habilidades, capacidade de adaptação e sobrecarga sensorial. É preciso entendê-los ao ponto de saber evitar a sua estafa, e conduzir os hiperfocos de maneira sadia. É urgente, portanto, destruir o mito de que toda pessoa autista é extremamente inteligente, ou que não possui capacidade de compreender o que passa à sua volta.

Não é que a gente não compreenda. Às vezes nós entendemos mais do que queremos, e simplesmente não desejamos contar a ninguém. Há momentos em que o melhor a fazer é guardar segredo com os nossos neurônios.

Sobre a arte de parar: hiperfocos e interesses específicos

A estrada da Serra do Mar já sabe. Quando me decido a peregrinar aqueles caminhos sagrados, a trilha sonora da vez é o álbum "Odessa", dos Bee Gees, lançado pelos irmãos Gibb em 30 de março de 1969. Viajo no tempo até o dia 15 de dezembro de 2016, às vésperas do aniversário de 76 anos de meu avô, quando estive com ele pela única vez em Paranapiacaba. Estava um frio terrível, como sempre, e a neblina não me permitia ver muito de seus olhos azuis. Eu sentia, sim, o braço forte que eu segurava. Andamos de braços dados por toda a vila: ele segurando um guarda-chuva como bengala; eu, com o violão nas costas. O ar denso pesava nossos pulmões, e eu sentia que nossa respiração estava sincronizada. O boné colorido que meu avô usava fazia contraste ao meu chapéu panamá preto. Eu contava para Vovô os incríveis mistérios da vila, como a sua fundação pelos ingleses, o funcionamento do antigo trem funicular, ou a lenda dos últimos dias de Jack, o Estripador. O velho ouvia tudo atentamente e contava dos dias em que era menino, de que sentia saudades de sua cidade natal, e do seu amor pelo cinema – algo que nunca havia me confessado.

Desde então, jurei a mim mesmo nunca mais ouvir o álbum *Odessa*, exceto quando estivesse em Paranapiacaba. Voltei à vila apenas uma vez.

Precisei mergulhar em um de meus grandes interesses específicos – a pessoa de Seu Antonio, o meu avô – para conceituar a diferença entre *hiperfoco* e *interesse específico*. Percebo que há uma grande confusão entre os dois conceitos, e muitas vezes parece que eles são a mesma coisa. Mas não são. Aqui está a diferença:

- **Interesse Específico:** é um assunto quase "obsessivo" para a pessoa autista. Geralmente, os autistas dominam os seus interesses específicos completamente, ou quase completamente. Este foi o fato que apelidou os autistas de "pequenos professores[11]" no início das pesquisas sistematizadas sobre o autismo. Os interesses específicos podem mudar durante a vida, embora não seja algo muito comum. Mesmo tendo especificidades, os interesses não precisam ser *restritos*: um de meus interesses específicos particulares se chama "Comunicação e Humanidades". Logo, tudo o que está incluído nesta área me interessa – História, Geografia, Psicologia, Filosofia, Artes, Sociologia, culturas locais, viagens de trem, aprender línguas, museus… O interesse específico da Comunicação é o que me impele a escrever livros, e explicar para os neurotípicos o que pode ser a minha condição neurodiversa. Outro interesse específico que adquiri é o da banda inglesa Bee Gees, graças à influência de meu avô. Conheço os nomes de todos os álbuns da carreira dos Bee Gees por ordem de lançamento, por exemplo. E para a minha felicidade, tenho alguns discos de vinil deles.

- **Hiperfoco:** é o famoso momento de concentração aguçada durante o contato de um autista com seu interesse específico. Nestes momentos, sinto que meu cérebro se concentra demais em uma única tarefa: não consigo pensar em nada além do que estou fazendo. É comum que os momentos de hiperfoco me distraiam a ponto de eu não comer, não beber água, não dormir ou não usar o banheiro. O hiperfoco pode durar por horas, períodos inteiros, ou até por dias. A atividade regular de um hiperfoco gera intensa estafa na pessoa autista, que precisa de alguns dias para se recuperar da sobrecarga.

---

[11] Termo cunhado por Hans Asperger (1906-1980), psiquiatra austríaco que cooperou com o regime nazista na Europa.

Neurotípicos desinformados gostam de louvar o hiperfoco como "altíssima habilidade de concentração", mas não é só isso. Existe também o lado sombrio dos hiperfocos. O hiperfoco nos impede de trabalhar com coisas que não nos dão prazer. O hiperfoco nos obriga a ser excepcionalmente bons em uma coisa, descartando todo o resto. O hiperfoco nos faz ser perfeccionistas e destruir, ou abandonar todo o trabalho que levamos dias, semanas ou meses para construir. O hiperfoco nos faz desistir diante da expectativa alheia, do sentimento de pressão ou de uma rotina estruturada. O hiperfoco nos leva a agir aos extremos: eu amo a pintura, e ao mesmo tempo tenho pânico de pincéis, telas e tintas a óleo. Qual o motivo do medo? O fato de eu ter escolhido a Literatura, e não a Pintura, como a arte de minha vida. Não consigo vislumbrar sequer a possibilidade de "brincar de pintar". Se não for para ser um pintor profissional, prefiro não perder tempo. Devo ainda contar que, em muitos momentos deste livro, escrevi enquanto fazia comida, almoçava, ou estava deitado para dormir.

Preciso dominar melhor a arte de parar.

Eu me incomodo quando vejo glorificarem o hiperfoco como uma qualidade unicamente boa. Repito: o excesso de esforço do hiperfoco é imenso; a sobrecarga mental pode nos conduzir a crises sensoriais. Só consegui progredir na escrita do *Manual do Infinito* quando aprendi a driblar o hiperfoco, escrevendo um pouco por dia. A constância é muito melhor do que o impulso frenético e, muitas vezes, violento. Trago aqui o meu método criado para enganar o meu hiperfoco na escrita e me fazer produzir mais objetivamente:

1. Separar dias específicos em que estou de bom humor para fazer as "partes chatas": organização de temas dos textos, pesquisas, leituras e fichamentos;
2. Com os temas escolhidos, comecei a escrever itens que eu gostaria de abordar em cada tema (seis itens, no máximo, para que os textos não fiquem muito densos);

3. Separei os temas em categorias afins, que eu gosto de chamar de *tomos*: "O Autista e o Mundo"; "Os Bastidores do Espectro" e "O Infinito em Mim";
4. Com as categorias selecionadas, os temas em ordem e os textos montados em minha cabeça, passei a desenvolver cada um deles, um de cada vez;
5. Combino momentos de trabalho intenso com atividades prazerosas: ouvir música, jogar videogame, exercitar-se. Muitas vezes, coloco minha vitrola para funcionar enquanto escrevo à mão – é uma experiência sensorial única.

O hiperfoco é uma qualidade usada para o bem, mas que pode nos fazer muito mal. Para os autistas que desejam ingressar, ou que já estão no mercado de trabalho, é imprescindível que eles saibam se poupar de demandas estressantes. Peço encarecidamente aos chefes, gerentes e donos de empresas que respeitem os seus empregados autistas, não induzindo-os a utilizar seus hiperfocos de forma insalubre. Para nós, tudo acontece de forma muito rápida e intensa; precisamos de tempo para assimilar as toneladas de informação que recebemos em nosso cérebro.

Foi dosando a minha energia que consegui chegar até aqui.

Ao falar da minha experiência com Vovô em Paranapiacaba, meu cérebro autista pediu algo incomum. Ele desejou que eu pegasse meu fone de ouvido e colocasse o álbum *Odessa* para tocar. Não gostei da minha proposta, e resisti até descobrir um doce segredo: não faz mal se estou longe da vila histórica. Custe o que custar, preciso mergulhar em minhas lembranças e compartilhá-las, pois me coloquei à disposição para ser estudado. É preciso ir até o fim. Com dureza, clico na primeira música do álbum. Logo sou transportado para a mítica cidade de Odessa – em meio às brumas de Paranapiacaba.

Navegando em minhas antigas memórias, encontro a história da música-tema do álbum: no dia 14 de fevereiro de 1899, o navio britânico Veronica se perdeu sem deixar nenhum sinal. Tenho a impressão de saber cada detalhe do naufrágio. Afino o meu violão e começo a tocar cada música do disco como se eu fosse o verdadeiro compositor. Estou em verdadeiro estado de graça. Seu Antonio, meu avô, escuta a minha voz lá de cima. "O Henrique deve estar contente", ele pensa. Ninguém saberá como me sinto agora.

A melodia de uma antiga música francesa me faz cócegas nos ouvidos. Com uma caneta gel, rabisco algumas palavras no papel vergê ao meu lado. De súbito surge o refrão, e o ímpeto prazeroso de escrever. Agito as mãos e, ferozmente, balanço o corpo: minha alma alcançou uma espécie de orgasmo.

> *Lamparina, continue brilhando*
> *Enquanto meu coração sente saudades...*
> *Lamparina, continue brilhando*
> *Até o seu amor ser meu!*[12]

Para escrever todo este texto, precisei destruir um de meus maiores pensamentos rígidos. Fui transgressor de minhas próprias leis ao ouvir o álbum *Odessa* longe da vila histórica de Paranapiacaba. Mas enquanto digitava em meu computador, aconteceu um milagre: foi como se a estrada de Paranapiacaba estivesse dentro de mim. E ela está, de uma maneira ou de outra. Sinto que a energia dos antigos pioneiros me arrepia a pele. Eu tenho o incrível poder de estar onde eu quiser, em qualquer lugar. Eu sou um autista.

A neblina da vila tem o cheiro do meu Vovô. Por causa de Paranapiacaba, Seu Antonio viverá em mim para sempre.

Se tudo no mundo está sorrindo, por que isso me faz chorar?[13]

---

[12] Tradução do refrão da música *Lamplight*, dos Bee Gees, incluída no álbum *Odessa*.
[13] Adaptação do último verso de *Lamplight*: "If all in the world that's laughing, why should it make us cry?".

Lado B: os segredos do meu espectro

Que pessoa autista nunca foi chamada de estúpida, ou de rude, por dizer o que pensa?

Durante a escrita deste livro, procurei atenuar algumas críticas que faço. Autistas, pais e responsáveis de autistas, profissionais da saúde e da educação merecem todo o nosso amor, carinho e consideração! Contudo, meu cérebro autista exige que eu seja justo e sincero com alguns de meus sentimentos. O acordo que fiz comigo mesmo foi escrever um texto em forma de perguntas e respostas para abordar dez assuntos de forma breve, mas livre, sem me preocupar com edições. Adianto que nem todas as pessoas autistas podem concordar comigo, mas creio que uma boa parte delas irá me compreender.

Sugiro que você leia como eu escrevi: sem seguir a ordem numérica.

Aqui é onde o Henrique Vitorino vai subir à tribuna e falar no megafone.

1. Existe alguma coisa comum a todos os autistas?

Falar de autismo é como passear em um campo minado. Você imagina como é difícil abordar uma condição neurológica que existe no mundo inteiro, em todos os países, regiões, ilhas e povoados do planeta? Já pensou como é abordar a vida e a intimidade de pessoas que você não conhece, e que não te conhecem? Ao perceber que os temas do livro eram tão abrangentes e complexos, tremi de pavor: "Não, eu nunca serei capaz de escrever o *Manual do Infinito*!", eu pensava. Ainda bem que eu me enganei.

O livro busca três objetivos fundamentais: mostrar pontos comuns e divergentes entre pessoas no Transtorno do Espectro Autista; exemplificar suas diferenças utilizando a minha própria pessoa como exemplo; e auxiliar pessoas autodiagnosticadas, mães e pais, responsáveis, professores, médicos, educadores, terapeutas, tutores e quem se interessar a compreender melhor o autismo na prática. É preciso que o autismo saia das lentes de observação dos cientistas e vá para as ruas, para as universidades, para as câmeras de televisão, para as telas dos *smartphones* e computadores. Através do *Manual do Infinito*, desejo que muitas outras pessoas autistas acreditem que são capazes de escrever seu próprio livro, assim como escrevi o meu. Se elus, elas e eles não têm paciência para escrever um livro, poderão ao menos reescrever sua própria história como personagens principais de suas vidas.

O autismo não é igual para todas as pessoas que estão no espectro. Eu não tenho nenhum conhecimento superior a outros autistas. Eu não tenho a voz da razão, nem acredito possuir a verdade absoluta. Eu não me considero inteligente em nada. Tenho facilidades, dificuldades, pontos fracos e fortes, como todas as outras pessoas. O que é diferente em mim? A coragem de enfrentar um desafio quase intransponível, talvez, para encaminhar outras pessoas até as informações que eu sofri para adquirir. E só.

Sei que vou falhar em algum momento, e fico muito feliz por isso: outras pessoas autistas podem continuar e melhorar a obra que eu comecei. Há muito espaço – e muito trabalho – para todos os que quiserem somar forças na comunidade autista.

2. Como você vê a sociedade neurotípica através do autismo?

Um amigo autista costuma dizer que não tem falso pudor, e compartilho da mesma opinião. Muitos dos códigos morais neurotípicos não fazem sentido para mim: quando eu era criança, não compreendia a proibição social de beijar outro homem no rosto. Eu era incapaz de entender a homofobia em meu ambiente escolar, e posteriormente assistir os abraços e beijos que apresentadores e convidados trocavam afetuosamente na televisão. Meu cérebro autista inventou um plano mirabolante para resolver a questão: *Quando eu crescer, vou ser rico para aparecer na televisão e poder cumprimentar os homens que eu quiser com beijos no rosto.*

Como se eu pudesse escolher aparecer na televisão, ou escolher ser rico...

Em minha casa, quando estou de férias do meu trabalho criativo, costumo me livrar das roupas e viver com a pele que meu corpo possui. Conheci diversas outras pessoas autistas que sentem agonia em relação às suas roupas – seja pela hipersensibilidade ao tecido, seja pelo calor que o pano mantém. Elas também dizem que gostam de se sentir à vontade quando é conveniente. Não existe nenhum problema em utilizar-se da nudez na solidão autista. Também não me incomodo com a nudez alheia, pois não as vejo com outros olhos. É claro que o contexto do amor entre duas pessoas é diferente, mas existe também a nudez da alma – que é a mais difícil. Mesmo estando sem roupas, só me considero nu quando olho nos olhos de alguém profundamente. E para alcançar este tipo de nudez, posso estar vestido com chapéu, terno e gravata.

O bom mesmo é juntar a nudez da alma com a nudez do corpo.

3. É normal "surtar" quando ganhamos nosso diagnóstico médico?

Agora que você se descobriu autista, ficou pior do que antes.

Esta foi a opinião de um conhecido quando agitei as mãos num supermercado para aliviar uma sobrecarga.

Talvez este neurotípico não tenha noção do que é esconder sua identidade para todas as pessoas que você conhece. Passei esta situação diversas vezes: desejando ser padre, onde fui obrigado a me esconder por medo do *bullying* na escola; sendo gay, onde fui obrigado a me esconder por medo da homofobia; assumindo minha religião judaica, onde fui obrigado a me esconder por medo do antissemitismo; sendo autista, onde fui obrigado a me esconder por medo do capacitismo. Passei mais um terço da minha vida no armário psicológico – até que não suportei mais o cheiro de bolor. E resolvi abrir todas as portas e gavetas de minha mente.

Uma vida no armário é condicionada ao silêncio, à humilhação intrínseca, ao pensamento de que não temos valor. Existimos, mas logo somos rejeitados. Muitas pessoas autistas ainda sofrem preconceitos que não me atingem, como o caso do machismo, da transfobia, do ageísmo e do racismo. Já vi casos de pessoas que foram desacreditadas no seu autodiagnóstico simplesmente por não serem brancas e morarem em comunidades de baixa renda. Já vi casos de médicos desacreditando pessoas autistas por estarem "velhas demais" para o diagnóstico, e que "não seria bom arrumar mais esse problema".

É por isso que a saída de todos os nossos armários precisa ser pulsante, e cheia de vitalidade. Quando eu finalmente me entendi neurodiverso e obtive o diagnóstico clínico, tinha licença legal para ser quem sou. O laudo me deu segurança psicológica para me assumir diante das pessoas desconhecidas. Tive que descobrir e entender quais são minhas estereotipias favoritas, quais estímulos potencializam o perigo de crise, as minhas formas corretas de relaxar e evitar uma sobrecarga. Em suma, recriei toda a minha vida a partir do diagnóstico do Transtorno do Espectro Autista – mesmo que, num primeiro momento, eu tivesse raiva de "ter autismo".

O meu processo de autoacolhimento e amor próprio vem desde o ventre! E aí vem o neurotípico iluminado dizer que "dei para agitar as mãos", que "aprendi a ter crise quando sou confrontado", que "autismo é problema mental" ou que "eu só sei falar de autismo".

E do que você quer que eu fale? De como o tempo está quente?

4. Existe algum lado ruim em ter o diagnóstico?

Sou um dos primeiros a defender o diagnóstico clínico para todas as pessoas autistas, mas reconheço que o diagnóstico na tenra infância pode nos fazer perder algumas coisas. Se eu fosse um autista educado em *escola para superdotados* (era o termo da minha infância), se eu só convivesse com pessoas de QI igual ou maior que o meu, se eu tivesse um ambiente completamente aclimatado e com estímulos controlados desde a infância, eu poderia não saber me comportar diante de um estímulo fora do habitual. Eu não teria aprendido a conviver com os variados tipos de pessoas, fossem elas autistas ou não. Eu não faria tantos amigos neurotípicos como eu fiz. Eu não teria a possibilidade de viajar e conhecer tantos lugares. Talvez eu acharia que o mundo não me daria lugar.

Mas o mundo não dá lugar para as pessoas autistas. É preciso conquistar o nosso lugar. E é por isso que existem os autistas que têm a coragem de oferecer a cara para bater: para que as próximas gerações sejam naturalmente mais acolhidas e respeitadas.

Eu fui um autista criado como neurotípico, o que me fez sofrer muito. Um autista que é envolto numa redoma de hiperproteção, afastado do convívio de outras pessoas e sem qualquer liberdade, também sofrerá por isso. Mesmo que a pessoa autista não tenha autonomia para as suas tarefas diárias, é preciso que ela se sinta livre. Assim como os autistas precisam de espaço para ficar em paz, precisam de estímulos sadios para se desenvolver.

Resta saber como equilibrar os dois pesos da balança com prudência.

5. Existem divisões, ou rixas dentro da comunidade autista?

Está enganado quem pensa que a comunidade autista fala um só discurso. Entendo que isso é extremamente positivo, pois um transtorno espectral precisa ser representado por um espectro de vozes. Há os movimentos dentro da comunidade autista que eu apoio, e os que eu contesto: não citarei nomes. Pesquise e descubra os movimentos que mais lhe interessam.

Cito aqui alguns dos grandes debates que estão em pauta na comunidade autista, e que dividem as pessoas autistas, seus pais e responsáveis:

- A diferença brutal entre a qualidade de vida dos autistas abastados e dos autistas de baixa renda, que frequentemente passam dificuldades para manter seus tratamentos, e até de se manter financeiramente.

- O discurso capacitista dentro da própria comunidade por mães, pais e profissionais alimentados por pretensos *gurus* desatualizados, para dizer o mínimo.
- Autistas que aceitam o rótulo de "anjos" ou "gênios", impedindo que outros autistas sejam respeitados como pessoas integrais.
- A polarização político-partidária e o consequente debate sobre a interrupção de políticas públicas e suspensão de direitos civis (como o direito à educação plena da pessoa autista), ao ponto de se cogitar o retorno de tratamentos insalubres – historicamente usados para *tortura de pessoas com deficiência*.
- Neurotípicos que desejam falar pela comunidade autista sem estar no espectro, e que querem receber louros pelo capacitismo que espalham por aí; mesmo que tentem se revestir de "uma boa intenção".
- A invisibilidade de pessoas autistas que sofrem preconceito dentro da própria comunidade, como as pessoas fora do padrão cisgênero, as mulheres, as pessoas não-brancas (cito principalmente os autistas indígenas) e as pessoas autistas com deficiência intelectual.
- Mães e pais que realizam, ou desejam realizar intervenções medicamentosas em seus filhos através de "informação" em grupos nas redes sociais – o que é uma tremenda irresponsabilidade.
- O cerceio à liberdade da pessoa autista: mesmo que uma pessoa autista não tenha autonomia para fazer suas tarefas do dia-a-dia, ela precisa ter sua liberdade assegurada, de acordo com a Declaração Universal dos Direitos Humanos e a Constituição Federal.

É claro que tenho minha opinião em todos esses assuntos, mas isso não interessa a ninguém. Quem me conhece sabe de meu posicionamento em tudo isso.

6. Todo autista é inteligente?

"Genialidade autista" é outro mito que precisa ser combatido à exaustão.

Com a popularização de personagens autistas em filmes, novelas e séries, popularizou-se também o *conceito neurotípico de autismo*. É claro que existem autistas que estão na área do espectro correspondente à superdotação, mas com certeza ela não é a totalidade do autismo. Outros autistas podem estar na superdotação e ter sérios problemas de disfunção executiva, o que os impede de ter um funcionamento mental semelhante aos neurotípicos. Confesso que evito ver séries com personagens autistas, principalmente as séries da moda: não quero passar nervoso. Sinceramente, eu duvido que os roteiristas neurotípicos tenham se importado em mostrar seu trabalho à revisão de pessoas autistas antes de definir a versão final do roteiro.

No jargão teatral, quando um personagem é simples demais, ou quando revela apenas uma parte de sua personalidade, dizemos que ele é um personagem "chapado" – como se o personagem fosse feito numa chapa. O perigo de um roteirista inventar personagens chapados é reproduzir um estereótipo que habita a sua própria cabeça, o que pode ser grave quando se reproduz um preconceito capacitista.

No caso do autismo, as pessoas interessadas no tema buscam as séries como forma de entender a vida das pessoas autistas reais que conhecem. Se o autista da série sempre interage com as pessoas com contato visual, se tem crises caricatas ou é capaz de construir uma nave espacial com blocos de montar, como os espectadores poderão compreender uma pessoa autista que tem déficit de atenção? Como poderão imaginar um autista que sofre de depressão? É claro que criar um personagem requer muita pesquisa e muito debate, mas não podemos tolerar este erro crasso de oficinas de roteiro. Ao criar um personagem, é preciso que ele revele toda a complexidade de um ser humano real.

Para aliviar minha consciência, digo que sei escrever roteiros.

7. Autistas sempre fazem as coisas certas?

Apesar de ser uma condição neurológica que nos traz imparidades sensoriais e psicológicas em relação aos neurotípicos, o Transtorno do Espectro Autista não é um atestado de caráter. Não são todas as pessoas no espectro que possuem o mesmo "senso de justiça". A criação, a cultura local, e o modo com que a pessoa autista é educada também influencia seus valores morais. A Lei é para todos; se as pessoas autistas são protegidas pela legislação, elas também são incumbidas de respeitá-la, seja nos âmbitos municipal, estadual e federal.

Existem autistas que se beneficiam de sua condição para apoiar o controverso *mercado do autismo*. É claro que precisamos ter um mercado específico que nos represente e atenda às nossas necessidades: não sei onde comprar um cobertor de 8kg, um travesseiro sensorial ou um *stim toy* numa loja de departamentos comum. O que é questionável, afirmo, é ver pessoas autistas aceitando vender terapias que não funcionam, remédios sem orientação médica e não-comprovados cientificamente, e até mesmo a "cura" do autismo.

Certa vez, fui obrigado a ouvir a seguinte proposta de um neurotípico – eu poderia encontrar uma brecha na legislação para obter lucro financeiro. Respondi com firmeza:

– *A Lei serve para que eu tenha direitos, não para que eu ganhe dinheiro.*

Nem me atrevo a repetir o que escutei. Considerei aquela "esperteza neurotípica" uma verdadeira ofensa à luta dos direitos das pessoas com deficiência. E também não quero dar ideias ruins a ninguém: já existe maldade suficiente no mundo.

8. E se um autista tiver preconceito, o que eu faço?

Tomar posição em um assunto, naturalmente, nos coloca em oposição ao lado que não apoiamos. Isso tem um preço: podemos atrair a desilusão, a popularidade negativa ou até a raiva de outras pessoas. No caso do autismo, um assunto tão particular e íntimo de tantas pessoas, sempre é preciso cautela para não criar estereótipos e preconceitos.

Uma das tarefas deste *Manual* é mostrar toda a riqueza e diversidade das pessoas autistas, combatendo o preconceito em sua raiz. O *Manual do Infinito* é um convite a viajar no meu mundo autista e, consequentemente, no mundo autista de muitas outras pessoas. Por isso mesmo, devo abordar assuntos que não estão ligados à minha pessoa, mas que abraçam causas relacionadas ao autismo: a luta contra o racismo, a misoginia, a transfobia e a luta pelo diagnóstico médico acessível. Nunca vou me cansar de repetir.

Do mesmo modo, evito cair num discurso que ouço de alguns setores radicais da comunidade: que neurotípicos são ruins por natureza, que todos os neurotípicos fazem coisas que nos agridem por maldade, que neurotípicos são ameaças para as pessoas autistas, ou que seria melhor criar uma sociedade à parte dos neurotípicos.

É claro que existem pessoas neurotípicas maldosas, assim como podem existir pessoas autistas maldosas. Bondade ou maldade não estão relacionadas à condição neurológica de uma pessoa, mas apenas ao seu caráter. Atitudes impulsivas podem acontecer entre autistas e neurotípicos, mas reincidências podem ser compreendidas como ações voluntárias.

Em minhas crises, nunca desejei agredir ninguém – nem a mim mesmo. Quando meu pai foi forçado a me conter durante crises violentas, cheguei a empurrá-lo algumas vezes. Após perceber que fui agressivo com meu pai, chorei de arrependimento e tive outra crise: eu me arranhei sem que ele percebesse. Demorei dias para me recuperar deste evento, e até hoje sinto tristeza por não conseguir me controlar naquele dia.

Se eu não estivesse em crise e mesmo assim fosse agressivo com meu pai, a situação mudaria completamente de figura.

9. Os neurotípicos são odiados pelos autistas?

Tenho orgulho de ter nascido de mãe neurotípica. Graças a ela, eu tive suporte em momentos difíceis de minha história: pude encarar três anos de faculdade, romper com um dos maiores sonhos da minha vida, me reinventar como pessoa, passar por um processo de descoberta e autoafirmação, para enfim assumir a maneira neurodiversa que me faz existir no mundo.

Tenho orgulho de meu avô adotivo neurotípico. Ele é o homem que mais amei na vida. Com ele, vivi momentos maravilhosos de carinho, afeto e compreensão. Meu avô foi a primeira pessoa da família que me acolheu quando saí do armário da sexualidade. Ele esteve comigo quando pensei em desistir de tudo, e achava que minha vida autista não fazia mais sentido. Seu Antonio foi uma de minhas fortalezas, e até hoje encontra um jeito de ficar próximo a mim. Não consigo ficar um dia sequer sem pensar nele.

Tenho orgulho das amigas e amigos neurotípicos que respeitam a minha condição neurodiversa. Longe de todo capacitismo, sou reconhecido por eles em minhas habilidades profissionais como qualquer outra pessoa. Alguns deles, inclusive, dizem que *o autismo traz originalidade em minhas artes*. Não sei até que ponto é verdade, mas agradeço o carinho que recebo deles. Sou muito feliz por ter produzido meu primeiro curta-metragem, o filme "Meu Garoto", com minha querida amiga neurotípica Bruna Gabrille. A sua capacidade técnica, combinada com a delicadeza, afeto e ternura de sua personalidade, me fez superar o luto e criar uma obra à altura de meu avô.

Seu Antonio sempre teve um jeitinho de Marcello Mastroianni.

Meus amigos de hiperfoco são todos autistas: somente eles podem entender o meu mundo. Os meus amigos-suporte são todos neurotípicos, pois somente eles me fazem entender o mundo.

10. Como os autistas podem participar da comunidade maior?

Durante muitos anos da minha vida, tive uma autoestima próxima de zero. O autismo me fez sair da baixa estima individual para o anseio do bem-estar coletivo.

Hoje, sinto orgulho de tudo aquilo que me faz ser eu. Aceito minhas estereotipias, minha disfunção executiva e a rotina inflexível. Aceito a minha hipersensibilidade, minha falta de controle em relação aos estímulos sensoriais, e me dou amor durante as minhas crises. Entendo o motivo para tanta ansiedade: descargas hormonais, um cérebro inquieto e uma criatividade desesperada para ser utilizada.

Eu me inspirei em outras pessoas autistas para escrever este livro. Graças a elas, tive a coragem de me expor publicamente neste *Manual*. Graças a elas, consegui realizar o meu sonho de ser um escritor. Graças a elas, pude compreender que o espectro é plural, diverso, multicor e infinito em si mesmo. Graças a elas, pessoas como eu puderam aprender sobre a sua própria condição neurológica. Graças a elas, me senti com o dever moral de lutar para que pessoas recebam diagnósticos corretos, sejam tratadas com o respeito que merecem, e protegidas pelas leis que lhes dão amparo. Ofereço este livro a todas as pessoas autistas do mundo. Ele é fruto do esforço de dias e noites de estudo, pesquisa, debates, insônias, choros, crises sensoriais e sobrecargas. É um presente carinhoso de um autista para todos os autistas.

O *Manual do Infinito* é a celebração da beleza de ser diferente. Que nunca nos esqueçamos de comemorar os avanços que tivemos, mas também de exigir outros direitos que ainda estão por ser conquistados.

A luta autista sempre valeu, sempre vale, e sempre valerá a pena.

Mente de diamante: o pensamento rígido no autismo

A Nelson Rodrigues e Carlos Heitor Cony,
meus mestres literários

Nunca acreditei no ditado neurotípico de que, quanto mais a felicidade se repete, mais ela se esvai.

Isso parece não acontecer no autismo. Em textos anteriores, abordo como a repetição de padrões pode ser uma estratégia para a sobrevivência da pessoa autista no mundo. A repetição em suas diversas formas (ecolalia, estereotipias, padrões de conduta, especularidade) nos traz um senso de controle, organização e localização, além de nos dar prazer de viver. O meu padrão de conduta de sempre *organizar a mesa de trabalho* é a forma que encontrei de não me distrair. Minha bagunça criativa possui todos os itens em seu devido lugar: perto de mim, apenas uma xícara de chá, ou um copo de água, caneta gel e folhas de papel sulfite com alta gramatura, e o creme hidratante para as mãos; do lado direito, dicionários, meu livro de orações e obras que me inspiram a escrever. Quando preciso ficar mais concentrado, acendo um incenso, ou ponho meus discos de vinil para tocar.

A questão deste texto, no entanto, é mais intensa que a repetição. Quero abordar aqui o *pensamento rígido*, parte elementar de nossa condição autista. Está enganado quem pensa que o pensamento rígido é apenas o apego à rotina, ou a dificuldade de mudar – embora isso também seja rigidez de pensamento.

Defino o pensamento rígido como a *inabilidade de compreender a relatividade das coisas*. Num mundo extremamente acelerado e que apresenta mudanças em tempo real, não conseguimos entender como as coisas podem ser e, de um momento para o outro, deixar de ser. A relatividade, inclusive, é a limitação das coisas de acordo com a sua situação. Eu não posso inferir que todas as crianças do mundo gostam de praia; algumas nem imaginam o que seja o conceito brasileiro de *ir para a praia*. Talvez uma criança finlandesa não consiga imaginar que seja possível fazer castelinhos de areia sob o sol do verão brasileiro, assim como não consigo me imaginar brincando no quintal externo de uma casa em pleno inverno finlandês.

Uma das características do pensamento rígido é exatamente essa: não conseguir colocar-se no lugar do outro. Considero que sou uma pessoa naturalmente altruísta, e a minha hiperempatia muitas vezes me faz sofrer pelos motivos das outras pessoas mais do que elas próprias. Por outro lado, existem pessoas autistas que não conseguem entender as razões, os valores ou os sentimentos alheios. Não é por maldade: é simplesmente por não entender que o avô não pode mais jogar bola com o neto por agora precisar de uma bengala. Se o menino autista está sempre acostumado a brincar com o avô e precisa parar de fazê-lo devido à progressão da idade, ele pode não compreender o fato – e simplesmente pensar que o avô não gosta mais dele, ou que enjoou da brincadeira.

[Mais do que nunca, é preciso que autistas e profissionais de saúde mental falem sobre o processo de luto no espectro autista, e encontrem saídas para melhor superá-lo.]

Uma das maneiras em que o pensamento rígido se manifesta em minha vida autista é no *pensamento catastrófico*. Esta forma de rigidez me obriga sempre a enxergar que as coisas podem dar errado, de que vou sofrer terríveis consequências por fazer determinada escolha, ou que as pessoas não gostam de mim verdadeiramente. Quando saio para um lugar que não tenho o hábito de ir, ou quando vou viajar, sempre fico com a impressão de que sofrerei um acidente. Se acontece algo excêntrico (como um congestionamento, ou excesso de paradas em semáforos), o desespero aumenta. O meu medo de sofrer um acidente de carro, de trem ou de avião é quase paranoico – talvez por isso eu nunca consiga viajar em um cruzeiro. O pensamento catastrófico também pode minar os relacionamentos de uma pessoa autista. Tenho a tendência natural de não acreditar imediatamente nos sentimentos de alguém. Minha rigidez de pensamento me faz pensar que as pessoas estão constantemente me enganando, desejando o meu mal, ou se aproveitando de minhas fraquezas. A longa experiência de abusos psicológicos e *bullying* durante a minha adolescência contribuiu em larga escala para que o pensamento catastrófico tomasse conta de minha vida. A terapia psicanalítica me fez compreender que esta ideia era obsessiva, e fui conseguindo descartá-la aos poucos. Mesmo assim, acho vez ou outra que uma pessoa que não concorda ou refuta meus argumentos tem, na verdade, ódio de mim.

Outro modo de pensamento rígido é a *interpretação literal* do que as pessoas dizem. Se eu escuto que cigarros fazem mal e são cancerígenos, me sinto no direito de brigar com estranhos acerca do mal que estão fazendo para a própria saúde. Durante a pandemia, entrei em surto ao ver pessoas não usando máscara, ou usando a máscara de forma errada, e me controlei para não discutir com as pessoas por causa disso. Quando eu era criança, este tipo de rigidez me fazia esconder os cigarros de meu pai. Eu queria impedir que ele ficasse doente, mas apenas lhe causava uma crise de abstinência, o que o deixava nervoso. A meu contragosto, eu era obrigado a devolver o maço de cigarros nas mãos de meu pai. Eu o desafiava apenas jogando o maço em cima da mesa: "Se ele quiser fazer mal a si mesmo, que faça com as próprias mãos". Eu também tinha o hábito de funcionar como radar: sempre reclamei que meu pai dirigia a 42km/h, quando a placa dizia que a velocidade devia ser de 40km/h. Se ele diminuísse a velocidade, eu o mandava acelerar: era 40km/h, e ponto final. Eu devia ter sete ou oito anos de idade.

Na minha quinta série, percebi que uma professora tinha certa dificuldade em colocar a acentuação das palavras de maneira correta – ela devia ter problemas na visão. Como a escrita errada me deixa irritado, comecei a chamar a atenção da professora para as várias palavras que estavam erradas. Num determinado momento (e com razão), a professora se irritou com minhas indicações e perguntou:

– *Agora você deu para ficar me corrigindo?*
– *E eu vim até a escola para aprender o certo, ou o errado?*

Os colegas de sala foram ao delírio, mas me arrependi daquela ousadia. Depois de adulto, percebi que desmoralizei a professora na frente dos colegas – e ainda por um motivo bem capacitista. Nunca consegui localizar aquela professora para lhe pedir perdão.

Minha vida não é só ativismo: eu também tive os meus preconceitos.

Outro episódio curioso de pensamento rígido foi quando pretendi conversar com meu neurologista de igual para igual sobre o meu diagnóstico. Ao tentar mencionar a antiga Síndrome de Asperger como item explicativo, eu lhe interrompi imediatamente:

– *Transtorno do Espectro Autista, por favor*[14].
– *É o que eu vinha lhe dizendo, Henrique. O espectro autista...*

Existem outros sinais de pensamento rígido que comentarei de maneira breve, para que o texto não fique muito cansativo.

- Dificuldade em ver as coisas pelo ponto de vista de outras pessoas;
- Ver o mundo com dualismo (o famoso "*tudo ou nada*") ou maniqueísmo ("*se isso não é bom, é mau*");
- *Pensamento perseverativo*, como não se deixar abater pelo cansaço até terminar de fazer uma tarefa, mesmo que se esteja exausto;
- Comportamentos obsessivos: fazer sempre o mesmo caminho, utilizar os mesmos talheres, usar sempre a mesma roupa em determinados ambientes, ou achar que perdeu algum objeto e culpar outras pessoas;
- Excessivo apego às regras externas, ou às regras criadas pela própria pessoa;

---

[14] Pela ligação e colaboração do Sr. Hans Asperger com o regime nazista, muito me incomodaria o seu nome em meu diagnóstico clínico – ainda mais por eu ser uma pessoa que professa a religião judaica.

- Tendência ao fanatismo de quaisquer espécies, principalmente no âmbito religioso e político, ou na fixação fanática em artistas, por exemplo;
- Prescrições extremamente detalhistas e minuciosas;
- *Fetichismo autista:* apego a objetos que possuem "significados", "poderes" ou "energias" para a pessoa autista. No meu caso, só consigo sair de casa para trabalhar quando uso a boina de meu Tio Nelson. A boina me faz sentir confortável e protegido, como se meu tio estivesse perto de mim;
- Incapacidade de generalizar ou relativizar um conceito.

No contexto da rigidez do pensamento, preciso ainda abordar os perigos do perfeccionismo. Posso afirmar categoricamente que eu era doente de perfeccionismo: sim, doente. Minha doença psicológica chamada *perfeccionismo* era tão intensa que cheguei a ter ideações de morte por não conseguir escrever um livro. A cada página que eu escrevia, minhas autocríticas eram ferozes. Eu lia as páginas que eu mesmo escrevia com desdém e deboche, como se a minha visão de mundo fosse digna de riso. Eu não tinha a paciência de esperar que o livro se desenvolvesse; cada página devia ser ainda mais genial que a página anterior. Era como se eu arrancasse a página de um livro qualquer, e exigisse que aquele texto isolado fizesse sentido, ou fosse um dos melhores textos escritos em minha língua.

Ao mesmo tempo, eu me desesperava por não conseguir escrever. Meu analista diz que minha literatura é a maneira que tenho de manter a saúde mental, e concordo com ele. Minha arte literária copia a intensidade dos meus impulsos cerebrais. Ou seja, eu escrevo praticamente o tempo todo. Se eu não puder escrever ou fazer arte, creio que precisarei de cuidados médicos intensivos. Era o que acontecia naquela época: eu simplesmente era o inimigo de meu próprio talento literário, e não me permitia errar para amadurecer. Criei o hábito de ficar em frente ao computador sem fazer absolutamente nada, apenas admirando o piscar do cursor de texto. (Tenho um projeto de romance, inclusive, que é retratado neste período de minha vida. Pretendo escrevê-lo e publicá-lo.) Tantas críticas violentas não poderiam passar em branco na minha arte. Ao desistir de cada projeto literário, eu sentia a dor e a tristeza de ter um filho natimorto.

O *profissionalismo* é uma habilidade necessária para todos os segmentos: seja na programação de computadores, nas artes, na educação, na medicina e na advocacia. A *busca pelo bom acabamento* é muito apreciada em artes como a carpintaria, a arquitetura, e a escultura; acrescento também as artes literária e poética. O *perfeccionismo*, por sua vez, não tem nada de profissionalismo, ou de bom acabamento. A pessoa perfeccionista tem a sanha doentia de não cometer um erro sequer. Um poeta perfeccionista reposiciona tanto as sílabas métricas de seu poema que o texto perde o sentido lógico. Mesmo uma equação matemática possui sua poesia interna – seu sentido lógico, exato e definido está patente aos olhos de quem calcula. Meus poemas, por sua vez, sempre eram considerados "o mesmo *lixo*": essa era a maneira que eu chamava meus poemas. Tenho o imenso arrependimento de não ter guardado os poemas de minha primeira fase literária, entre 2005 e 2009. Quase todos foram parar no lugar onde eu julgava ser o local deles – a lixeira de meu escritório. Talvez hoje pudessem estar nas prateleiras das livrarias.

A comunidade autista e o *Manual do Infinito* me convenceram a abandonar o meu perfeccionismo. Para vencê-lo, precisei tomar algumas atitudes drásticas:

- Eu me achava um lixo por não dominar a tarefa que eu me propunha. Como a literatura e a poesia são alguns de meus interesses específicos, comecei a comprar livros de crítica literária, análises de romances e obras literárias consagradas. Estudei esses livros com toda a minha força, vontade e capacidade, e chegava a dormir abraçado com eles.
- Passei a copiar meus autores favoritos exaustivamente, de modo que eu dominei a arte da imitação. (Imitar comportamentos é muito comum entre pessoas autistas, inclusive). Assim que eu percebi imitar perfeitamente os estilos literários de meus mestres, cataloguei

os estilos de cada um de meus autores favoritos em minha mente, e decidi misturar um pouco de cada um para criar o meu próprio estilo.

- Após dominar o estilo dos meus mestres, passei a querer ultrapassá-los. Tomei a liberdade de, em minha cabeça, ensinar nomes consagrados a escrever para a minha geração. Com uma gota de cada influência literária, alcancei o que se pode chamar de *originalidade*. Mas eu ainda não tinha segurança para publicar o que escrevia.

- A mudança de conduta veio com o meu neurologista, que disse a maravilhosa frase: "Você é escritor e simplesmente deve escrever. Não pense em vender livros, dar entrevistas ou fazer contatos de trabalho. Pense apenas em escrever." Abandonar o peso social do livro me deixou muito mais animado para o meu trabalho criativo. Eu não preciso me preocupar com a cor da gravata que usarei na festa de lançamento no Rio de Janeiro (*necessidade de controle*), ou ainda imaginar qual a pergunta que me faria passar vergonha diante de todos os jornalistas (*pensamento catastrófico*). Meu trabalho é simplesmente escrever, e pronto.

Já faz tempo que o texto violou a minha regra interna de escrever apenas três páginas. É melhor interromper o assunto agora do que apagar o texto inteiro e querer começar tudo de novo.

Meu tempo é precioso demais para gastá-lo com detalhes.

O que o povo gosta: vivências e descobertas da sexualidade autista

É possível que uma pessoa autista namore? Se ela quiser, sim. É possível que uma pessoa autista se case? Se ela desejar, sim. É possível que uma pessoa autista descubra sua sexualidade e deseje assumi-la? Se ela se sentir protegida para tanto, sim. É possível que uma pessoa autista tenha um relacionamento romântico? Se ela achar quem mereça o seu coração, sim. É possível que uma pessoa autista tenha uma vida sexual ativa, seja pela masturbação solo, pela masturbação acompanhada, ou pela relação sexual propriamente dita? Se ela tiver vontade, sim.

Estamos no século XXI e a comunidade autista ainda se vê obrigada a responder esse tipo de questionamento básico. Felizmente, redes sociais como o Instagram possuem perfis de famílias com pessoas autistas, e até inteiramente atípicas: duas pessoas autistas são pai e mãe de filhos também autistas. Acho isso lindo. Para as pessoas que me perguntam se autistas podem se casar, ter filhos ou se relacionar, devolvo a pergunta: como é que eles mesmos tiveram os filhos?

Pode ser pela adoção, claro. Eu mesmo penso em ter filhos adotivos, caso a minha necessidade de suporte seja extremamente baixa durante a vida, e eu tenha a energia suficiente para educá-los com todo o amor e respeito que merecem. Farei questão de dizer a eles desde o início que não sou o seu papai biológico, mas que papais e mamães também se fazem pelo coração. Contarei a meus filhos as histórias de meu avô Antonio e de meu tio Nelson, dois seres humanos que me adotaram como sobrinho e neto, e transformaram a minha vida para melhor. Eles me ensinaram a ser um papai adotivo - tão papai quanto um biológico.

Mas é muito mais fácil, claro, que este casal autista tenha se relacionado sexualmente para ter seus filhos.

Parece que já estou ouvindo a reclamação de muita gente:

— *Minha filha é autista nível 3, e ela nunca vai poder ter um namorado!*

— *Meu garoto é autista nível 2, e tenho medo quando ele crescer e sentir libido!*

— *Meu filho autista está dizendo que é gay, mas ele nunca disse isso para mim! O que aconteceu com ele? Alguém fez a cabeça dele?*

— *Como pode um autista falar de sexo para outros autistas?*

— *E a necessidade de suporte diante de um relacionamento amoroso, como fica?*

— *O que eu falo para o meu filho que fica o dia todo trancado no banheiro?*

Antes de tudo, é preciso ter muita calma e prudência. A sexualidade é um processo difícil para quase todas as pessoas no mundo – para autistas e neurotípicos; para mulheres, homens e pessoas não-binárias; para pessoas homo, trans, hetero, bi, pan, ou assexuais. Assim como o Transtorno do Espectro Autista, a sexualidade humana também é um espectro. Cientistas como Alfred Kinsey[15] foram pioneiros em dizer que a sexualidade humana possui nuances complexas, misteriosamente interligadas entre os impulsos cerebrais, a personalidade, a educação, os reforços positivos ou negativos, e a cultura de um indivíduo. A sexualidade humana é bem mais complicada que um plugue e uma tomada.

Uma pessoa autista pode ter sua sexualidade em qualquer parte do espectro sexual. Ela pode ser heterossexual assexual (ou seja, que não sente interesse em se relacionar-se sexualmente, mas mantém relações afetivas); pode ser bissexual (pessoa que sente atração por homens e mulheres cisgênero); pode ser transgênero (pessoa que tem adaptação mental para o gênero oposto ao

---

[15] Alfred Charles Kinsey (1894-1956), biólogo e sexólogo estadunidense que redefiniu conceitos sexuais de sua época. Uma de suas maiores contribuições é a *Escala Kinsey*, método que define a sexualidade humana em escala progressiva entre a hetero e a homossexualidade. Mais tarde, a assexualidade (fator X) também foi incluída em sua pesquisa.

seu) hetero, ou homossexual; pode ser panssexual (pessoa que se atrai por pessoas independente de gênero, incluindo pessoas trans); pode ainda ser homossexual arromântica (pessoa que não sente interesse em se relacionar afetivamente, mas que mantém relações sexuais). Cada pessoa possui um universo particular, e é preciso respeitar cada uma delas na sua singularidade.

Vale a pena lembrar que o DSM-5, a mesma classificação internacional que contemplou as diversas variações de autismo no Transtorno do Espectro Autista, define que a transexualidade não é mais considerada um transtorno mental, e sim uma *condição relacionada à saúde sexual*. É bom se informar para não replicar preconceitos através de dados científicos sérios.

Eu sou um autista sexual – ou seja, sinto a necessidade de viver minhas pulsões sexuais com outra pessoa (no meu caso, um homem). O meu nível 1 de suporte facilita algumas coisas no que tange minha autonomia, mas pessoas autistas nos níveis 2 e 3 também tem o direito de namorar, se assim o desejarem. É crucial que os pais não tolham os filhos autistas em seus desejos afetivos, ou pensem que serão eternas crianças incapazes de sentir desejo. Um dia nossos filhos irão crescer. Um dia aprenderão que o toque físico pode ser prazeroso. Um dia o próprio corpo deles poderá exigir que eles se toquem. Um dia eles poderão descobrir a alegria e o prazer de sentir um bom orgasmo, seja em solidão ou em companhia de outra pessoa. E qual é o problema nisso?

O problema é a ideia de que autistas são pessoas que devem ser protegidas por uma redoma, como se não tivéssemos o direito de apreciar a companhia de quem nos faz bem, ou de apreciar um corpo. O conceito de que autistas não têm direito ao gozo sexual. A ideia perversa de que autistas são seres isolados da sociedade, incapazes de relacionar-se com o meio, e condenados a uma vida de solidão.

O empoderamento afetivo é uma forma de assumir as rédeas da própria vida, seja por vias sexuais ou não. Acho lindo quando pessoas autistas dizem que não sentem desejo sexual, mas que amam muito. No meu caso, eu não conseguiria namorar alguém sem desejar o contato sexual: é algo pertencente à minha natureza. Por outro lado, não podemos condicionar o amor ao sexo. É muito comum que pessoas neurotípicas se aproveitem da ingenuidade de pessoas autistas para se beneficiar (ou abusar) delas. É comum, infelizmente, que a disparidade entre autistas e neurotípicos possa criar relacionamentos abusivos: a pessoa neurotípica pode controlar a autista, ou a pessoa autista pode levar a neurotípica a um estado de estafa mental. É preciso que ambas as partes saibam conviver e respeitar uma à outra.

Impedir um filho autista de namorar pela sua suposta falta de habilidade social é uma forma de capacitismo. Dar remédios para bloquear a libido de um filho adolescente é algo cruel, quase criminoso! É impossível saber se sua filha, ou seu filho é capaz de namorar se ela ou ele não tentar. Os caminhos do amor muitas vezes são ingratos, e é comum chorar um tanto até encontrar a pessoa certa. É por isso que o amor nos faz evoluir: só poderemos amar os outros se realmente soubermos nos amar.

E o que dizer para os filhos que ficam trancados no banheiro?

O que se diz para filhos que se trancam no banheiro, claro. No caso das mulheres, peço que as mães tenham prioridade; falarei do meu exemplo masculino, pois é o que conheço. No meu mundo ideal, o pai deve chamar o filho para ter uma conversa e dizer que existem coisas que ele sente que são absolutamente normais, e que fazem parte do corpo. É possível explicar o funcionamento dos órgãos genitais, por exemplo, sem qualquer menção à pornografia ou à obscenidade: os livros didáticos, por exemplo, possuem ilustrações puramente científicas. É possível abordar o corpo humano com respeito e amor. Também é possível perceber o interesse que a pessoa autista está desenvolvendo na adolescência: se é por meninos, meninas, ou os dois. Pais e mães sabem disso melhor do que eu. Meus pais sempre souberam que me interesso por outros homens, embora tenham aceitado este fato muito recentemente. Seu preconceito, na verdade, era o medo de me tornar alvo fácil nas mãos do mundo.

Às mães e pais de pessoas autistas transgênero, é preciso muito cuidado para abordar este assunto. As pessoas trans sentem constantemente a *disforia de gênero:* uma sensação psicológica de incongruência entre o corpo e a mente. É como se eu fosse o homem Henrique Vitorino, mas tivesse o corpo de uma mulher. Como eu me sinto homem, e gosto da minha essência masculina, seria terrível ter que me maquiar, usar cabelos longos, vestir saias ou ser obrigado a depilar o corpo. Gostaria mesmo é de vestir terno e gravata, ficar sem camisa e usar bigode – mesmo que eu tivesse um corpo dito e considerado "feminino". Esse é o desespero que a pessoa transgênero passa todos os dias: ser obrigada a agir de acordo com o gênero que ela nasceu, e não com o gênero que realmente pertence a ela.

Mesmo assim, as pessoas trans têm direito à felicidade afetiva e de se realizar sexualmente. As pessoas autistas trans não podem ser excluídas do convívio social devido à sua condição sexual, ou autística. Se precisarem fazer a transição social (usar roupas e cortes de cabelo do gênero a que pertencem), a transição hormonal ou cirúrgica, essas pessoas precisarão de muito apoio, suporte e carinho de todos que as rodeiam. Se a transfobia ameaça a vida das pessoas trans desde quando se assumem publicamente, não podemos tolerar que essa violência chegue ao conforto de suas casas – isso quando elas não são expulsas de casa pelos próprios parentes.

O Brasil é o país que mais mata pessoas transexuais no planeta. A ANTRA (Associação Nacional de Travestis e Transexuais) aponta que, em 2019, o Brasil caiu da 55º para a 68º posição nos países mais seguros para a população LGBTQIA+ no mundo. Em 2019, 20 pessoas trans foram assassinadas no Brasil. Em 2020, ocorreram 38 assassinatos – um aumento de 90% no período de um ano, mesmo durante o isolamento da pandemia de covid-19. Todas as pessoas assassinadas eram travestis e mulheres trans. Apesar deste fato alarmante, o Brasil – curiosamente – é o país que mais consome pornografia trans no mundo[16].

Quando chegar o momento de abordar a própria intimidade, é preciso que mães e pais de autistas saibam respeitar o momento de seus filhos.

---

[16] Para mais informações, acesse o site da ANTRA: antrabrasil.org.

É importante lembrar: *autonomia não é a mesma coisa que liberdade*. A autonomia é a capacidade que alguém possui de gerenciar a si mesmo: os autistas no nível 1 de suporte podem possuir mais autonomia que os autistas nos níveis 2 e 3. Mesmo assim, a pessoa autista deve ser sempre livre, independente da sua condição ou grau de suporte. Uma pessoa autista num nível de suporte maior pode vivenciar a sua liberdade particular ao fazer tarefas como tomar seu banho, ou usar o banheiro sozinha. Confesso que os banhos eram os momentos preferidos de minha adolescência, onde eu podia vivenciar a minha masculinidade comigo mesmo. Meus pais nunca pediram que eu saísse do banheiro pelos motivos óbvios – apenas pediam que eu não gastasse muita água. Não me lembro de ter ouvido meus pais questionarem se eu me masturbava no chuveiro, ou quando, ou como. Isso é um assunto de minha própria intimidade. Apesar de meu pai não conversar comigo sobre o assunto, ele me deixava à vontade neste aspecto, e nunca me censurou. O mais importante é sentir se a pessoa autista tem vontade de saber sobre o tema. Quem controlará o assunto é a pessoa autista: os pais que ficam acanhados com o assunto podem se limitar a oferecer espaços de liberdade e autonomia para a pessoa se descobrir, e responder apenas o que lhe for perguntado.

Caso a pessoa autista não sinta vontade de namorar, ou não tenha desejos sexuais, ela pode ser uma pessoa *assexual* – o que é natural e está dentro do espectro da sexualidade humana sadia. Nesse caso, a vida segue. É simples assim.

Peço aos pais, mães e responsáveis de autistas: por favor, não tenham vergonha de educar suas pessoas autistas para a vivência sadia de sua afetividade e de sua sexualidade. Isso pode salvá-las de diversos perigos. Quando fazia minhas pesquisas e conversava com autistas na internet sobre este assunto, uma pessoa autista me pediu para que eu expusesse seu relato, desde que eu preservasse sua identidade. O relato está abaixo na sua forma integral, sem nenhum tipo de correção:

Eu sou uma pessoa que sofreu abuso sexual por vários anos seguidos, Henrique. Eu tinha muita habilidade em esconder o que acontecia, pois eu sempre tive personalidade tímida, e as pessoas da minha família não se interessavam em conversar comigo. Meus pais eram muito puritanos (de família católica) e não tinham qualquer interesse em me dar orientação, ou formação sexual. Como eu não sentia o amor de meus pais, passei a procurar o amor de outros membros da família. E eu sofri abuso sexual com vários homens diferentes, dos 8 aos 21 anos. Todos eles eram amigos de meus pais, e não levantavam qualquer suspeita quando iam ao meu quarto para "brincar" comigo. Era assim que um deles chamava o abuso, de "brincadeira". No começo, tudo iniciava com cócegas, convites para passear de carro ou dormir na casa deles, e caixas do bombom que eu gostava. Com o tempo, a situação evoluiu para toques íntimos, masturbações e atos involuntários. Quando chegou ao ponto da penetração oral, me desesperei, mas não conseguia pedir ajuda. Nessa época, eu tinha 13 anos, e sofria violência sexual de um tio. O masking *que eu fazia era tão eficiente a ponto de não descobrirem nada do que se passou. Até hoje, eu não fui capaz de contar nada para os meus pais, pois acredito que eles vão se ressentir comigo – e não com o agressor. Essa é a parte mais perversa do abuso: o medo que a vítima sente de ser responsabilizada pela violência praticada pelo abusador. Durante o fim da adolescência, fugi da casa dos meus pais e fui trabalhar em uma cidade distante, mas o medo e a culpa não iam embora. Pensei em cometer suicídio várias vezes, e as duas tentativas se frustraram pela ajuda de meu melhor amigo, hoje meu marido. Nessa época, meu marido nem sabia que eu era autista. Após tratamento psiquiátrico e muitos anos de terapia, consegui entender que a culpa nunca é da vítima, e sim do agressor. Aprendi que não tenho o dever de perdoar quem abusou de mim, pois eles me roubaram o que eu tinha de mais sagrado: a pureza da infância. Por mim, todos eles mofariam na cadeia. Hoje, meu marido me dá muito suporte psicológico, embora eu tenha certas recaídas com o pânico do toque físico, ou da relação sexual. Mas tenho melhorado muito. Sinto o amor que meu marido tem por mim, e sei que o amor dele salvou a minha vida. O meu amor atípico salvou a minha vida. (K. J., 34 anos)*

Me limito apenas a acolher, e não julgar, o relato dessa pessoa autista. Não quero utilizá-la como exemplo. Ela, no entanto, me autorizou a fazer a seguinte comparação: ela provavelmente não teria passado por treze anos de abuso sexual contínuo se seus pais lhe tivessem ensinado limites de toque físico; se tivessem dito que ninguém poderia lhe estimular sexualmente antes da maioridade, e com o seu pleno consentimento; se tivessem explicado que a masturbação é algo muito íntimo, e que deve ser feito apenas sozinho; se tivessem a decência de investigar o porquê dos "amigos" da família estarem tão próximos de uma criança tão quieta; se tivessem ao menos lido os sinais de que aquela criança tinha algo de errado; se, antes de tudo, tivessem sido presentes afetivamente na vida daquela criança, dando-lhe o afeto e o colo de que tanto precisava.

Quando soube da história dessa pessoa, fiquei muito sensibilizado. Nasci em uma família amorosa, e não consigo imaginar a solidão que aquela criança autista enfrentou. Por não ter certeza do amor de seus pais, essa pessoa acabou por encontrar amor em quem estava lhe abusando. É algo muito além do que eu posso suportar. Que tristeza, eu lhe digo! Que dor!

Ter relações sexuais fora do padrão heterossexual, ou gostar de se masturbar para aliviar tensões, não é "estar contra a natureza".

Estar contra a natureza, sim, é um pai ou uma mãe deixar as suas crias de presente aos predadores.

Alvo em minha testa: autismo e violência contra as pessoas com deficiência

Se você é obrigado pela agressividade alheia a fazer o que não quer, você é vítima de violência.

Se você passa por momentos de crise porque alguém te provoca de forma deliberada e consciente, você é vítima de violência.

Se você acha que a sua vida não faz mais sentido por uma situação que te deprime, você pode ser vítima de violência.

Se você mora em um país que não lhe assiste em seus direitos, que lhe nega atendimento e prioridade, você é vítima de violência.

Se você é coagido mentalmente, não consegue se livrar de uma pessoa ou possui medo de alguém, você pode ser vítima de violência.

Se você recebe benefício e outra pessoa usa o dinheiro para qualquer coisa além de suas necessidades, você é vítima de violência.

Se você é chamado de *retardado*, ofendido e menosprezado pela sua condição autista, ou se você ouve que precisa parar de se sacudir para não ficar feio, você é vítima de violência.

Se você é privado de uma vida digna em qualquer aspecto, ou não tem a consideração alheia para ter um ambiente sadio e livre de estímulos, você é vítima de violência.

Se você não tem o direito de ter acessibilidade sensorial dentro de sua própria casa, você é vítima de violência.

Se você é tratado com ironias, berros, ameaças, escândalos e deboches, principalmente em relação às suas condições autísticas, você é vítima de violência.

Se você ouve alguém dizer que "isso é frescura", que "agora todo mundo vira autista", que "eu também sou autista porque gosto de verde", que "autismo é castigo nessa vida", ou que crise é fingimento e *birra* – para não dizer o palavrão que termina com doce –, você é vítima de violência.

Se você não tem paz em sua casa, em seu ambiente de trabalho, em sua escola ou universidade, você é vítima de violência.

Eu mesmo fui vítima de quase todas essas violências.

Farei uma adaptação ruim de um conceito do filósofo francês Michel Foucault para ilustrar como a violência é implícita e percorre diversas camadas sociais. Foucault afirma que o poder é uma rede de relações onde todos os seus membros estão inseridos, seja como geradores ou receptores. A estrutura de poder é dinâmica e fluida – não existe um poder absoluto. Podemos pensar no poder como uma rede de energia elétrica: existe a central, que produz energia e envia eletricidade para todas as subestações; as subestações, por sua vez, enviam energia para os transformadores instalados nos postes; os postes enviam a energia para as casas, permitindo que haja energia para todos. Estes mesmos postes instalados na região da central farão as máquinas da usina de energia funcionar: é um movimento em círculo. Todo o circuito se retroalimenta infinitamente.

Neste passo, a violência também segue o mesmo ritmo. Não existe uma fonte original da violência; ela permeia toda a sociedade em diferentes matizes. O capacitismo é uma forma de agredir a pessoa com deficiência; um autista também pode ser homofóbico, racista ou misógino. O diagnóstico médico de Transtorno do Espectro Autista não impede uma pessoa de ser preconceituosa com uma pessoa que tem apenas o autodiagnóstico, muitas vezes por falta de condição financeira, ou por morar distante de profissionais especializados. Uma mulher autista que sofre com o machismo em seu ambiente de trabalho pode agredir uma outra pessoa com o seu racismo.

Pais e mães de autistas, muitas vezes defensores de uma sociedade menos preconceituosa em relação à neurodiversidade, tropeçam em suas palavras quando honram princípios homofóbicos e transfóbicos – principalmente em relação aos seus próprios filhos.

É triste dizer que a violência foi uma companheira constante em minha existência autista. Fui vítima de violência de diversos tipos e em diversos momentos. Um dos mais marcantes, claramente, foi o *bullying* sofrido em meus tempos de escola. Os Ensinos Fundamental e Médio testemunharam todo o meu sofrimento por ser pessoa autista em um mundo neurotípico. Eu era xingado de todos os nomes possíveis e plausíveis naquele momento: os mais comuns eram *retardado*, *boca-aberta* e *cabeção*. É possível que meus genes autistas tenham possibilitado alterações em meu cérebro, algo que meu neurologista me ajudará a descobrir. Ou talvez o meu cérebro realmente seja maior que o "normal" – o que é uma explicação interessante para entender porque eu penso tanto, e tão rápido. Mesmo assim, o capacitismo me machucou muito. Há vinte anos, eu não tinha as defesas psicológicas que tenho hoje. Com muito esforço, aprendi a me defender e a xingar quem gasta a minha paciência infinita. Contudo, as defesas emocionais e a terapia psicanalítica não foram suficientes para minimizar os danos psicológicos adquiridos. O *bullying* age como uma infiltração: quando menos percebemos, o problema aparece. Até encontrarmos a verdadeira fonte do problema, precisaremos quebrar nossa parede emocional em vários pedaços.

Eu já fui extremamente agredido em relação à minha sexualidade. Na época escolar, eu não tinha condições de entender essa dimensão da minha vida com naturalidade. Minha criação também não teve ciência para a sexualidade no ambiente familiar. Isso me causou muito sofrimento, medo e vergonha nas incríveis descobertas que fazia em meu corpo, e em minha mente. Já cheguei a ficar de joelhos sobre grãos de milho, ou beber água salgada porque sentia desejos sexuais. Me considerava *o pior pecador de todos* – tanto pelo meu desejo carnal, como pela minha atração por homens. Aprendi a fazer o autoflagelo e me açoitava sempre que julgava necessário, ou seja, quando eu não suportava o peso da culpa. Na cabeça de meus colegas de sala, eu era o *viado* que ia ser padre porque não gostava de mulher. Em vez de ter forças para reagir ao preconceito e lançar minha fúria para quem me agredia, eu preferia descontar em mim mesmo. Com o diagnóstico do autismo, faz sentido entender as minhas sessões de autoflagelo como crises autolesivas.

Como bem percebemos, a violência é implícita e percorre caminhos misteriosos.

Depois de adulto, fui localizado por um de meus agressores mais contumazes através da internet. Um pânico antigo tomou conta de mim – será que as ameaças voltariam? Até que ele me surpreendeu:

Estou muito orgulhoso de você. Você é alguém que tenho carinho, pois eu te atormentei tanto na escola... E ver você caminhando um passo de cada vez na direção do seu sonho é maravilhoso demais!

Fiquei calado diante do computador. Sinceramente, eu não soube o que responder. Era possível manter uma conversa amistosa com quem me fez sofrer por quase dez anos, como se nada tivesse acontecido? Enquanto não pensei em uma reação adequada, lembrei que tudo aquilo havia passado. Hoje eu sou um homem adulto, plenamente formado e bem capaz de resolver as próprias encrencas. Agradeci os elogios, e decidi olhar o perfil dele naquela rede social. Na primeira postagem, ele exibia uma orgulhosa foto com seu filhinho.

Eu temo por esse menino, imaginei. *Não quero que ele passe o que eu sofri nas mãos do pai dele.*

Depois de uma conversa com panos quentes, meu agressor me pediu perdão pelas coisas que fez. "Eu compreendo que nós dois éramos crianças": acho que minha resposta foi clara como água. Apesar do meu medo, combinamos de tomar cerveja qualquer dia desses. E espero estar no controle da situação, do meu temor, da vontade reprimida de reagir. Hoje ele não é mais meu agressor. Em qualquer caso, eu não sou mais um menino indefeso. Ele que não tente mexer comigo.

Por que ele não disse que me admirava tanto na época de escola? Ele perdeu a chance de começar uma amizade para a vida inteira!

Pessoa autista, aprenda a se defender. Não é natural que ninguém lhe trate de maneira agressiva, mesmo dentro da família. Não tenha medo de procurar ajuda psicológica e jurídica quando for vítima de violência física, psicológica, emocional, financeira ou sexual. Se seus responsáveis, cuidadores, familiares, tutores ou suportes lhe tratam mal, denuncie. E que a comunidade autista possa exigir de seus municípios e estados a criação de delegacias especializadas em crimes contra a pessoa com deficiência.

Responsáveis, cuidadores e profissionais, ofereçam possibilidades para que a pessoa autista se defenda da violência contra ela. Estejam por ela, percebam se ela demonstra um sinal de que sofre algum abuso, e protejam-na de qualquer ameaça à sua saúde integral. Lembrem-se que a violência nunca pode ser normalizada. Utilizar remédios para dopar pessoas autistas sem critério médico, ou moldar a sua personalidade, é uma conduta criminosa. Terapias para autistas, sob nenhuma hipótese ou pretexto, podem utilizar a violência como método de coerção, repressão de estímulos, ou para criar figuras de autoridade.

Lembrem-se que estamos de olho. Apesar de nossa incrível diversidade, temos articulação e uma voz poderosa. É melhor não desafiar o poder de nossa inteligência.

Minha cara: um desabafo poético sobre o mascaramento

*Dedicado a quem ainda me diz
que eu não tenho "cara de autista"*

E o autista só presta quando é útil? Quando tem "altas habilidades"? Quando é produtivo e eficiente, que nem autista de novela, feito em série e sob medida? Só é bom quando se expressa? Quando abre a boca pra dizer aquilo que pensa? Quando consegue traduzir esse turbilhão que vive girando sua cabeça?

O autista só é bonzinho quando não dá chilique? Quando fica parado, pendurado que nem um bibelô, um quadro de parede, feito planta morrendo de sede? O lugar de autista é debaixo do tapete?

Por que só prestamos diante de computadores, vassouras, códigos, planilhas, ou de uma agenda? Por acaso o autismo é uma lenda? Uma moda que surgiu de repente, uma bandeira que é bom caber na gente? É verdade que um autista não sente? Não se emociona, não morre de amor, ou de raiva? Ou um autista de verdade não fala? Somos tão abobalhados a ponto de não percebermos nada do que nos passa?

É mesmo que autista trabalha de graça? Autista não goza? Autista não gosta de tomar cerveja, de olhar o sol se pondo num mirante qualquer, de falar no telefone até mais tarde? Autista não se cansa? Autista fica repetindo coisas que nem criança?

É mesmo que autista não pode ter filiação política, não pode assumir sexualidade, não pode sugerir projeto de lei, não pode estar inserido na sociedade? Mas você não entende que a solidão para o autista é liberdade? Nós vivemos numa ilha? E os autistas que são mães e pais de família?

E quem tem que optar pelo isolamento, pois até uma ida ao supermercado é fonte de sofrimento?

Já se perguntou de onde é que nós viemos? De que cor gostamos, qual é nosso time de coração, o que realmente queremos? Meu movimento repetitivo te incomoda? Ficar aguentando crise é *foda*?

É verdade que um homem preto não pode ser autista? O autista da turma é sempre "uma figura", ou seja, um excêntrico sem cura? A sensibilidade do autista é frescura?

Suportar um autista por algumas horas te incomoda? Faz mal saber que alguém é assim tão diferente de você? Autismo é coisa pouca, ou você crê que uma mulher autista se faz de louca? Dói tanto sair da sua zona de conforto? A neurodiversidade é mesmo um estorvo? Lembrar do autismo para não ir numa reunião é desculpa pra ficar em casa, pra ficar de cama, pra ficar quieto no escuro, pra chorar de desespero por se sentir imprestável? Faz mal ficar na cama quando se está cansado? Ou você quer levantar os autistas na base do choque?

É verdade que autista não pode ser casado, não pode ser *viado*, não pode cortar pros dois lados, mas não pode nem se falar em namorado? Por que fizeram isso por tanto tempo, de colocar o autista de lado? Autista tem mesmo que viver com remédio, ou é só questão de tédio? Tem que obrigar a perder a virgindade, ou é melhor trancar num quarto nos fundos da casa?

Por que o autista não pode ter seu próprio espaço? Protetor auricular, óculos escuros, luvas e máscaras não ajudam em nada? Morar sozinho é perigoso? A sociedade é cruel demais para sairmos da redoma, do armário, do beco, das sombras? Agora o *anjinho azul* não pode falar palavrão?

Quem se sente ameaçado pela felicidade do autista? Não podemos ter carta branca para nos expressar? E quando a família faz questão de censurar? E quando querem tirar minhas coisas do lugar?

O surto do autista é *piti*? A militância autista é *mimimi*? Você não gosta quando esperneio, quando grito, me faço ser ouvido? E aí depois quer reclamar quando eu fico influente, quando vou na internet dar entrevista, quando o *autista aqui* virar capa de revista? Eu não tenho cara de autista? Hein?

O que é que você está olhando pra minha cara?

i.i.i.I.i.i.i

Tomo III
O Infinito em mim

Artista ou autista: fronteiras do Transtorno do Espectro Autista nas artes

Quando o Henrique Vitorino está trabalhando e desenvolvendo suas artes, ele é autista ou artista?

Pensando em minha condição neurodiversa, a *dimensão de artista* possui completa oposição à *dimensão de autista*. Para ser ator, eu preciso ter contato com um grupo de estudos, ou de atuação; preciso estar presente nos ensaios, ter boa desenvoltura corporal e saber olhar fundo nos olhos dos colegas, ou do público. O trabalho na Música me exige intensa comunicação com as pessoas – o corpo deve transformar-se num instrumento musical. Devo olhar nos olhos do público, passar-lhes segurança e cantar a mensagem que sempre quiseram dizer, mas que nunca transmitiram. A Poesia só faz sentido se é declamada para mais pessoas, o que requer minha constante presença em saraus e encontros artísticos. Fazer cinema, também, é um trabalho que depende da sinergia de muitas pessoas. O Cinema, inclusive, é uma grande fonte de emprego. Talvez a única arte que "tolera" o autismo com mais facilidade é a Literatura, pois o ofício de um escritor sempre é solitário.

Para que eu não seja mal-interpretado, é preciso muito cuidado nessa frase. Mesmo que eu seja autista e tenha todos os meus dias imersos em meu autismo, as artes me fazem entrar em um estado de entusiasmo suficiente para saber lidar com as minhas limitações cerebrais. Explico. De origem grega, a palavra *entusiasmo* significa "êxtase provocado pela divindade". Dizia-se que uma pessoa estava entusiasmada quando, durante os serviços religiosos gregos, deixava-se levar pelo canto, pela dança – e pela bebida – do ritual. É importante considerar que a liturgia grega arcaica (os ditirambos) eram feitos com ritos teatrais: eram uma espécie de "musical religioso", na linguagem atual. O sagrado misturava-se ao profano, os deuses desciam do Olimpo e habitavam entre os mortais: a vida humana se integrava ao mito de criação do Universo.

Em minha condição, talvez, isso pode ser explicado pelo hiperfoco. Quando estou trabalhando criativamente e tenho um ambiente propício, consigo me desconectar da minha sensibilidade auditiva. Consigo entender que há pessoas que não gostam de contato visual, e outras precisam ser encaradas nos olhos. Entendo que meu intenso amor pela humanidade não pode ficar em mim mesmo, e sinto desejo de abraçar as pessoas. Embora a necessidade de tirar fotos me deixe cansado, compreendo que a fotografia é o modo de eternizar o momento presente – e me deixo ser fotografado. Meu analista, e sempre digo, tinha muita razão ao dizer que a frequência do meu trabalho artístico é proporcional à minha saúde mental: quanto mais eu produzo, mais eu me sinto saudável, e psicologicamente são.

Minhas qualidades artísticas dentro do Transtorno do Espectro Autista chegaram a impressionar alguns médicos. Não sei se é para tanto. Pelo fato de as artes estarem no meu campo de interesses específicos, é natural que eu tenha um desenvolvimento além do normal nestes aspectos. Conheço muitos autistas que fizeram dos seus interesses específicos um meio de ganhar a vida e ter uma profissão. Outros autistas possuem diferenças mais peculiares: não é porque uma criança autista tem interesse específico em dinossauros que ela se tornará profissional em Paleontologia, embora isso tenha chance de acontecer.

Meu pensamento rígido me faz repetir: precisamos sempre abordar a diferença da vida de um autista abastado para um autista de baixa renda. Enquanto o autista abastado pode ter ensino adaptado, cursar as faculdades de sua escolha e não ter a preocupação de adquirir o seu sustento caso tudo "dê errado", o autista de baixa renda não tem essa oportunidade. Uma pessoa autista que não possui condições financeiras é obrigada a aceitar a única chance que lhe aparece. Muitas vezes, autistas precisam se submeter a subempregos, ou a empregos que não lhes pagam o proporcional à sua capacidade, ou a empregos que minam a sua saúde emocional. Fora o capacitismo de seus empregadores (que reclamam do fato de as empresas precisarem de "cotas para pessoas que não trabalham direito", ou seja, pessoas com deficiência), as pessoas autistas que trabalham se expõem às sobrecargas do transporte público lotado, e o perigo da violência nas grandes cidades; no caso das mulheres, ainda se soma o risco de abuso sexual dentro dos transportes públicos. O autista abastado pode se ocupar com a formação em Paleontologia por gostar de dinossauros; o autista que mora na comunidade deve se contentar em decorar as falas de *Jurassic Park* para não ter uma crise sensorial quando pega os três ônibus para ir ao trabalho, ou voltar à sua casa.

Isso não é vitimismo, é a realidade. Converse com autistas nessa situação, e você ouvirá histórias muito mais difíceis que essa.

É claro que eu tenho pretensões pessoais com o *Manual do Infinito*. Claro que uma delas não é ser famoso: a fama me assusta, me deixa paralisado em meu trabalho criativo. Não me imagino cercado por tanta gente. Minha pretensão pessoal com o *Manual* é dizer: existe um autista que é escritor, poeta, dramaturgo, roteirista, ator, compositor, poeta e cantor. Existem autistas que sabem cantar, que sabem dançar, que sabem escrever textos, que sabem fotografar muito bem. Existem autistas com as mais diversas habilidades profissionais, e também artísticas. Como afirmei anteriormente, tenho a intenção de criar um grupo de estudos teatrais para autistas. Para que isso aconteça, é preciso que atrizes e atores autistas se conheçam, interajam entre si e tenham o desejo de trabalhar juntos.

Não desejo ser conhecido somente pela minha condição de pessoa no espectro autista. Desejo ser conhecido pelos meus livros, pelos meus roteiros, pelas minhas peças de teatro, pelas minhas canções e composições, e pelo meu canto. Meu primeiro livro é sobre minha condição neurológica, e essa mesma condição é o fator que impulsiona a minha arte. Meu ofício artístico existe pelo meu autismo, e meu autismo se manifesta em minha arte. Desejo que este livro seja o meio para que, assim como eu, outras pessoas autistas possam mostrar tanto suas capacidades autísticas, quanto suas capacidades profissionais.

A semelhança entre *autista* e *artista* não está apenas no som das palavras.

As diversas artes que existem em mim falam da minha essência, cada uma a seu jeito. Através dos sons e silêncios, a Música me ensina a verbalizar e a expressar tudo aquilo que eu fui obrigado a manter em silêncio. A Literatura revela os segredos de meu pensamento, que organiza e cataloga minhas memórias. A Poesia me leva a um mundo além da realidade, onde posso contar as histórias de minha vida como se fossem canção. Minha forma de fazer Cinema é ressignificar as minhas histórias, dando-lhes novas vidas e novos finais – o que cria um roteiro intimista e autoral. O Teatro é o meu laboratório de observação filosófica do ser humano, onde cada personagem é um retrato fiel de uma pessoa que deve existir, ou que já existiu em algum lugar. O Transtorno do Espectro Autista me faz sentir infinito dentro da minha própria arte.

Em vez de sofrer com meu pensamento catastrófico, tento aproveitá-lo para imaginar desfechos de cenas. Utilizo o pensamento rígido e metódico para criar um roteiro organizado, ou uma estrutura de romance através da organização cena a cena. Minha capacidade de catalogação torna-se habilidade para organizar introduções, desenvolvimentos e conclusões dos meus textos. E assim vou utilizando a minha condição de autista para mostrar a arte que está em mim.

Quando o Henrique Vitorino está trabalhando e desenvolvendo suas artes, ele é autista ou artista? Você tem o poder de responder.

Eu me toquei: como a sexualidade me tirou do ostracismo

O padre arrepiou-se dos pés à cabeça quando contei sobre os meus sonhos constantes: o desejo da carne me afligia o espírito. Fui aconselhado com palavras paternais: "Isso é um instinto natural, meu filho, mas é necessário controlá-lo..." Ele pediu que eu evitasse situações que poderiam levar-me ao pecado, tais como conversas, companhias, leituras e imagens que pudessem me estimular. Diante do sofrimento para conter o meu desejo, o padre me convidava a unir meu sofrimento à cruz de Cristo. "O voto de castidade na vida religiosa", dizia ele, "poderá ser um grande passo para a sua plenificação espiritual". No fim, meus desejos não me imputaram culpa maior. Fui perdoado por Deus e pela Igreja naquela confissão.

Meu corpo gozava da juventude de seus dezessete anos. Embora eu me realizasse apenas de maneira solitária, nunca consegui respeitar o voto de castidade inteiramente. Era como se o celibato ameaçasse castrar a maior alegria de minha vida. Um dos meus grandes medos na vida seminarística era levar uma vida dúbia, em duplicidade de espírito. Minha sinceridade exigiu um corte na carne. Preferi não prometer entregar minha vida a Deus, e optei por escolher a mim mesmo. Foi uma escolha dura, mas necessária e sadia. Quando finalmente pude libertar os meus desejos com outra pessoa, aos 23 anos, senti que aquele era o meu verdadeiro caminho de plenificação espiritual.

Através do apetite da carne.

Minhas primeiras experiências com o prazer foram as mais inocentes possíveis: é claro que não entrarei em detalhes. Como outras coisas na vida, posso dizer que aprendi sozinho o que não se é ensinado. Conheci o orgasmo antes de saber que eu poderia provocá-lo. O autismo também me acompanhou nesse momento de felicidade prazerosa. Ao mesmo tempo, infelizmente, surgiu o medo: *como vou contar para minha mãe que estou doente?* Eu achava que minha saúde juvenil podia ser uma doença: "o que é esse líquido branco que sai de mim e me deixa zonzo?" Eu não sabia o que era. Os livros didáticos não eram capazes de traduzir o conhecimento que apenas a maturidade iria me apresentar. Eu ainda não sabia de todos esses segredos que acontecem entre casais, muito embora eu soubesse tudo de uma forma *técnica*, pelos livros de Ciência.

[Essa noção de que o sexo e a sexualidade são coisas "feias", "sujas" e "pervertidas" me deixa muito nervoso. Adianto a você que não me considero uma pessoa frustrada, de modo algum – e principalmente nesse sentido.]

Por mais alguns anos, meu desejo pelo celibato ainda estaria seguro.

Quando alcancei a gostosa compreensão dos próprios desejos (que chamam erroneamente de "malícia"), descobri o prazer de ouvir músicas românticas. Imaginava que, um dia, eu teria a oportunidade de estar com o homem que eu iria amar, e partilhar com ele as intimidades de meu corpo e alma autistas. Numa coleção de CDs dos anos 2000, meu pai comprou a coletânea "Românticos". Por esse motivo, minhas idas ao carro de meu pai ficaram mais frequentes.

> *Me olha, me toca, me faz sentir...*
> *Que é hora, agora, da gente ir...*[17]

Acho curioso navegar no mapa arqueológico da minha adolescência, pois as músicas me lembram de detalhes que não estão à superfície. Neste mesmo disco, eu me identificava com o eu lírico "feminino" da música *Folhetim*, eternizada pela saudosa Gal Costa: "E te farei, *vaidoso*, supor

---

[17] Trecho da música "Frisson", de Tunai.

que és o maior…" Eu entendia que a música se referia a um homem, e eu já sabia qual era o fruto de meu desejo. Eu ainda não entendia letras com referências ao relacionamento heterossexual, como "Confundo as tuas coxas com as de outras moças, [...]te dou outra vida pra te mostrar quem sou[18]". Ao contrário, me sentia próximo da voz de Elis Regina em "E me arrastei e te arranhei / E me agarrei nos teus cabelos / No teu peito, teu pijama / Nos teus pés, ao pé da cama[19]". A letra extremamente visual de Chico Buarque me ajudava a compreender o que poderia ser *reclamar baixinho*, e eu navegava em minhas próprias fantasias. Por sorte, meus pais nunca questionaram minha liberdade. Eles sabiam que eu era um menino aplicado e que não parava de estudar. Eu não precisava explicar que meu estudo era sobre meu próprio corpo.

O direito à liberdade vai muito além da capacidade de autonomia. Se uma pessoa autista não tem condições de conduzir as suas próprias atividades diárias, isso não fere o seu direito de sentir prazer, ou de estar com a pessoa que lhe faz bem. É claro que existem casos que devem ser avaliados com cautela. Meu pedido insistente é simples: se uma pessoa autista sente a necessidade de estar com alguém, e houver a possibilidade de isso acontecer, isso não pode ser impedido. No caso da masturbação solo, esse estímulo também não pode ser reprimido. Muitas vezes, a masturbação funciona como uma estereotipia no órgão genital, o que traz alívio de tensão e diminuição da sobrecarga sensorial. Como disse anteriormente, cada caso de cada pessoa autista precisa ser avaliado de forma individual.

Gostaria de saltar para o ano de 2013, quando saí do seminário e iniciei minhas vivências afetivas. O processo de aceitação da minha sexualidade foi árduo, difícil e sofrido. Passei dois anos em intenso conflito comigo mesmo, e com minha família. Meus pais não compreendiam como um seminarista podia abandonar a vida clerical e entregar-se aos seus desejos

---

[18] Trecho da música "Faz parte do meu show", interpretada por Cazuza.
[19] Trecho da música "Atrás da porta", composição de Chico Buarque e Francis Hime. A letra original dizia "[...]Nos teus *pelos*" em vez de "No teu peito". Por ser considerada imoral, foi censurada pelo então governo da ditadura militar (1964-1985).

com tal intensidade. Este rompimento traumático, no entanto, possibilitou uma nova oportunidade de conversa entre minha mãe e eu. Pela primeira vez depois de quase três anos, ela entendeu que eu só era feliz dessa maneira. Tive uma experiência de namoro curta, de três meses, e uma experiência de namoro mais longa, de quase oito anos. Ambas foram importantíssimas para o meu crescimento enquanto pessoa, e sou eternamente grato por meus companheiros dividirem suas vidas comigo. Entre os anos de 2018 e 2019, aproveitei o que se pode chamar de "vida de solteiro", mas senti falta de uma conexão mais próxima. O período de isolamento social na pandemia me trouxe uma nova reflexão: o interessante é conhecer alguém para a vida toda. Enquanto meu companheiro não chega, preparo o meu jardim para ele com tudo o que há de mais belo.

A minha vivência sexual me ensinou que mereço amar e ser amado; mereço também a satisfação e plenitude integrais. Que possamos sempre nos abrir em busca do amor de nossa vida, mesmo que esse amor seja vivenciado apenas com um beijinho nos lábios.

Ou com carícias que, só de falar, me deixam todo vermelho.

Aluga-se: a epopeia do autista que mora só

Com licença poética, peço que as pessoas neurotípicas nos deixem à vontade. Este texto é exclusivo para pessoas autistas.

Estou falando sério.

É que eu quero entrar na minha casa para descansar.

i.i.i.I.i.i.i

Agora que estamos a sós e que tranquei a porta, posso finalmente tirar os sapatos e esticar as pernas no sofá.

Conheço muitas pessoas autistas no nível 1 de suporte que sonham em ter seu próprio espaço: seja uma casa, um apartamento, um sítio ou qualquer outro lugar. Quando se aborda o assunto de *morar sozinho*, as pessoas autistas se agitam — seja de temor, ou de vontade. Como sou um autista que morou sozinho por quatro anos (2018-2022), creio que será útil desmistificar essa vivência. Morar sozinho no espectro autista é mais difícil, e ao mesmo tempo mais fácil do que parece. No fundo, vale muito a pena.

Quero abordar o assunto da maneira correta para pessoas autistas: em forma de lista, com itens subdivididos em categorias específicas, e da forma mais visual e direta possível. Dividirei os temas da seguinte forma: os "cuidados psicoambientais", os "cuidados domésticos" e os "cuidados sociais" necessários antes de começar a jornada.

Sua presença é muito importante na minha humilde residência. Sinta-se em casa. Quer tomar uma água? O que acha de uma cerveja, ou um suco? Posso por a vitrola para tocar?

Morar sozinho no Transtorno do Espectro Autista
1. Cuidados psicoambientais

Muitas pessoas (inclusive neurotípicas) não se atentam ao fato de que morar sozinho exige uma grande plasticidade psicológica – ou seja, a capacidade de se readequar e se reinventar diante de um estímulo negativo. Morar sozinho não é uma brincadeira nem um episódio de *sitcom*, onde os amigos passam o dia todo na sua casa. Morar sozinho é enfrentar a falta de companhia em quase todos os momentos da vida. Mesmo assim, acho que é uma experiência muito positiva, e que nos faz amadurecer muito bem, e muito rápido. Antes de começar a sua jornada solitária, é necessário falarmos um pouco sobre sua saúde psicológica.

a. Gostar da próxima companhia

Você está bem? De verdade?

Quando fiz a experiência de sair da casa de minha família e buscar um canto só meu, muitas questões não resolvidas em mim começaram a emergir. Decidi morar em minha cidade natal para ficar mais perto do trabalho e ter mais privacidade. Passei um ano e meio morando em um quarto de pensão, o que foi uma experiência relativamente boa – embora eu sofresse muito.

O que vou dizer é óbvio: morar sozinho nos coloca diante de uma terrível solidão. Não teremos ninguém com quem conversar, com quem dividir momentos de afeto, com quem se distrair, ou alguém que nos ajude nos serviços domésticos. Quando não temos ninguém para interagir, começaremos a interagir conosco mesmos.

Aos poucos, passei a ter a habilidade de conversar comigo.

– *Você já notou como o preço do arroz subiu?*
– *Sim, está um absurdo!*

— *Se eu fosse você, eu comprava agora... Pelo jeito, a coisa vai piorar mais ainda.*

— *Você está vendo o preço do arroz cateto, Henrique. O arroz integral está à esquerda da outra prateleira.*

— *[vai até à prateleira] Mesmo assim, Vitorino! Está caro do mesmo jeito!*

Ninguém dentro do supermercado imagina os vários pensamentos que ocupam minha cabeça.

Se você não tem condições de gostar da sua própria companhia, a vida solitária será muito mais difícil. Se você não se aceita completamente em todas as suas fraquezas, não indico que você more sozinho. Se você não tem habilidade emocional de respirar fundo, suportar a dor e seguir em frente, talvez você ainda não esteja com a preparação correta para encarar esse desafio.

Todas as pessoas do mundo possuem traumas, mas poucas conseguem lidar com eles de forma efetiva. O que me ajudou muito a superar meus desafios foi manter a escrita de um diário, mas chegou o momento em que eu precisei de suporte. Até que lembrei: moro sozinho e não tenho ninguém conhecido para me acudir.

E agora, José?

b. Suportes à distância

Passei a procurar uma pessoa que pudesse conversar comigo em minha lista de contatos. Nenhuma delas me dava a impressão de que poderia me atender. Aos poucos, o desespero começou a tomar conta de mim. Foi então que alguns amigos se dispuseram a ser meus *amigos-suporte à distância*.

Por mais que sejamos pessoas autistas e fiquemos incomodados com o excesso de convívio social, sentiremos falta de interagir com as pessoas – principalmente se estamos acostumados a estar constantemente na presença de alguém. No meu caso, o suporte emocional de minha mãe foi fundamental. Outros amigos dispõem um pouco de seu tempo para conversar comigo quando eu preciso. Quando estou com uma vontade insuportável de conversar com alguém, ou me inquieto e fico no celular o tempo todo, isso pode ser um indício de crise.

O melhor que posso fazer nestes momentos é sair da tela do celular: tomar banho, tirar um cochilo, limpar um cômodo da casa ou ouvir meus discos de vinil. É preciso tomar cuidado com os impulsos que a ansiedade pode nos trazer. Se não houver um cuidado constante em relação aos nossos amigos-suporte, poderemos enlouquecê-los de tanto chamá-los.

Um animal-suporte também pode ser uma saída importante para vencer a solidão, inclusive em momentos de crise. Existem raças de cães que podem ser treinadas para atuar especificamente em momentos de crise sensorial, o que é extremamente benéfico para a pessoa autista. Além disso, a interação humano-animal é muito fortalecida em pessoas no espectro.

Não tenho animais porque não me sinto preparado para cuidar deles. Mas se eu optasse entre cães ou gatos, escolheria um gato por achá-lo menos barulhento. É apenas uma questão de gosto.

c. Solidão e carência

Este tópico é muito importante. Um dos maiores pontos que me incomodavam nas sessões de psicanálise era eu mesmo como *alvo fácil*: não necessariamente pelo autismo, embora o espectro também influencie nisso. Precisei desenvolver um método para fortalecer o meu amor próprio e impedir que a solidão me desestabilizasse. Minha necessidade de suporte é muito mais emocional do que física, embora eu precise de ajuda para falar ao telefone, marcar consultas médicas ou agendar compromissos, por exemplo. (Durante o isolamento da pandemia, passei a necessitar de suporte para ir ao supermercado e andar de trem. Ainda estou trabalhando para curar os danos que o isolamento severo me causou).

Desenvolver a autoestima e o amor próprio é fundamental para vencer os fantasmas da solidão e da carência. Se você sente que nenhuma pessoa liga para você, ou que ninguém te ama, ou que ninguém pensa em você, não se sinta assim. O *Manual do Infinito* foi feito para todas as pessoas autistas. Embora ainda possamos não nos conhecer pessoalmente, tenha a certeza de que pensei em você ao escrever este livro. Se precisar de verdade, me procure nas redes sociais, e mande uma mensagem.

Em casos de tendências patológicas, não indico que a pessoa more sozinha – sendo autista ou neurotípica. O ideal nestes casos é procurar ajuda profissional e contar com a presença constante de um suporte. Não tenha receio de procurar ajuda psicológica ou psiquiátrica: na rede pública, este tratamento pode ser realizado através dos CAPS – Centros de Atenção Psicossocial. Para pessoas autistas, o Artigo 9º da Lei Brasileira de Inclusão (13.146/2015, o Estatuto da Pessoa com Deficiência) estipula: "A pessoa com deficiência [ou seja, a pessoa autista] tem o direito a receber atendimento prioritário", e "sobretudo com a finalidade de proteção e socorro em quaisquer circunstâncias", reitera o inciso primeiro. Quem negar este atendimento preferencial está infringindo a Lei: neste caso específico, vá até a delegacia e faça um boletim de ocorrência.

d. A escolha do imóvel

Citarei um exemplo que aconteceu comigo.

A localização da moradia de uma pessoa autista influencia completamente a sua qualidade de vida. Não somente as facilidades do bairro devem ser avaliadas, mas também a quantidade de estímulos que a pessoa autista pode receber ao viver nele. Morar numa área residencial habitada majoritariamente por idosos costuma ser menos barulhento do que morar numa área industrial. Nas grandes cidades, a vantagem de morar próximo a estações de ônibus, trem ou metrô, ou de vias de tráfego constante, podem trazer sérios problemas com a sensibilidade auditiva e olfativa.

O autoconhecimento pessoal é muito importante neste aspecto. Se você sabe que a sensibilidade auditiva pode te causar crises com mais facilidade, é interessante investir em um protetor auricular, ou em isolantes acústicos. Pessoas autistas com sensibilidade visual podem optar por imóveis que recebam maior quantidade de luz natural, ou que possuam áreas de meia-luz para repouso dos olhos. No caso de um orçamento maior, vale a pena pesquisar sobre janelas e portas antirruído, ou claraboias.

Temo parecer ridículo ao falar sobre a acessibilidade sensorial do Transtorno do Espectro Autista no Brasil. A grande parte das famílias atípicas brasileiras não possuem condições de garantir os remédios, ou os tratamentos psicológicos para suas pessoas autistas: quanto mais janelas, e portas antirruído! Em quase todas as vezes, somos forçados a escolher um imóvel pela nossa situação financeira, e não pela acessibilidade sensorial que ele nos trará.

É óbvio que, entre se alimentar e não ter barulho, devemos escolher comida na mesa. É injusto, por sua vez, acomodar-se com a situação de sofrimento que muitas pessoas autistas de baixa renda são obrigadas a passar: sem emprego ou com subempregos, sem oportunidade de se profissionalizar por não ter acesso ao estudo inclusivo nas universidades, condenadas a ser vítimas constantes das crises sensoriais. O ideal é que toda pessoa autista tenha comida na mesa e, além disso, a proteção sensorial que lhe fará bem. Eis a necessidade de pressionar os governos no sentido de criar políticas públicas para residências inclusivas e acessíveis para PCDs.

Sempre farei questão de dizer: o Transtorno do Espectro Autista é uma condição neurológica muito cara, e nem todos têm a condição de pagar pelo mundo ideal. Essa disparidade financeira impacta diretamente na qualidade de vida de autistas com mais, ou com menos condições sociais. Sugiro que a comunidade autista se movimente para exigir políticas públicas que também atendam a essas necessidades específicas.

Sugiro também que, antes de se mudar, preste muita, muita atenção em quem serão os seus vizinhos.

e. Trâmites com imobiliárias/contratos diretos com proprietários

Durante os trâmites de assinatura de contrato e nas idas ao cartório, é necessário que uma pessoa-suporte nos acompanhe por todo o processo. Embora a pessoa autista tenha a prioridade para assinar os documentos e fazer tudo em seu nome, o suporte deverá estar atento a quaisquer irregularidades que possam ocorrer. É preciso que, além das leis que protegem a pessoa autista, também se conheçam as leis que regem contratos entre proprietários e inquilinos. A Lei do Inquilinato (Lei 8.245/91), por exemplo, aborda no seu Artigo 22º os deveres do locador do imóvel.

Vale a pena conferir alguns textos sobre a Convenção de Nova York sobre os Direitos das Pessoas com Deficiência, que ganharam *status* de emenda constitucional no Brasil pelo Decreto Nº 6949/2009. A Convenção trata especificamente sobre a necessidade de a pessoa com deficiência (no caso, a pessoa autista) ter curadores para lhe auxiliar nas negociações patrimoniais e protegê-la de espertalhões que tentarão abusar de sua boa fé, ou de sua inexperiência. Apesar dos curadores, contudo, a pessoa autista é considerada mentalmente capaz e sempre terá a decisão final, mesmo que os curadores possam divergir sobre o assunto.

Como eu não tinha o diagnóstico de autismo nas duas vezes em que assinei contratos de locação, não tive a ajuda de suportes. Acredito que esta foi uma "imprudência por ingenuidade". Minha capacidade reduzida de entender informações aceleradas, somada à minha inexperiência no assunto, me fez assinar contratos com cláusulas que não estavam de acordo com a lei. De preferência, convide alguém que tenha experiência com aluguéis, ou algum profissional jurídico – como a Convenção de Nova York prevê.

[Conclamo as Defensorias Públicas e o Ministério Público Federal a criar iniciativas para proteger as pessoas autistas em seus direitos dentro da autonomia cidadã. É extremamente necessário, inclusive, que pessoas com deficiência tenham acesso à informação dos seus direitos na sociedade. Se não exigirmos firmemente que as leis que protegem a pessoa autista sejam cumpridas, elas servirão apenas para enfeitar as bibliotecas de Direito.]

Não tratarei sobre a compra de um imóvel por dois motivos: por nunca ter comprado um imóvel, e porque acho ofensivo falar de compra de imóveis quando se discute o acesso pleno da comunidade autista aos remédios de alto custo, ou a insegurança alimentar das pessoas com deficiência. Como uma família atípica vai se preocupar com a compra de um imóvel bem localizado se não sabe se terá dinheiro até o fim do mês?

f. O que fazer durante uma crise sem os meus suportes?

Por melhor que seja a sua vida, chegará o momento de encarar as crises sensoriais sem ajuda. É importante se preparar para saber cuidar de si mesmo quando elas acontecerem.

Não tenho uma receita pronta, pois cada pessoa autista é diferente. No entanto, seguem algumas dicas que me ajudaram a sobreviver nestes períodos difíceis:

- **Peça ajuda.** Se você sente que conversar com alguém pode ajudar, ligue, mande uma mensagem, envie um e-mail: comunique-se. Você não está sem ajuda. Caso você não tenha nenhum contato próximo para ligar, o Disque Direitos Humanos (Disque 100) ou o CVV – Centro de Valorização da Vida (Disque 188) estão de prontidão para te atender a qualquer hora. Se você não se sente bem em falar pelo telefone, o CVV também dispõe de um serviço de chat eletrônico. O Disque 100 também é o número que recebe denúncias de violência contra pessoas com deficiência, sendo a denúncia encaminhada aos órgãos de proteção especializada. Se for o caso de uma situação de violência ou ameaça, não tenha receio de procurar ajuda policial, ou a Secretaria de Direitos Humanos de sua cidade. Eles têm o *dever* de garantir sua saúde física, psicológica, e também sua segurança pessoal.
- **Crie maneiras de aliviar os sentidos.** Só nós sabemos o quanto uma sobrecarga é difícil. Encontre maneiras saudáveis de aliviar o estresse sensorial: eu faço exercícios físicos quando me sinto deprimido, ou cozinho quando percebo que entrarei no modo de hiperfoco. Morar sozinho me deixa completamente responsável por mim mesmo: devo cuidar de mim como se eu fosse meu próprio suporte – porque eu sou de verdade.
- **Saia do local.** Está muito difícil suportar o barulho da vizinhança? Vá para um local afastado e seguro. Não se exponha às crises sensoriais, visto que uma conduta impulsiva pode causar danos reais à sua saúde, ou à sua segurança física. Logo após minha mudança

em 2021, precisei de um tratamento medicamentoso por ter crises nervosas diárias e consecutivas. Eu tinha tantos acessos de nervoso que parecia viver numa única grande crise, do começo ao fim do dia. As barreiras atitudinais, junto com intromissões, barulhos fora de hora, problemas estruturais do imóvel, além do tratamento cada vez mais grosseiro e violento que recebia dos vários envolvidos na questão, me impediam de ter paz dentro da minha própria casa. Quando fui claramente ameaçado de forma verbal, pedi aos céus para ter um infarto fulminante, e quase o tive – de tanto desespero. Ao juntar provas das agressões e pensar em ter assistência jurídica, recebi um silêncio retumbante como retorno: as autoridades estão ocupadas demais para nós, já que elas têm os seus próprios problemas. Ideações suicidas me fizeram pedir socorro aos meus pais, que me abrigaram de volta na casa deles. Meu neurologista, com a medicação correta, foi pontual e salvou a minha vida. Ao ter uma leve melhora, fui pessoalmente bater à porta da Ordem dos Advogados do Brasil (OAB) na minha cidade. Ainda desejo que a justiça seja feita, pelo menos para que meus danos psicológicos e físicos sejam reparados. Mas se eu não tivesse o socorro efetivo naquele momento crucial, o que seria de mim? Eu não teria terminado meu primeiro livro, com certeza[20].

- **Conheça os seus direitos.** Vizinhos que adoram fazer obras sem avisar, que deixam seus animais sozinhos e sem cuidado, que fazem barulho excessivo e/ou em horários irregulares, que causam estresse à pessoa autista, que a humilham ou a discriminam, ou que prejudicam direta ou indiretamente a sua acessibilidade sensorial precisam ser lembrados das seguintes leis e decretos:

---

[20] A pesquisa citada no texto "Eu não aguento mais: os episódios de *burnout* e *meltdown*" (I, 6) afirma que pessoas autistas de suporte 1 têm três vezes mais chances de cometer suicídio. Eu, infelizmente, quase fiz parte dessa estatística. Já que os autistas de suporte 1 estão mais expostos ao capacitismo e à violência, esta população possui menos proteção social e menos auxílio por serem considerados "independentes" e "autônomos" como os neurotípicos.

- Lei da Pessoa Autista – Berenice Piana (Lei 12.764/2012), artigo terceiro, parágrafos primeiro e segundo: "São direitos da pessoa com transtorno do espectro autista: a vida digna, a integridade física e moral, o livre desenvolvimento da personalidade, a segurança e o lazer; e a proteção contra qualquer forma de abuso e exploração."
- A Lei Brasileira de Inclusão, chamada de "Estatuto da Pessoa com Deficiência" (Lei 13.146/2015), prevê barreiras que impedem a pessoa autista de exercer os seus direitos à acessibilidade em seu Artigo 3º, nos incisos quarto e sexto.
- No mesmo Estatuto, em seu artigo quinto, consta que "a pessoa com deficiência será protegida de toda forma de negligência, discriminação, exploração, violência, tortura, crueldade, opressão e tratamento desumano ou degradante". Nenhuma pessoa autista pode ser maltratada ou menosprezada devido à sua condição. Isso inclui o momento quando seu vizinho lhe ofende ou desconsidera o que você diz só pelo fato de você ser autista.
- O artigo sétimo da Lei Brasileira de Inclusão ainda prevê que "é dever de todos comunicar à autoridade competente qualquer forma de ameaça ou de violação aos direitos da pessoa com deficiência." Considera-se *violência contra a pessoa com deficiência* "qualquer ação ou omissão, praticada em local público ou privado, que lhe cause morte, ou dano, ou sofrimento físico ou psicológico." (Art. 26, parágrafo único). É nosso dever, inclusive, comunicar os episódios de violência às autoridades. Os casos de suspeita ou de confirmação de violência praticadas contra a pessoa autista serão objetos do Ministério Público, dos Conselhos dos Direitos da Pessoa com Deficiência, dos serviços de saúde públicos e da autoridade policial (Artigo 26).
- A Lei Federal 9605/1998, no seu Artigo 54º, prevê que "causar poluição de qualquer natureza em níveis tais que resultem ou possam resultar em danos à saúde humana" é crime passível de reclusão de um a quatro anos, e multa – inclusive a poluição sonora.

- A Lei das Contravenções Penais (Decreto-Lei Nº 3688/1941) afirma, em seu Artigo 41º, que "qualquer ato capaz de produzir pânico ou tumulto" é crime passível de prisão de quinze dias a seis meses, e multa. Essa lei pode ser utilizada se uma pessoa autista é acuada, pressionada com terror psicológico ou pânico, ou se é levada a ter crises nervosas de forma consciente por outra pessoa.
- A mesma Lei de Contravenções Penais afirma em seu Artigo 42º: "Perturbar alguém, o trabalho, ou o sossego alheios com gritaria ou algazarra; exercendo profissão incômoda ou ruidosa, em desacordo com as prescrições legais; abusando de instrumentos sonoros ou sinais acústicos; provocando ou não procurando impedir barulho produzido por animal de que tem a guarda" é crime passível de prisão de quinze dias a três meses, ou multa.

Todas essas leis precisam da cobrança da comunidade autista para que sejam cumpridas integralmente. Um apoio jurídico especializado pode trazer melhores informações sobre cada caso de violência, ou infração de direitos da pessoa autista. Pesquise também sobre leis estaduais e municipais que protegem a pessoa com deficiência. Não tenha medo de exercer o seu direito à cidadania: essas leis são feitas para pessoas como você.

Sua cidade dispõe de uma delegacia especializada para crimes contra pessoas com deficiência? Pois já passou da hora de dispor.

g. Cuidado com os momentos de hiperfoco

Todos sabemos que os momentos de hiperfoco nos prendem a atenção e nos fazem esquecer de comer, de beber água, tomar banho ou dormir. Mas é preciso evitá-los de vez em quando, para o bem de nossa saúde. Uma rotina organizada é suficiente para impedir que o hiperfoco nos deixe doentes.

O ideal é consumir ao menos três refeições ao dia, tomar ao menos 2l de água, fazer 1h de exercício físico diário, e dormir oito horas de sono. Conheço poucas pessoas autistas que fazem isso à risca, mas vale a pena lembrar.

2. Cuidados domésticos
a. Limpando e mantendo a ordem da casa

Existem serviços domésticos que se fazem todos os dias, como lavar e guardar a louça, arrumar a cama, passar pano na cozinha, ou jogar desinfetante no vaso sanitário e esfregar com o escovão. Existem serviços que precisam ser feitos semanalmente, como varrer a casa, pôr a roupa suja para lavar, tirar o pó dos móveis, lavar o banheiro ou trocar a roupa de cama. Existem serviços que precisam ser feitos mensalmente, como limpar e lustrar os armários, as gavetas, e conferir se há mofo nos guarda-roupas. É preciso dedicar um tempo para fazer tudo isso.

Se você não limpar a sua casa, ninguém vai limpar para você.

Mas não se apavore: há listinhas na internet com todas essas dicas, e a organização de cada tarefa num planejamento de tempo. Minha função é apenas avisar que, se você quiser morar sozinho, vai ter que pôr a mão na massa. (Não estou contando com a possibilidade de contratar empregados, claro.)

Para economizar tempo, gosto de cozinhar todo o arroz e o feijão que vou comer durante a semana. Separo tudo em porções e guardo no congelador. Na hora de comer, é só tirar com antecedência, esperar descongelar e esquentar no fogão, ou no microondas. Prático, não?

Escute o autista que lhe fala com carinho: nunca, nunca misture produtos sanitários diferentes, como desinfetante, amoníaco, removedor, álcool, detergente, cloro, sabão em pó ou água sanitária – eles podem literalmente te matar por asfixia. Eu nunca misturei nada dessas coisas, mas tive uma vizinha que perdeu o olfato por um acidente doméstico desse tipo. Eu geralmente diluo esses produtos perigosos em água pura, e só.

Não tenha vergonha de chamar seus suportes e fazer um grande mutirão de limpeza da casa. Será uma forma interessante de interação social, além de ser divertido. Aos poucos você vai aprender. E claro, comece a treinar desde agora, enquanto ainda pode aprender e pedir ajuda de forma integral.

Também é importante saber apreciar o conforto da sua casa: ela é sua. Não há problema em tirar um dia para não lavar louça, para varrer a sujeira para baixo do tapete, ou não arrumar a cama. O ideal é manter a casa *habitável*: não é necessário deixá-la como o palácio da Cinderela, mas também não precisa ambientar a sua casa para um filme de terror...

b. Relação com vizinhos bons

"Quem tem um amigo, tem um tesouro", já diz o texto sagrado. E ter amigos nas pessoas de seus vizinhos é algo melhor ainda. Já tive a felicidade de ser presenteado por um vizinho com um prato fumegante de macarrão enquanto eu estava no hiperfoco da produção do filme "Meu Garoto". Ao mesmo tempo, pude estar a postos para receber uma encomenda enquanto ele estava fora.

Minha única ressalva aos bons vizinhos é a necessidade de cuidar bem deles, de verdade. Eles são raros e preciosos.

c. Relação com vizinhos ruins

Evite-os sempre que possível, e denuncie qualquer forma de violência que sofrer. No caso de brigas mais sérias (como represálias à sua saúde física – ou seja, *se quiserem te bater*), saia do local e peça ajuda à autoridade policial, e aos seus suportes. Violência psicológica também é violência: ameaças, gritos, humilhações, *bullying* ou maus tratos devem ser denunciados no Disque Direitos Humanos (Disque 100), ou nos Centros de Referência à Pessoa com Deficiência – CRPDs.

E disso você já sabe, mas é bom repetir: nunca olhe nos olhos deles.

d. Um autista na cozinha

Cozinhar é uma arte que não domino. Não escreverei a forma com que cozinho meus almoços e jantares, pois o *Manual do Infinito* viraria um livro de receitas. Digo apenas que é importante manter as alimentações diárias com variedade, na medida do possível. Mesmo que não goste, eu me forço a consumir verduras e legumes. Por mim, eu só viveria de laticínios, enlatados e massas: meu sistema cardiovascular grita de horror.

Autistas com seletividade alimentar podem se informar com um profissional em Nutrição para criar uma dieta que se adapte à sua seletividade, mas que não tenha déficit de vitaminas e minerais.

Como diz minha querida mãe, "um corpo autista só funciona se comer".

E não ouse questionar o prazo de validade dos alimentos. Estragou? Azedou? Não consuma. Do contrário, você terá uma intoxicação alimentar severa.

E lembre-se que você estará sozinho.

3. Cuidados sociais

E chegou o momento *cringe* de falar sobre os assuntos de adulto: boletos, almoços em família, e namorados – claro, pois ninguém é de ferro.

a. Saúde financeira

Para manter todo o seu conforto, você terá que trabalhar e receber um salário que consiga pagar por tudo isso. É difícil, eu sei, mas todos estamos na luta por mais espaço no ambiente profissional. Trago aqui uma dica importante: procure não gastar mais do que ganha. Se você ganha o suficiente para se manter com qualidade, mas não pode gastar além da conta, a coleção completa de vinis dos Bee Gees pode esperar.

O hiperfoco que aguente esperar, eu quis dizer.

Meu pai me deu uma lição de ouro: gastar com comida não é jogar dinheiro fora, a não ser que a comida seja cara demais – ou que não seja saudável. Meu motivo de aprender a cozinhar foi exatamente esse: o custo da comida feita em casa é muito mais acessível do que comer fora, ou pedir comida pela internet. Sem dizer que a comida de aplicativos é bem menos saudável. A época em que mais engordei foi quando eu me acostumei a pedir pizza por aplicativo. Não foi só a pizza: almoços, jantares e até cafés da manhã (!) vinham rapidinho. A questão é que eu não sei o que colocavam naqueles pratos.

A melhor vantagem da comida feita em casa (além de poupar dinheiro) é você pôr os seus próprios temperos. Acredite: cozinhar para você é um marco na sua qualidade de vida. A comida fica sempre do jeito que você gosta! Nesse ponto, detesto temperos artificiais por conta da minha sensibilidade no olfato e no paladar. Eu capricho em todos os alimentos com meus toques autistas, com pontos e temperinhos que só eu sei fazer. Ao almoçar em locais finos e sentir o sabor de substâncias que não eram naturais, no entanto, eu sentia um desgosto terrível – e um nó no estômago. Eu paguei para consumir alho e cebola – e não *um pó que imita* alho e cebola!

Restaurantes e bistrôs, eu lhes imploro, não me expulsem.

b. Fazendo compras para si mesmo

Devo comprar as coisas que eu gosto. Já cheguei a tomar bronca da minha mãe porque não comprei a cerveja, ou o chocolate que eu queria. Para que passar vontade? Às vezes, um doce ou um pacote de *cookies* não faz mal a ninguém. Minha comemoração por terminar a escrita do Tomo I do *Manual* foi me dar uma garrafa de vinho de presente. No Tomo II, comprei uma pizza (de novo?) e meus doces favoritos. No Tomo III, farei uma festa para mim mesmo, em casa – pois ainda se vive na pandemia em 2022. Todo este trabalho literário merece ser comemorado: se eu tenho minha casa, é para eu ser feliz dentro dela.

Devo também comprar as coisas que não gosto. Eu tenho raiva de ir ao sacolão. Mesmo assim, preciso comprar frutas, legumes e verduras: o preço é mais barato. Preciso me vigiar para comer abobrinha, berinjela, jiló, batata, couve, alface, tomate, pimentão... Não tenho seletividade a nenhum destes alimentos, então sempre tento incluí-los em minha alimentação.

Vale a pena pesquisar preços? Sim. Vale a pena ficar de olho nas promoções em que "o gerente enlouqueceu"? Sim. Vale a pena investir dinheiro numa coisa que se quer bastante? Sim. É possível economizar dinheiro morando sozinho? Se houver controle financeiro, sim.

c. E quando minha família quiser me visitar?

Esse momento vai chegar, você vai se tremer dos pés à cabeça, mas vai tirar de letra.

Quando moramos sozinhos, é normal que nossa família mude a relação deles conosco. Com certeza perceberão a nossa felicidade, o nosso sofrimento, a nossa solidão... Mas tudo vai se ajeitar. Eu demorei três meses até me adaptar à vida de morar sozinho. Depois desse período, passei a desejar mais a minha casa do que a casa dos meus pais. É claro que meus pais ficaram tristes por se verem longe de mim; ao mesmo tempo, ficaram felizes por me ver alcançando novos horizontes. Foi na minha casa que fiz o meu primeiro curta-metragem; foi na minha casa que consegui escrever o meu primeiro roteiro de teatro; foi na minha casa que consegui escrever o meu primeiro livro; foi na minha casa onde eu me isolei durante a pandemia, e me mantive seguro do vírus. Assim como meus pais lutaram para ter a casa deles, eu lutarei para ter a minha. Não muda muita coisa.

O que muda, talvez, é a minha condição autística – mas eu posso conquistar sucesso profissional para conseguir me manter sem ajuda financeira. Basta que a sociedade me abra espaço, e que eu me aplique de coração ao que estou fazendo.

Na dúvida, se seus familiares começarem a folgar demais e a querer mandar na casinha que você lutou tanto para ter, repita o jargão da internet: *sinta-se em casa, mas lembre-se que você não está na sua casa.*

d. Necessidade de solidão vs. necessidade de interação

Darei um conselho que eu mesmo não cumpro: não fique muito dentro de casa. É importante sair e manter algum contato com o mundo externo. Se nos isolarmos demais, é perigoso desenvolver problemas em relação ao pânico do ambiente externo, ou até mesmo das pessoas. Foi o que aconteceu comigo durante o isolamento sanitário da pandemia: quando precisei me acostumar à nova rotina de sair de casa, meu recolhimento severo tornou-se gatilho para crises de ansiedade. Meus alunos me compreenderam plenamente, e alguns deles chegaram a visitar minha casa para me treinar a ter um contato social mais prolongado.

e. Mas e o meu namorado? E a minha namorada?

Por fim, a cereja do bolo. Eu posso trazer meu namorado em minha casa para curtir uns bons momentos, ou uma noite de amor com ele?

É claro que sim! Vale a pena, somente, tomar o cuidado de *quem* vai entrar na sua casa. Certifique-se de sempre convidar pessoas de boa índole, que você já conhece há um bom tempo, e que você tem *certeza* de que não irão te fazer mal. No momento em que as coisas esquentarem, lembre-se de fazer sexo seguro. E de resto, esqueça todo o resto: vivencie o seu prazer autista com quem você ama.

A última dica vai para as pessoas autistas mais "atiradinhas". Sempre tenha um colchão de ar, ou um colchonete: é útil para evitar aquele ruído chato de cama rangendo.

Minha sensibilidade auditiva agradece.

O *bon vivant* do espectro: relatos de um autista boêmio

> *"Boêmio, sou boêmio diferente:*
> *[...]Não faço apologia ao botequim*
> *E só bebo umas e outras*
> *Quando a coisa está pra mim"*
>
> "Boêmio 72", composição de Adelino Moreira

Quase tudo aquilo que nos faz mal é gostoso.

Tenho essa impressão em relação à vida noturna: mesmo que me faça mal, eu gosto dela. Os terríveis estímulos sensoriais não fazem frente à imensa alegria que sinto ao passear de carro à noite, trabalhar como cantor e ator, ou ainda encontrar os amigos num restaurante, num bar ou numa casa noturna. É preciso destruir o capacitismo de que autistas não podem se divertir, não podem gostar de dançar, não podem ter uma vida sexual ativa, não podem ir numa "balada", não podem gostar de tomar cerveja. Esta é a grande diferença entre autonomia e liberdade: nem todos os autistas possuem autonomia para conduzir as suas atividades diárias, mas todos devem ter a liberdade de ser quem são, independente do nível de suporte.

Não é que eu faça apologia à vida autística libertina. Confesso que sou um autista que gosta da vida noturna, mas preciso cuidar de minha saúde para o meu próprio bem. Após o meu diagnóstico, o estranho mal-estar que eu sentia após uma noite de trabalho ganhou nome: *sobrecarga sensorial*. As luzes sempre me afetaram de modo particular, mas eu nunca soube o motivo. Hoje, tenho certeza: o intenso contato social que a vida noturna impõe, além da sobrecarga sensorial, me deixa exaurido. Após o isolamento social da pandemia de covid-19, o silêncio de casa me desenvolveu uma sensibilidade sensorial muito maior: não sei como farei para voltar a trabalhar como artista da noite. Creio que me readaptarei devagar, me reunindo com poucos amigos e em pequenos encontros, até estar apto a cantar novamente para uma grande plateia. [Não podemos esquecer que a vacinação em massa foi fundamental para termos nossa vida de volta].

Diante do meu trabalho como músico, cantor e ator, tenho as seguintes sensibilidades:

- **Sensibilidade auditiva:** barulho proveniente das conversas entre clientes de um restaurante; ruído de talheres; barulho de passos de garçons e garçonetes; atrito de taças durante brindes; pessoas falando mais alto após consumo alcoólico; caixas de som sem equalização adequada; instrumentos de percussão como pandeiro, atabaques ou pratos de bateria; gritos dos atores durante uma cena; aplausos do público.
- **Sensibilidade visual:** luzes de cenografia; sensibilidade aguda a holofotes e *spotlights* brancos; decorações com luz *néon*; incômodo ao ver as pessoas me olhando nos olhos, aplaudindo e sorrindo para mim; incômodo ao ver a passagem constante dos garçons e garçonetes; estímulos visuais direcionados aos olhos, como *flashes* de celulares e máquinas fotográficas; contato visual intenso, como ao receber cumprimentos da plateia após uma apresentação.
- **Sensibilidade tátil:** figurinos que causem atrito na pele; sensação de roupa molhada pelo suor; contato físico de forma repetitiva, como abraços e cumprimentos após uma apresentação.
- **Sensibilidade olfativa:** cheiro de diferentes alimentos e bebidas juntos; cheiro de pessoas que usam diferentes perfumes e colônias; cheiro de cigarro (seja da própria fumaça, ou na pessoa que fuma); cheiro de bebidas fortes como cachaça, gin ou whisky.

Talvez eu tenha escolhido o trabalho mais desafiador para uma pessoa autista: é que eu não gosto de coisas fáceis. No entanto, a frequência de crises sensoriais me obrigou a tomar um caminho, digamos, mais fácil – o que é extremamente perigoso. Estamos falando delas, as bebidas alcoólicas.

Eu nunca gostei de perder a consciência.

Meu neurologista levantou as mãos aos céus quando eu lhe disse que tomava cuidado com a bebida alcoólica. Apesar disso, considero que meu uso de álcool é regular: durante o isolamento, eu bebia uma lata de cerveja a cada dez, ou quinze dias. Na época de revisão final do texto do livro, quando eu declamei o *Manual* inteiro em voz alta, preferi ficar completamente sóbrio. A época do meu tratamento medicamentoso me obrigou a interromper o consumo de bebida, ou pelo menos me acostumar com a cerveja sem álcool ou *drinks* não-alcoólicos, o que não foi de todo ruim. A presença que me acompanha na conversa é muito mais proveitosa do que a bebida em si. Beber sozinho, eu lhes garanto, é uma cilada que pode ser inescapável.

Se o álcool é capaz de diminuir a minha sensibilidade auditiva, Doutor, é possível que haja um remédio que diminua a sensibilidade e o pânico sem tirar o meu poder criativo – e sem me causar dependência.

Existem diversos estudos que abordam a correlação entre o Transtorno do Espectro Autista e a tendência à compulsão, ou ao vício propriamente dito. Falo, no entanto, apenas como pessoa autista que se deixa conhecer.

Minhas bebidas preferidas são a cerveja, o vinho, e uma rara dose de whisky. Eu gosto de bebê-las, mas estou sempre atento aos motivos que me levam a beber. Durante o ano de 2019, me acostumei à vida boêmia. Aprendi a beber em qualidade, e em quantidade. Aprendi a provar vinhos, degustar cachaças, licores e *whiskies*, e a dividir uma torre de cerveja com os amigos. Nesse ponto, a sensibilidade gustativa me entorpecia num perigoso prazer. Mas o efeito relaxante da bebida alcoólica é caro demais para ser considerado "benefício".

Somada à ressaca sensorial, a ressaca do álcool é cruel. Sentir ambas as ressacas no mesmo dia, então, é passar pelo Inferno de Dante: não falo nenhum exagero. Quando eu bebia muito, sentia todas as articulações do corpo doerem. Minha cabeça zunia pelo efeito tóxico do álcool em meu cérebro. Devido à sobrecarga social do dia anterior, eu não tinha força suficiente para me levantar da cama e fazer um café da manhã reforçado. Passava fome, sede e dor no corpo, e não conseguia me socorrer: lembram que eu morava sozinho? Eu me tornava um farrapo humano por dias seguidos. Aprendi com as diversas ressacas que preciso me alimentar e beber muita água durante a sessão de cerveja, de whisky, e de vinho principalmente. Quando estou cantando, percebo que o vinho seco me deixa mais desidratado, ou pelo menos com mais sede. Beber água impede que a concentração alcoólica aumente rápido na corrente sanguínea, o que me ajuda a não ficar (tão) bêbado.

A relação psicológica com uma droga lícita pode ser de *uso*, *abuso* ou *dependência*. A bebida alcoólica, como sabemos, é uma droga lícita; nem por isso ela deixa de ser droga.

Droga é uma substância química que tem efeitos psicoativos, ou seja, atua no psicológico e no emocional da pessoa que a utiliza. O mais comum deles é a dependência química ou emocional da substância. Quando uma pessoa diz que bebe para esquecer a dor de existir, para relaxar depois de um dia de trabalho difícil, ou que só se alegra quando toma algumas latinhas, ela pode estar num estado de dependência de álcool devido à *conexão da substância à emoção*. Casos mais graves de dependência alcoólica podem trazer a "crise de abstinência": um surto de desespero da pessoa que não tem mais a resposta psicoativa daquela substância em seu corpo. Esse tipo de crise ocorre em pessoas que estão com vícios enraizados, por exemplo.

Costumo dizer que um vício nunca surge sozinho: sempre existe um motivo anterior que leva o indivíduo a usar droga. Se uma pessoa está feliz e satisfeita em todas as áreas da sua vida, não há motivo aparente para que ela se consuma em um vício. Por outro lado, pessoas que se sentem sozinhas, com fortes sentimentos de frustração, que não possuem controle emocional, que sentem ausência, desprezo ou falta de atenção dos pais, ou que sentem dificuldade em lidar com situações adversas ou de revés (o que é algo comum no autismo) podem desenvolver um quadro de adicção.

> **A *adicção* é uma enfermidade psicológica que afeta diretamente a emoção do indivíduo, e cria nele a necessidade de uma dependência.**

É preciso que haja estudos sobre a relação entre o consumo de drogas lícitas e ilícitas em pessoas adultas e idosas no Transtorno do Espectro Autista, e possíveis transtornos afetivos correlacionados (depressão, ansiedade) ou ainda condições neurodiversas como o TDAH, a deficiência intelectual e a síndrome de Tourette. A partir destes estudos, poderemos criar estratégias de compreensão e abordagem das pessoas autistas que estão (ou poderão estar) em situação de adictas.

Antes da intervenção, é preciso que haja *prevenção*.

Quando comecei a me tratar com o medicamento contra o estresse pós-traumático, achei que sentiria falta do álcool. Senti um pouco, mas nem tanto assim. O que desejava mesmo era minha recuperação: escrever meus livros, compor novas músicas, terminar a peça de teatro que foi minha estreia no mundo teatral após o pior da pandemia. Se for para colocar minha saúde mental em risco, prefiro sacrificar a cerveja do fim de semana. Eu utilizo minhas dores para fazer arte, e não de pretexto para beber. Lembro do Ébrio de Vicente Celestino e sinto dor no coração: o triste vício do álcool levou o homem que me ensinou a tocar violão, o Seu João, aos 58 anos de idade. Em respeito à sua memória, devo cuidar para que minha ansiedade não se torne motivo para cair no vício. Minha energia, com certeza, deve ser usada para meu próprio bem; por consequência, para o bem de todas as pessoas autistas, e das próximas gerações de autistas.

Isso não me impede de beber umas e outras. Isso me impede de *perder o controle*.

O orgasmo sensorial, sim, é melhor que o prazer causado pela bebida. Cada autista tem o seu *stim* preferido: no meu caso, adoro criar e recriar sentidos para a minha própria condição autista. Quem conhece o repertório de Nelson Gonçalves a fundo, como eu conheço, saberá que o boêmio é retratado como um solitário, mesmo que esteja cercado de "amigos de botequim" – ou de "irmãos de taverna", como diria o antigo personagem de Celestino. Busco seguir um caminho diferente. Meu repertório musical sobre as bebedeiras, ou os amores alcoólicos, me alertam do perigo que elas podem me trazer. Às vezes é melhor manter a discrição. Prefiro manter-me isolado dos prazeres da vida boêmia para escrever. Eu posso farrear a noite inteira, desde que tenha condições de acordar cedo no dia seguinte, fazer meus alongamentos e escrever mais páginas para meus livros.

Cinquenta e um anos depois do *Boêmio 72* de Nelson e Adelino, eu sou o *Boêmio 23*: moderno, multifacetado e neurodiverso.

Quem quiser, pode imitar.

Militância isolada: o papel das redes sociais na minha aceitação enquanto pessoa autista

Eu nunca fui muito afim de postar vídeos e fotos minhas. Sempre tive o receio de que meu conteúdo na internet tornasse minha vida demasiado exposta – ou de que alguém interprete mal o que digo. De acordo com meu pensamento catastrófico, seria apenas questão de tempo: logo chegaria uma horda de comentários negativos, ridicularizantes e capacitistas.

Olha o olho esquerdo dele, como é caído.

Detesto me sentir invadido. É por isso que me mantenho quase sempre isolado, tendo contato com poucas pessoas através das redes sociais. Além disso, o *alvo fácil* que comentei em textos anteriores quase me causou problemas sérios. A escrita consistente deste livro permitiu que eu mantivesse minha cabeça ocupada, o que foi terapêutico. A interação social constante, ou o contato visual prolongado me faz sentir invadido: exceto quando me sinto muito à vontade, ou quando a pessoa mantém uma amizade-suporte comigo.

Mas vivemos no século XXI, e ser visto significa ser lembrado. Inclusive há o truque conhecido por pretensos *influencers* e profissionais em publicidade de internet: falar algo absurdo para ganhar repercussão, e logo depois aglomerar seguidores em torno de suas ideias malucas – ou fingir se redimir para alcançar mais público. Se eu falasse absurdos em meus livros, com certeza receberia uma vultosa soma de dinheiro, ou propostas obscenas de tão boas. Mas eu digo apenas a minha verdade, e a verdade não é rentável: ela é somente a verdade. Assim como neste *Manual*, minhas redes sociais falam apenas do que sei e do que vivo. O resto é resto: não subestimo quem me conhece.

Meus valores morais podem ser ultrapassados, mas nunca serão obsoletos.

Durante minha adolescência, gostei da ideia de usar os *blogs* como diários virtuais. Infelizmente, eu não tinha maturidade para escrever de forma profissional. Postava, entre uma coisa e outra, letras de músicas ou crônicas tortas sobre este difícil período de minha vida. Nunca havia ouvido falar sobre as discussões neurodiversas na internet nos anos 2000. Quando criei minha conta no Facebook, em 2013, percebi que o poder da aglomeração da internet era verdadeiro, e que o mundo virtual poderia controlar diversas esferas da vida real. A partir de então, gostei de contar momentos de minha vida de forma literária (para não dizer "ficcional" – definindo que um relato ficcional não precisa necessariamente ser *mentiroso*.) Muito aos poucos, a literatura foi se tornando parte definitiva da minha vida.

Com o tempo, percebi que diversas pessoas tinham a coragem de mostrar o que lhes tornavam peculiares: pessoas soropositivas falavam abertamente sobre a sua condição e o preconceito que recebem; mães solo abordavam o desafio de criar seus filhos numa sociedade machista e misógina. Sobre páginas relacionadas ao meio LGBTQIAPN+ (que na minha época se chamava de GLS – gays, lésbicas e "simpatizantes"[21]), eu não os seguia por medo de ser descoberto na minha sexualidade. Eu sequer sabia o que significavam todas essas letras: achava que era *confusão demais para a minha cabeça*. Até que eu passei a conhecer pessoas que são representadas por todas essas letras.

Existem o orgulho lésbico, o orgulho gay, o orgulho trans, o orgulho *queer*, o orgulho intersexo, o orgulho assexual e o orgulho pan. O sinal de mais (+) significa que outras pessoas que não estão na sigla também

---

[21] Isso parece algo tão arcaico, mas fazem apenas 20 anos! (Nota do autor).

são reconhecidas, incluídas e valorizadas. Mas qual é o problema de se afirmar diante das pessoas na praça virtual? O problema do *bullying*, do linchamento moral, da perseguição, do ódio que recebemos simplesmente por desejar existir da nossa maneira.

Mesmo assim, existem locais da internet em que recebemos muito amor e carinho. Estes espaços de segurança nos permitem fortalecer a autoestima, o afeto conosco mesmos e o orgulho de ser quem se é. Este é meu conceito de *representatividade*: ter alguém parecido para se inspirar e tomar como modelo. Depois de receber o diagnóstico, passei a buscar perfis de pessoas autistas que me inspirassem vida afora. Percebi, então, que muitas delas mostravam coisas que eu tinha vergonha de mostrar.

Vejam como meu olho esquerdo cai depois de uma crise.

A representatividade é um fator extremamente importante para pessoas autistas. A partir dos exemplos que vi pela internet, aprendi a postar meus conteúdos através da arte da imitação – quero dizer que aprendi a falar sobre minhas próprias crises de sensibilidade auditiva, meus hiperfocos, minhas disfunções executivas, e ainda me divertir com isso. Quando vejo o "modelo" de algo que quero fazer, percebo que é muito mais fácil começar, continuar, e mesmo terminar um trabalho. Acho incrível que o Transtorno do Espectro Autista permita que autistas possam imitar uns aos outros, e mesmo assim ter experiências e relatos completamente diferentes uns dos outros. E o mais gostoso nisso é saber que todas as pessoas autistas estão certas em suas vivências.

O que me deixa incomodado, no entanto, é saber que produtores autistas de conteúdo não recebem remuneração. Muitas vezes, o hiperfoco no assunto "autismo" nos impele a escrever e produzir muito, mas não recebemos um centavo sequer pelo árduo trabalho de pesquisa, escrita, edição e publicação. Existem pessoas autistas que trabalham muito, mas precisam de iniciativas do próprio público para continuar fazendo o que fazem (seja por doações espontâneas, vaquinhas, ou o *pix day*). Para mim, talvez, o livro físico seja a melhor forma de trabalhar "espalhando a palavra do autismo". Além de me permitir trabalhar com o tamanho dos textos que eu quiser, o livro não me exige um "calendário de postagens" (que minha disfunção executiva detesta), e terei um produto físico para vender. Mas os autistas precisam muito mais do que doações espontâneas.

Precisamos de espaço para nos profissionalizar e trabalhar no segmento de autismo, ou de nossos hiperfocos particulares. Que tal contratar pessoas autistas para escrever sobre música, sobre variedades, sobre séries de TV, sobre notícias policiais, sobre educação? Muito mais do que doações espontâneas, precisamos de espaço na sociedade, e de uma voz ativa que supere todo o capacitismo. Você não conhece o trabalho de pessoas autistas? Pesquise em várias redes sociais, e você verá.

É por isso que a comunidade autista precisa estar unida.

Para que ouçam o barulho que fazemos de nossas casas.

Rotulado: a importância social de assumir o diagnóstico

Eu tinha medo que o diagnóstico de Transtorno do Espectro Autista colocasse um rótulo em minha testa. O que aconteceu foi exatamente o contrário.

O acesso ao laudo médico em condições de neurodiversidade, em minha opinião, deveria ser garantido por lei. Desconheço as políticas públicas que existem neste aspecto. Inclusive dois fatores são muito importantes para a falta de diagnósticos ditos "precoces", ou seja, realizados na hora certa: o impedimento das famílias de baixa renda ao tratamento psiconeurológico adequado, e o próprio desconhecimento de pais e responsáveis acerca do Transtorno do Espectro Autista. Algumas mães e pais acham que o autismo é uma "doença", uma "coisa feia" ou "loucura". Talvez sintam vergonha de dizer que o filho está diagnosticado, que pode ser considerado uma pessoa "deficiente" (no sentido pejorativo do termo), ou ainda ter vergonha de participar de organizações para pessoas com deficiência.

Ninguém adquire autismo ao longo da vida. Nossa condição neurológica nos acompanha desde o nascimento, o que nos faz pessoas neurodiversas. A dolorosa sensibilidade, acompanhada da dificuldade acerca das interações sociais e dos obstáculos na comunicação, nos trazem uma deficiência social. Não interagimos da mesma maneira que os neurotípicos; isso influi em diversos aspectos da vida, como as nossas relações afetivas, a vida profissional, nossa relação com a família, e também o conhecimento intrapessoal (o que temos acerca de nós mesmos). Acertadamente, a Lei da Pessoa Autista – Berenice Piana (Lei Nº 12.764/2012) considera o indivíduo no Transtorno do Espectro Autista uma pessoa com deficiência para efeitos legais (Art. 1º, parágrafo 2º).

Pessoa com deficiência para efeitos legais. Este trecho da lei garante que as pessoas autistas tenham o mesmo direito das pessoas com outras deficiências, tal como o benefício da fila preferencial. Abordo exaustivamente a questão da fila preferencial porque é um benefício que os autistas no nível 1 de suporte têm certo medo de exigir. Uma pessoa mal informada pode alegar que "um 'jovem forte como esse' quer tomar o lugar de uma pessoa idosa na fila", mas o direito da pessoa autista utilizar a fila, ou os assentos preferenciais, está garantido por lei. Muitas vezes, levei meu laudo médico para o supermercado no caso de eu precisar dar uma "carteirada" de pessoa com deficiência. Felizmente, nunca precisei usá-lo, mas meu pai já exigiu que uma funcionária atendesse o caixa preferencial: ao aguardar na fila, eu estava em situação de pré-crise. Por sorte, fui atendido imediatamente.

Além da fila preferencial para todos os serviços públicos e privados, o laudo médico garante acesso preferencial ao Sistema Único de Saúde – SUS, o acesso ao Benefício de Prestação Continuada (BPC) para autistas de baixa renda, e a Carteira de Identificação da Pessoa no Transtorno do Espectro Autista (CIPTEA), válida em todo o território nacional. É urgente que municípios e estados acelerem a emissão da CIPTEA. A partir dela, os direitos das pessoas autistas finalmente começarão a ser garantidos e respeitados.

Em minha opinião, os critérios de análise para o recebimento do BPC precisam ser reavaliados, no sentido de incluir mais pessoas em seu programa. Infelizmente existe muito capacitismo no que tange à perícia e análise da situação das pessoas com deficiência para receber esta *ajuda de custo* do governo. A insegurança profissional para pessoas no espectro autista é muito alta: autistas nos níveis 2 e 3 de suporte podem não ter autonomia suficiente para ingressar no mercado de trabalho, e autistas no nível 1 de suporte estão expostos a situações de crise que podem ameaçar os seus empregos. É uma triste realidade o fato de que, de uma hora para outra, podemos ficar financeiramente desvalidos. Sem contar o fato do trabalho feito nas redes sociais, que é de utilidade pública, e pelo qual muitos autistas não recebem um centavo. Sabemos que o espectro autista é uma condição neurológica que nos faz gastar muito dinheiro, e autistas que se enquadram para receber o benefício são literalmente *impedidos* de tê-lo – por pura falta de bom-senso. Se um autista olhar nos olhos do perito, comunicar-se com a linguagem falada, ou dizer que trabalha ocasionalmente, ele será excluído do benefício. Como um autista autônomo poderá sustentar a sua casa se não conseguir arrumar os *bicos* que o mantêm? Ele e sua família terão que morar debaixo da ponte? A situação de miséria dessa família atípica não será problema do Estado, que tem o dever de garantir dignidade para os cidadãos com deficiência do país?

O governo brasileiro tem plena condição financeira de cuidar das suas pessoas com deficiência. O que não tem, talvez, é vontade – as prioridades políticas sempre são outras.

O laudo médico serve para nos garantir direitos, mas também para nos explicar o que acontece dentro de nós mesmos. Depois que fui diagnosticado, eu não mudei absolutamente nada na minha personalidade, na minha essência, ou no jeito que me divirto. A mudança apareceu na maneira com que interajo com o mundo: passei a ter vontade de falar mais de mim, de explicar (para os outros e para mim mesmo) como o espectro autista nos dá diferentes lugares de fala, e diversos *lugares de escuta*.

É impossível pensar em *lugar de fala* sem pensar em *lugar de escuta*. Antes de falar, uma criança neurotípica aprende a escutar, a interpretar o seu meio; aprende a identificar as palavras que servem para demonstrar suas necessidades e sentimentos. Mais tarde, em fase escolar, a criança aprende a *gramática* para expressar-se com maior domínio, requinte, ou segurança linguística: por isso que a leitura é fundamental para o desenvolvimento do cérebro. Nós falamos muito do que ouvimos, e muitas de nossas falas são permeadas por conhecimentos ancestrais, idiossincrasias, preconceitos e costumes morais. É preciso sempre identificar o que ouvimos para saber o que estamos falando.

Antes de escrever este livro, precisei aprender o que devia falar, e qual a melhor maneira de comunicar os meus pensamentos. Antes de ocupar o meu *lugar de fala*, eu devia aprender qual era o meu *lugar de escuta*. Eu sou uma pessoa autista que descobriu muito recentemente a sua condição: não sabia que meu hábito de mexer no cabelo, ou de cheirar as mãos constantemente, eram estereotipias próprias do autismo. Não sabia qual era a diferença entre níveis de suporte e, no início da minha jornada, achava que a comunidade ia me achar *normalzinho demais para ser autista*. Hoje, disponho o meu conhecimento para criar um *Manual* em que toda a comunidade está convidada a participar, e se incluir. O diagnóstico do Transtorno do Espectro Autista me uniu a milhões de pessoas no meu país, e também no mundo inteiro. Nunca desejei ser um "representante" da minha comunidade: ao contrário! Sinto que devo conhecer o máximo de pessoas autistas que eu puder. Só poderia ser um "porta-voz da comunidade autista" quando soubesse falar do autismo de cada pessoa do mundo com propriedade – o que é impossível...

É por isso que precisamos buscar o direito de todas as crianças, adolescentes, adultos e idosos de obterem o seu diagnóstico. Que as pessoas autistas tenham a felicidade e a liberdade de falar sobre si mesmas, e de se assumir neurodiversas em todos os momentos, desde o seu nascimento até o fim de suas existências. Não são apenas os autistas com condições financeiras que merecem ter a explicação de suas vidas: toda pessoa no espectro tem o direito de saber como seu corpo e sua mente funcionam. Saber a verdade do diagnóstico nos inclui em uma comunidade incrivelmente diversa e criativa, acalma o coração e nos tira a sensação de que somos pessoas "esquisitas". Esquisito, por sua vez, é quem não entende que o mundo está mudando para melhor.

Desde que recebi o diagnóstico, ganhei uma saúde de ferro. Minha autoestima não me deixou pegar nem resfriado.

O Enigma de Si: o benefício da psicanálise para um autista (e a polêmica das terapias)

Fazer psicanálise é como ter dinheiro para comprar apenas a passagem de ida.

Quando procurei meu analista para buscar a terapia psicanalítica no fim de 2015, pensava em solucionar o meu "problema da gagueira". Minha questão na época era social: queria me livrar daquele incômodo que tinha quando conversava com qualquer pessoa, ou entender o mal-estar de quando eu era olhado nos olhos. Após o início das sessões, percebi que havia uma dezena de outros problemas a serem resolvidos – e mais urgentes do que a gagueira. Gaguejar era apenas um sintoma de algo muito profundo. Na época, ambos (meu psicanalista e eu) não sabíamos do diagnóstico do autismo. Eu era apenas um livre pensador, com uma mente de carro de Fórmula 1. O problema não era exatamente o meu pensamento, mas como controlar a sua fúria.

2016 foi um dos anos cruciais em minha vida. Nesta época, eu me permiti sair do emprego que me dava estabilidade para evoluir o meu talento artístico na marra. Foi uma atitude muito arriscada, embora fosse também prazerosa. O desejo de *viver de arte* me atraía, embora eu não soubesse o que isso significava. Eu não sabia como poderia viver de minhas músicas, de meus livros ou de meu trabalho como palestrante: eu apenas tinha intuição de que, mais cedo ou mais tarde, eu chegaria lá. Contudo, minha imaturidade artística e intelectual me faziam engatinhar entre os diversos sonhos que eu tinha. O perfeccionismo e a disfunção executiva de não saber como começar minha carreira literária roubaram o vigor literário da juventude. Minha primeira obra publicada está indelevelmente marcada pela maturidade da vida – o que não deve ser tão ruim, penso eu[22].

Já fiz tratamento psicanalítico, e também terapia comportamental. Gostei das duas abordagens, mas sinto que a terapia psicanalítica se aproxima melhor de meu pensamento particular. Tenho paixão por criar mapas arqueológicos, compreender quais são os meus gatilhos inconscientes, fazer conexões entre ideias aparentemente opostas, entender os fluxos de minha libido; ou seja, mergulhar e redescobrir a imensidão que há dentro de mim. Através da psicanálise, encontrei o método para desenvolver o meu primeiro romance. A terapia comportamental, por sua vez, é muito útil para romper pensamentos rígidos e criar novos padrões de ação. Enquanto a terapia psicanalítica tinha interesse sobre como eu escrevia, quais assuntos permeavam meus textos e qual era a relação com meus pais, a terapia comportamental focava na necessidade de não escrever tanto, ou não ser tão metódico assim.

Precisei criar um método para deixar de ser metódico.

A terapia comportamental é útil na diminuição da hipersensibilidade. Mesmo que vejamos certas indicações em sites especializados, sempre precisamos de um apoio profissional para realizar qualquer tipo de atividade terapêutica. Certa vez, li na internet que era possível acostumar-se a sons irritantes através da exposição controlada. Como desenvolvi pânico de latidos (devido à falta de cuidado da minha antiga vizinhança), decidi procurar sons de latidos e colocar em meu fone de ouvido enquanto ouvia música. Não deu outra: eu mesmo me provoquei uma crise. Como não tinha apoio profissional para me controlar, passei por alguns minutos de terror. Gastei o resto do dia para me recuperar do susto. Foi aí que percebi que toda intervenção precisa de acompanhamento *profissional*. Quando

---

[22] A revisão mostrou que eu estava completamente enganado ao escrever sobre "maturidade" aos 30 anos de vida. (Nota do autor).

não são feitas corretamente, atividades ditas "terapêuticas" podem fazer muito mais mal do que bem.

Não abordarei nenhum tipo de terapia específica para autistas, como o famoso método ABA, ou similares. Eu sou um autista com diagnóstico na idade adulta: não tive condição de receber intervenções terapêuticas adequadas na minha infância. Mesmo que pesquisasse sobre o método, não recebi nenhum tipo de tratamento com ele. Ouvi dizer que o método ABA é uma terapia proveitosa para crianças autistas, mas não me arrisco a dizer nada a favor, ou contra. Tão importante quanto a terapia é a *especialização do profissional dentro dos conceitos do Espectro Autista*, as técnicas de que se vale para realizar a terapia, e o progresso que o paciente apresenta. Eu não conheço o método ABA pessoalmente, mas sei com certeza que ele não é feito de qualquer jeito. Nem tudo o que é novidade na internet é método ABA.

Tenha muito cuidado com pessoas que se apresentam como terapeutas especialistas em autismo e apresentam ideias estapafúrdias como "autismo virtual", "autismo causado por vacinas", "epidemia de autismo", a famosa "cura do autismo" ou "retirar pessoas do espectro" – a qual eu apelido de *bota-fora do autismo*.

É impossível se curar de algo que não é uma doença. Ninguém se cura de nascer com braços e pernas, por possuir um QI elevado, ou por nascer com deficiência intelectual. É possível se curar de uma gripe, de uma infecção alimentar, de um estresse pós-traumático (como eu mesmo me curei de um EPT), ou ainda de uma doença pior: a ignorância. Condições congênitas nos acompanharão por toda a vida, mas ainda existe quem acredita na possibilidade de "ser imune à epidemia de autismo".

E o que podemos fazer sobre a *pandemia de capacitismo*? Qual é a vacina para o vírus inconveniente do curandeirismo barato, do charlatanismo e do golpismo escancarado?

É importante falar não somente sobre a importância da terapia para a pessoa autista, mas também para as pessoas que convivem com a pessoa autista. Mães, pais e responsáveis de pessoas autistas também precisam ter sua saúde mental preservada. Professores dos Ensinos Fundamental e Médio precisam de acompanhamento psicológico para dar conta da altíssima demanda mental a que são submetidos. Muitas vezes, os profissionais nas linhas de frente da Educação recebem alunos com um único recado: "Cuide dele". Não consigo mensurar o estresse de dar aulas e lidar com uma, duas, ou mais pessoas neurodiversas em uma sala majoritariamente neurotípica. Frequentemente as pessoas autistas ficam em estado de crise quando colegas de sala não respeitam as suas necessidades, o que estressa ainda mais esses profissionais. Muitas vezes, professores são capazes de identificar déficits específicos de aprendizagem ou de comportamento, o que pode auxiliar os profissionais de Saúde a diagnosticar o Transtorno do Espectro Autista ou outras neurodiversidades naquela pessoa.

Por que não existe um diálogo sincero entre pais, professores e médicos?

Digo com certeza, e com experiência. Psicólogos, psicanalistas e psiquiatras não são "médicos para loucos". Ao contrário: precisamos desses profissionais para não surtar. Se cuidamos de uma pessoa autista de forma contínua, é preciso também cuidar de nossos âmbitos psicológico e emocional. Graças à terapia psicanalítica, estou desenvolvendo uma carreira profissional que me dará prazer na vida: ser escritor. Não fosse este mergulho em mim mesmo e eu estaria completamente infeliz digitando relatórios, embora tendo mais dinheiro. Antes de questionar se estar em tratamento com um psicólogo ou psiquiatra é "loucura", precisamos analisar se nossa maneira de viver pode nos levar à loucura.

Além disso, o que é *loucura*?

Eu tinha preconceito de tomar remédios psicotrópicos. Achava que os medicamentos me fariam viver num mundo "colorido", onde eu ficaria dopado e completamente alienado da realidade. Meu coração se parte ao confessar que, antes de receber meu diagnóstico, eu achava que remédios psicotrópicos ou antidepressivos eram *coisa de gente maluquinha*. Quando comecei a fazer meu tratamento, percebi que o remédio me devolveu a sanidade e a alegria de viver. Este livro se deve também aos comprimidos que tomei toda manhã, logo após acordar. Se não fosse o medicamento, eu estaria em plena incapacidade mental de escrever: estaria doente, em contínuas crises de pânico e estresse pós-traumático, achando que seria atropelado ou sequestrado ao sair de casa. Uma vida em pânico não merece ser vivida por ninguém. É preciso que haja saúde mental para todos: pessoas autistas, mães e pais, responsáveis, profissionais, e neurotípicos que convivem com pessoas no espectro.

Um último conselho de amigo.

Cuidado quando as terapias não trazem benefício concreto para você, ou para sua pessoa autista. Cuidado com "profissionais" que tratam você ou sua pessoa autista com violência, truculência, ou como se nós autistas fôssemos *débeis*: perdoe a violência do termo. Cuidado com "profissionais" que emitem opiniões diversas da ciência, da comunidade autista, da Organização Mundial da Saúde e dos maiores especialistas sobre autismo. Cuidado com os charlatões que existem por aí: graças ao nosso empoderamento, a tendência é que eles tentem aproveitar a oportunidade. Eu, pessoa autista, entendo que a avalanche de diagnósticos é uma reparação histórica a todo o silêncio que fomos obrigados a engolir. Um charlatão qualquer, por sua vez, considera que a "epidemia de autismo" pode ser uma grande chance de ganhar dinheiro e melhorar os lucros: é só dizer o que as pessoas querem ouvir.

A Psicanálise me ensinou a escutar e respeitar os sentimentos que eu não queria ouvir em mim mesmo. Foi duro, mas libertador. Não tenho nenhuma saudade do Henrique Vitorino antigo, o sofredor perfeccionista que não sabia escrever. Hoje escrevo o que me vem à mente, e sem o menor medo de errar. É uma pena que não posso cumprimentar Sigmund Freud pessoalmente pela sua invenção revolucionária: fica a homenagem.

Fazer psicanálise é como ter dinheiro para comprar apenas a passagem de ida – para o destino dos seus sonhos.

Vil metal: a tensa relação entre o dinheiro e o autismo

Texto elaborado com a parceria de Alberto Luiz Teixeira, economista autista e meu melhor amigo-suporte

Abordarei neste texto um dos maiores assuntos-tabu nas discussões da comunidade autista: *o dinheiro*. Não vou tratar sobre a dificuldade que algumas pessoas autistas têm de manusear ou lidar com dinheiro (a discalculia), pois o assunto é melhor explicado pelos profissionais de Educação. O que quero falar aqui é o impacto que o dinheiro, ou a falta dele, pode causar em nossa vida como pessoas no espectro.

O autismo é uma condição neurológica que nos faz gastar bastante: terapias, medicamentos, necessidades de adaptação e acessibilidade (cobertores sensoriais, roupas de compressão, *stim toys*, alimentos que não causam seletividade, objetos de hiperfoco ou de interesse específico, materiais de estudo, isolantes acústicos). Todos esses itens custam dinheiro. Pela falta de demanda em larga escala, acabamos por pagar muito mais por todas essas especificidades. O acesso a esses itens define muito de nossa qualidade de vida. Se eu sou um autista com sensibilidade olfativa e tenho acesso a cremes hidratantes, xampus e condicionadores sem fragrância, isso pode não fazer muita diferença. Para um autista que não tem condições de comprar estes produtos, a hora do banho torna-se um verdadeiro tormento.

Direi de forma clara e direta para que essa injustiça fique patente: existe um abismo entre a vida dos autistas com boas condições financeiras, a dos autistas empobrecidos, e a dos autistas na linha da miséria. A concepção romantizada do autismo, infelizmente, concentra-se nas matizes abastadas do espectro. Por sua vez, uma pessoa autista que é arrimo de família não tem o acesso às terapias psicológicas que lhe darão controle mental diante de uma crise. Para ela, terapia constante e acesso a medicamentos são considerados "luxo": não um *direito* que deveria ser assegurado e garantido por lei.

Dinheiro nunca foi problema no capitalismo: ele sempre foi solução. Mas como poderemos solucionar nossa vida se não temos acesso a ele?

Como se não bastasse, os autistas brasileiros são obrigados a respirar fundo para não surtar: a pessoa com deficiência não tem um dia de paz nesse país.

As pessoas autistas que conseguem ser "produtivas" (ou seja, se normatizar ao modo neurotípico ao custo de crises constantes) têm a oportunidade de conseguir seu sustento. Já as pessoas nos níveis 2 e 3 de suporte, ou as de nível 1 que não escondem suas estereotipias, são naturalmente descartadas em uma entrevista de emprego. Isso é puro preconceito. Cheguei a ouvir de empregadores a seguinte frase:

— *Sabe como é... É que colocar essas pessoas para trabalhar sempre dá problema.*

Neste caso, qual é o problema? Seria a pessoa exigir seus direitos?

Em pleno século XXI, o mercado de trabalho ainda não está preparado para acolher e integrar as pessoas autistas. Essa constatação é óbvia, porém necessária: é o Mercado que deve se humanizar e criar oportunidades para as pessoas neurodiversas, e não as pessoas mudarem o que são para se integrar à maioria neurotípica. Apesar de nossas especificidades (como a opção pelo trabalho individual, ou pelo *home office*; a necessidade de ter proteção visual ou auricular; ter horários de trabalho diferenciados, etc), temos muito a contribuir com a sociedade. Existem algumas ações que acontecem na iniciativa privada, mas ainda são restritas ao público altamente especializado. É preciso que mais vagas de trabalho sejam abertas para as pessoas autistas em todos os níveis de suporte.

Para as pessoas autistas que não conseguem trabalhar de maneira formal, o Benefício de Prestação Continuada (BPC) não é um benefício garantido.

Muitas vezes, a própria perícia do BPC acontece em um caráter desrespeitoso e capacitista. Ao menor sinal de que a pessoa autista possui autonomia (ou até mesmo conversar fluentemente com o perito), ela é excluída do benefício. Acontece que o BPC não é esmola, tampouco uma doação de dinheiro para "inválidos". Eu compreendo que o BPC é uma forma de auxiliar as pessoas com deficiência e suas famílias a cobrir seus gastos com profissionais e adaptações que lhe darão qualidade de vida (neurologia, psiquiatria, psicologia, fonoaudiologia, fisioterapia, entre outras especialidades), os gastos com suas necessidades sensoriais, e os gastos com medicamentos.

Mas existem remédios cuja dose custa um salário mínimo.

Se a verba do BPC não é destinada para as pessoas com deficiência, eu realmente gostaria de saber para onde ela vai.

Falo especificamente sobre autismo pelo fato de o *Manual do Infinito* ser um livro que aborda o Espectro Autista, mas eu me uno às vozes de todas as pessoas com deficiência do país. O Brasil tem plena condição financeira de cuidar de suas PCDs – e as autistas estão incluídas aqui. Temos a oportunidade de dispor e utilizar o SUS, o maior sistema público de saúde do mundo. O que acontece é que o SUS não é equipado como deveria. A população em geral se lembra do SUS apenas quando tem alguma necessidade médica, e não fiscaliza as ações das autoridades sobre o assunto. Como não existe vontade da população, o país empurra a situação com a barriga. No caso do autismo, o acesso prioritário é garantido por lei. Mas o que faremos se continuarmos com medo de reivindicar nossos direitos? O que será de nós se não tivermos atendimento psicológico e psiquiátrico especializado para autistas na rede pública de saúde?

Talvez os autistas e pais de autistas abastados não saibam. Os autistas de classes empobrecidas, ou na linha da miséria, não têm condições de sequer ter uma consulta com um psicólogo, ou ao menos comprar uma cartela de comprimidos para aliviar suas crises. A condição financeira confortável não deve ser um obstáculo para a cobrança política de uma sociedade mais justa.

Os autistas que produzem conteúdo na internet são constantemente ajudados por seu público com iniciativas de doação: o *pix day* ou a *vaquinha online* são as mais conhecidas. Mesmo assim, acho muito difícil viver de doações. Justo seria que as produtoras e os produtores autistas de conteúdo sobre autismo que não trabalham formalmente pudessem ter um estímulo financeiro com mais constância. É importante lembrar que receber o salário por seu trabalho é justo, e traz dignidade a quem trabalha. Se não temos como trabalhar no mercado formal, se formos impedidos de receber o benefício que nos cabe, e se não tivermos doações suficientes, estaremos à míngua. Como é possível perceber, não se mata uma população apenas com fuzis: a falta de acesso a direitos básicos também pode fazer uma parte da população perecer.

Os incautos, é claro, dirão que minha bandeira é partidária. Não necessariamente.

Acho injusto que eu, um homem autista cisgênero, branco e com ensino superior completo, tenha mais direitos sociais que uma mulher autista preta, transgênero, e moradora de uma comunidade. Reconheço que ter um computador com acesso à internet não é um benefício presente na vida de todas as pessoas autistas. Dedicar-me por um ano e um mês para escrever um livro não foi só força de vontade: eu pude abdicar de alguns trabalhos que me roubariam tempo de escrever. O impacto financeiro por dar menos aulas não me foi tão insuportável a curto prazo. Por outro lado, há pessoas autistas que não podem deixar o seu trabalho insalubre, visto que passariam fome, ou ficariam em situação de calçada. Essa injustiça não deixa o meu coração em paz. Meu autismo é político no intuito de criar estratégias para dar qualidade de vida a todas as pessoas autistas, junto de suas famílias.

Que pessoas autistas possam utilizar a internet para se reunir e criar fóruns de discussão sobre trabalho e emprego, além de formalizar um canal de denúncias contra abusos em seus ambientes profissionais. Convido os canais de imprensa locais, assim como os de grande porte, a conhecer o trabalho e a produção de conteúdo de pessoas autistas. Existem iniciativas que estão florescendo, como revistas especializadas em autismo, que são elaboradas e mantidas unicamente por pessoas autistas.

No início, parecia impossível. No caminho, teremos dificuldades. No fim, toda luta valerá a pena. Nossos filhos, sobrinhos e netos autistas merecem um mundo muito melhor que o nosso. É justo vivermos num país em que exercer cidadania sempre é *brigar por nossos direitos*?

Quando você sair da terapia, ou quando tomar o seu remédio, lembre-se de quem não tem nada disso porque não consegue pagar.

Amizades de suporte: pessoas que transcendem o espectro

Devotei-me à impossível missão de explicar racionalmente o que não acontece pela razão. O que seria uma *amizade de suporte*? Por que ela é tão importante na vida de uma pessoa autista? Qual é o modo de chegar a essa amizade intensa com quem é autista? Como que alguém no espectro pode criar uma amizade tão profunda?

Antes de tudo, é necessário dizer que sei apenas a primeira resposta. De resto, esboçarei alguns padrões possíveis para as minhas amizades-suportes. Precisarei novamente utilizar a mim mesmo como objeto de estudo.

Adianto que uma *amizade-suporte* não é uma amizade qualquer. Essa belíssima forma de relação faz com que uma pessoa autista possa vencer algumas das grandes dificuldades que o espectro lhe impõe. Costumo dizer que uma *amizade-suporte* pode nos fazer ir além de nós mesmos. Se nós autistas temos dificuldade em conviver com muitas pessoas, as amizades-suporte são aquelas que conseguem nos convencer, aconselhar, proteger, cuidar e se aproximar sem nos causar medo, ou cansaço.

Pela primeira vez vou arriscar um conceito generalizado neste livro: *pessoas autistas sentem o medo de forma muito mais intensa que uma pessoa neurotípica*. Talvez eu diga isso porque me considero uma pessoa medrosa, mas tenho indícios de que não sou o único que se sente assim. Os estímulos sensoriais são naturalmente mais intensos em autistas; barulhos, cheiros, texturas ou imagens consideradas "comuns" podem causar pânico em pessoas no espectro. Passamos a ser arredios quando nos acostumamos a viver em alerta constante. Na questão social, o contato com pessoas que não respeitam as nossas necessidades deixa tudo ainda mais difícil – principalmente quando somos alvos de violência. Na internet, existe gente que se aproxima de pessoas autistas por uma curiosidade depreciativa, para alimentar seus preconceitos, ou o pior: para nos ofender quando ouvem o que não querem. Todos estes *reforços negativos* (como afirma a psicologia comportamental) fazem com que a pessoa autista retraia o seu convívio social em qualquer situação, em qualquer nível do espectro.

Até que conhecemos alguém que pode nos compreender, e nos respeitar da maneira que nós somos. Construímos relação com alguém que nos dá segurança, que consegue encontrar a palavra, ou a ação certa para acalmar uma crise, ou que nos deixa fazer carinho o quanto quisermos. Esse alguém não se importa em dividir o seu tempo conosco, seja por cinco minutos, ou por três horas. Podemos gostar e amar essa pessoa da forma mais intensa possível, e ela não fará questão de estranhar. Essa pessoa é uma *amizade-suporte*. Uma amizade-suporte pode ser autista ou neurotípica, possuir qualquer idade, ser de qualquer gênero ou morar em qualquer lugar. Amizades-suporte não precisam ser necessariamente nossos pais, responsáveis, ou alguém da nossa família, embora também possa acontecer. Não existe regra para os assuntos do coração.

Neste *Manual*, criei também o conceito da *amizade de hiperfoco*: pessoas que têm paciência quando estou hiperfocado em algo. Para as amizades de hiperfoco, prefiro selecionar unicamente pessoas autistas. O motivo é óbvio: autistas terão muito mais facilidade de me entender quando estou precisando falar somente de um assunto por horas seguidas. Meus interesses específicos podem ser os mais variados possíveis: uma pessoa, um tema que abordarei no livro, meu romance literário ou afetivo, questões de minha vida particular, etc. As amizades de hiperfoco são aquelas que aguentam dividir comigo duas, três, quatro horas, ou a madrugada inteira de conversa. Há também um detalhe: a amizade de hiperfoco precisa tanto falar quanto ouvir.

Não estamos em um confessionário, afinal. E ninguém é obrigado somente a ouvir: cada um possui suas próprias boas histórias.

Para minhas amizades-suporte, prefiro eleger pessoas neurotípicas. (Serei irônico: alguns autistas podem se arrepiar...) O motivo é simples: gosto de ver o mundo pelos olhos de quem é diferente de mim. É comum que eu traga pessoas de fora da família para ser minhas amizades de suporte. Meus pais, pessoas que amo do fundo do coração e que são extremamente importantes para mim, não ocupam esse lugar de "amigos", ou de amizades-suporte. Minha mãe oferece o seu maravilhoso suporte materno, meu pai oferece o seu poderoso suporte paterno; uma amizade-suporte, por sua vez, é diferente do apoio dos pais.

Como definir uma amizade-suporte? Não sei. Reconheço, no entanto, a importância de minhas amizades-suporte em meu convívio social. Sinto muito conforto quando consigo segurar no braço dos meus amigos-suporte ao andar pela rua. Quando demoro a encontrar um deles, fico num estado de pré-crise pelo excesso de excitação; para me acalmar, preciso segurar seus polegares. Percebi neste momento que quase a totalidade de meus amigos-suporte são homens cisgênero: é algo a se pensar. Desde muito pequeno, consigo ficar mais à vontade entre homens do que entre mulheres, mas não tenho este comportamento por preconceito. Certa vez, minha amiga Bruna Gabrille aliviou meu coração: "Preferir ter amizades com homens é algo de seu gosto, mas o mais importante é que você tem muito respeito pelas mulheres, e desconstrói os discursos machistas que estão ao seu redor". De fato, me sinto mais à vontade entre homens; isso, porém, não pode me fazer concordar com o machismo e a misoginia. Ainda não tive a experiência de conhecer uma mulher, ou uma pessoa trans ao ponto de se transformar em uma amizade-suporte: espero ter essa oportunidade em breve.

Um item importante: pessoas autistas *precisam* e *devem* ter amizades com pessoas de fora do círculo familiar, mesmo que precisem de acompanhamento constante. Se uma garota autista tem seu convívio restrito somente a pessoas que moram em sua casa, ela viverá em um regime fechado, quase numa prisão. Pessoas autistas diferentes nos trazem diversas perspectivas, diversos olhares, além de nos ajudar a questionar a nossa própria existência. Ganhei um grande amigo de hiperfoco através do contato pela internet, e seus questionamentos foram fundamentais para que eu conseguisse escrever este livro. Agradeço a ele de coração.

Acontece que muitas famílias querem impedir exatamente isso: que seus filhos autistas sejam independentes e ganhem o mundo.

As amizades-suporte nos ajudam a crescer e ganhar independência, mesmo que não seja isso o que queremos. Tenho o hábito de ter poucos amigos-suporte e desenvolver extremo apego a eles (graças à minha hiperempatia). Alguns dos meus amigos-suporte, sabendo da minha dificuldade de me separar deles, precisam dizer claramente: "Henrique, agora não é hora de conversar. Podemos falar depois?". Outros precisam ser mais enérgicos comigo e me forçar a mandar aquele vídeo para o teste de elenco de uma nova peça, gravar um novo vídeo, ou escrever um livro. O *Manual do Infinito* é o pagamento de uma dívida que contraí com um grande amigo há quase dez anos. Em 2014, eu disse a ele que escreveria e lhe daria um livro; minha disfunção executiva e meu perfeccionismo, por sua vez, me atrapalharam até fevereiro de 2023! Somente agora entreguei-lhe o original e pude dizer: *aqui está, meu caríssimo amigo, o livro que criei. Obrigado por acreditar em mim, e por esperar pacientemente.* Eu me sinto aliviado.

Quem disse que autistas são pessoas isoladas? Somente não estamos conectados da maneira neurotípica: nossa conexão de amizade é sem fio.

Quer descobrir quem são suas amizades-suporte? São as pessoas para quem você ligaria em duas situações: durante uma crise sensorial, e para avisar que você ganhou o maior prêmio da loteria.

O que o autismo uniu, ninguém separe: cônjuges como suportes (ou não)

Num texto anterior, eu relatei o básico da vida do autista solteiro. Embora ainda não tenha vivido essa experiência, desejo apoiar-me nas minhas vivências, entrevistas e estudos para abordar como é a vida de um autista casado.

A vida de namoro é bem diferente da vida do matrimônio. Numa vida a dois, é necessário que ambas as partes tenham maior disponibilidade, paciência, afeto, carinho e compreensão. No caso de uma pessoa autista, ou de duas pessoas autistas que se casam, é preciso ainda mais resiliência.

Este não é um alerta, ou um pedido de reconsideração para quem deseja se casar com uma pessoa autista: ao contrário! Casar-se com uma pessoa autista é uma experiência incrível de amor, compromisso e paixão. O que realmente desejo é desconstruir os mitos que existem acerca do casamento entre uma pessoa neurotípica e uma pessoa autista, ou entre duas pessoas autistas.

[Nem preciso dizer que este texto vale para todos os tipos de famílias, e não apenas para os casais heterossexuais.]

Primeiro mito: o cônjuge do autista não é o seu cuidador.
É fato que o cônjuge pode ter importância fundamental na vida da pessoa autista no que se refere ao suporte social, ou sensorial. É muito comum que uma relação amorosa nasça de uma amizade-suporte, inclusive. O

que não se pode aceitar, por sua vez, é obrigar o cônjuge a "cuidar" de sua pessoa autista pelo resto da vida.

A obrigação de proteger a pessoa autista vem primeiramente da família, e depois do Estado. Penso de maneira diferente: o que pode existir entre cônjuges é um *compartilhamento de tarefas*. Desde a infância, é muito comum que familiares evitem se aproximar da criança autista e de seus pais. Já vi casos absurdos de pais de autistas sendo julgados ao precisar ir embora mais cedo de uma festa, por exemplo. Muitas pessoas dizem acolher as pessoas autistas da maneira que elas são, mas não fazem o mínimo para aliviar o peso que os pais (e mais especificamente *a mãe atípica*) carregam todos os dias. Existem pais e mães que não podem trabalhar para cuidar de seus filhos autistas, o que lhes impõe uma situação financeira muito delicada. Quando a pessoa autista fica independente e consegue se casar, o que parece haver é uma *transferência de tarefas* da família biológica para o cônjuge.

É certo que uma relação assim está fadada a se desgastar. No caso de relacionamentos entre autistas e neurotípicos, isso pode acontecer com ainda mais facilidade. Não à toa, temos dificuldade em iniciar e manter relacionamentos amorosos – embora existam casos muito bem-sucedidos. Mesmo assim, podemos perder a pessoa certa unicamente porque somos levados a manter uma relação de *dependência*, e não de amor, com nosso cônjuge.

Ninguém suporta trabalhar 24h por dia sem surtar. Neste caso, também precisaríamos abordar o trabalho doméstico que quase sempre recai na responsabilidade das mulheres, mas este é assunto para um outro texto.

O que se espera de um cônjuge ou pretendente de uma pessoa autista é que possa compreendê-la, apoiá-la, não tolhê-la, dar-lhe suporte emocional e social, e criar um ambiente onde as duas partes possam viver seu amor. Atuar como cuidador é digno e honesto, mas a relação entre namorados e cônjuges deve ser amorosa: não paternal, ou maternal.

Segundo mito: não é só a pessoa autista que precisa de cuidado.

Em textos anteriores, abordei sobre a necessidade de a pessoa autista ser acompanhada por profissionais de Psicologia ou Psiquiatria, e que isso não é um luxo – e sim um direito que deveria ser assegurado por lei. Aqui, quero falar sobre como o cônjuge também precisa pensar um tanto em si mesmo e saber se cuidar.

Apesar de o cônjuge não ser cuidador, muitas vezes essa realidade é a que acontece. Casais com filhos precisam de ainda mais energia emocional: o lado neurotípico da relação precisa acalmar a crise da pessoa autista devido ao choro do bebê, que está com dor de barriga e precisa se hidratar com rapidez. Tudo isso gera desgaste emocional que, de uma hora para outra, pode pôr fim em uma relação. O cônjuge de uma pessoa autista também precisa tirar um tempo para si, ter os seus próprios gostos, cuidar de seu corpo e de sua mente.

Já ouvi casos de cônjuges neurotípicos casados com autistas que disseram sofrer com a solidão. Neste caso, é algo mais complicado: a necessidade de estar sozinho depende de cada pessoa autista, e também de cada ocasião. Quando nós autistas estamos estafados, temos a tendência natural de nos isolar: pelo menos é o que acontece comigo. Talvez a pessoa autista não queira admitir que está cansada para "poupar" o cônjuge de se entristecer. A sabedoria é fundamental para saber diferenciar cada caso.

No texto "O que o povo gosta: vivências e descobertas da sexualidade autista" (II, 13), o relato da pessoa autista K. J. mostra que ela encontrou um grande suporte emocional em seu cônjuge. Ela teve a bênção de encontrar quem a ama do jeito que ela é, mesmo diante de crises de pânico durante o carinho físico, ou numa relação sexual. K. J. me contou que, quando dormia com seu esposo, acordava aos berros e o empurrava para fora da cama. Mesmo assim, seu cônjuge não mudou nem um pouco de seu amor por ela. E se K. J. continuasse a buscar pessoas para relacionamentos tóxicos e abusivos? E se o cônjuge de K. J. decidisse abandonar a relação, dizendo que "não iria se meter com gente maluca"? Ambas as partes tiveram grande desprendimento amoroso, além de cuidado psicológico constante.

Somente a terapia psicológica pode nos ajudar a fazer mudanças profundas e drásticas desse porte.

Terceiro mito: autistas são incapazes de gerar e criar seus filhos.

Existem mães e pais que desejam medicar seus filhos autistas para impedir-lhes de sentir desejo sexual. Isso, sim, deveria estar em debate.

O Transtorno do Espectro Autista não é uma condição que impede uma pessoa de ter uma vida afetiva de acordo com a sua natureza: sexual, assexual, romântica ou arromântica. O autismo nunca impediu alguém de se apaixonar. Algumas pessoas autistas se apaixonam com mais frequência que o normal, inclusive. Minha condição neurológica não me impediu de vivenciar minha própria sexualidade, embora eu tenha maior tendência em realizá-la sozinho do que acompanhado. É preciso dizer ainda que a *masturbação solo* é uma forma de vivenciar a própria sexualidade quando não se deseja dividi-la com alguém.

O que não se pode pensar é que autistas são incapazes de ser mães e pais, inclusive biológicos.

É claro que pessoas autistas podem ter mais dificuldade em alguns quesitos, tais como a necessidade de socialização da criança *versus* a falta de habilidade social do autismo; o controle de crises sensoriais e emocionais frente a acidentes, ou problemas de saúde que a criança possa ter; ou diante de uma crise de choro da criança. Mesmo assim, vejo relatos de mães e pais autistas que são apaixonados por seus filhos, e que constantemente enfrentam suas próprias limitações para educar-lhes com o que há de melhor. Sou incapaz de imaginar uma pessoa autista maltratando seu filho, ou lhe dando uma punição desproporcional ao seu erro. Os erros de mães e pais atípicos, inclusive, quase sempre são feitos na tentativa de acertar,

Como não sou pai adotivo, e tampouco biológico, gostaria de trazer uma situação que vivi com minha pequena sobrinha. Na noite da véspera de Natal de 2021, eu tive crise sensorial por conta dos fogos de artifício (que quase todo autista tem). Minha sobrinha, então com apenas seis meses, também se assustou com o barulho e começou a chorar. Tive que ser conduzido por minha irmã até o seu quarto, que estava escuro. Depois de me socorrer, minha irmã foi acudir sua filha. Com protetor auricular, deitado na cama e chorando, ouvi minha irmã chegar com a bebê. Tirei meu protetor auricular. Mesmo durante a crise, consegui me levantar e ir até onde minha sobrinha estava.

Olha o tio, meu amor! Olha como o tio fica feio com esse negócio gigante nos ouvidos! O tio também está em crise, mas já vai passar, eu prometo!

Minha sobrinha sorriu com os olhinhos cheios de lágrimas. Aquilo foi o suficiente para me fazer suportar a crise, e agradar minha sobrinha até ela dormir. Somente depois disso, voltei a ter a descarga de hormônios que o meu corpo pedia. A crise sensorial esperou a minha sobrinha dormir para voltar a me afligir.

Se eu fui capaz de aguentar uma crise sensorial aguda por causa de minha sobrinha, o que eu não faria por meus filhos adotivos?

Todos nós temos a liberdade de criar raízes em quem nos quer bem.

Meu Garoto: a família que o espectro me deu

Tenho um hábito peculiar quando sinto muito amor por alguém: costumo convidar a pessoa para fazer parte da minha família.

Aprendi este afeto com meu saudoso avô. Em 2013, logo que nos conhecemos, Vovô costumava repetir aos quatro ventos: "Vou contar para a minha família que ganhei um novo neto." Talvez seja estranho dizer que conheci meu avô aos 22 anos, mas a história é mais simples do que pode parecer. Quando eu conheci Seu Antonio, eu era seu professor; nossa amizade e aproximação, no entanto, foi imediata. Ao perceber que aprendeu a dominar rapidamente as funções do computador que operava, Vovô foi enfático:

Vou contar para a minha família que ganhei um novo neto.

Eu não pude conhecer nem brincar com meus dois avôs biológicos: ambos faleceram antes de eu nascer. Deste modo, eu sempre senti falta do convívio masculino com alguém de mais idade – uma tendência natural de meu autismo. Quando Seu Antonio me acolheu com todo aquele carinho, pensei que era a hora certa de *eu aprender a ser neto.* Como filho obediente, aprendi a me aconchegar em seus braços, a lhe dar carinho e a conversar sem dizer palavra alguma, apenas com o olhar.

Antonio e eu ficamos cada dia mais próximos. Com o passar do tempo, comecei a fazer macarronadas em sua casa (as minhas primeiras, que ficavam moles ou ácidas demais). Vovô nunca reclamou de meus dotes culinários duvidosos. Antes, me convidava para ir sempre à sua casa. Criamos o costume de passear juntos, e apresentar os nossos lugares preferidos um ao outro: Vovô me apresentou o centro histórico de São Paulo, e eu lhe conduzi até a pulsante e rica Zona Oeste. Cheguei a passar noites na casa de Vovô, e ele veio dormir na casa dos meus pais. Se eu fosse contar toda a minha amizade com Vovô, teria que escrever um livro unicamente para isso.

As experiências que tive com Vovô Antonio, com meu tio Nelson e meu tio Orlando ficarão sempre gravadas em minha memória. Todos eles são familiares que ganhei pelo coração: Tio Nelson tinha um jeito silencioso e quieto que muito me atraía; Vovô era a pessoa que conseguia me proteger a ponto de encarar o mundo sem medo; Tio Orlando é um dos maiores inspiradores da minha arte literária – ele mesmo é um grande leitor, e escritor por consequência. Depois do falecimento de meu tio Nelson e de meu avô, suas famílias gentilmente me "acolheram", por assim dizer. A profunda amizade que estes homens sentiram por mim não se perdeu com a morte: ao contrário, não há um dia em que eu não pense nos dois. Um dos filhos de meu avô e meu tio, por sua vez, tornaram-se grandes amigos de suporte, cada um à sua maneira.

A experiência de luto do meu tio Nelson foi uma das mais duras da minha vida.

Não sei se mais alguma pessoa autista tem o costume de adotar pessoas para fazer parte de sua família. Aos olhos neurotípicos, talvez isso pareça loucura. Meu analista chegou a interpretar o fato aos olhos freudianos: "Isso não é uma falta que você sente em relação à sua figura masculina?" Eu não sei responder. Às vezes é bom deixarmos os nossos traumas quietos no interior de nós mesmos, respirando um sono tranquilo.

O que sei é que o carinho familiar me faz bem, e que sinto liberdade em ser quem sou diante de meus amigos-familiares. Não entrarei neste assunto em particular, pois sinto que ele me fere um tanto, mas digo que a presença de meu avô me sanou muitas dúvidas em relação à minha própria autoestima, e à minha personalidade. Meu tio Nelson me ensinou a vivenciar o prazer secreto de meu autismo, e a percorrer os caminhos mentais que ninguém além de mim consegue compreender. Tio Orlando me ensina a disciplina e o carinho pela literatura séria, e de qualidade: ao andarmos pelas ruas de Curitiba, meu tio foi capaz de declamar um romance inteiro de cor. Estes homens me ensinaram (e ensinam) a ser quem sou. Adotá-los foi a maneira que tive de responder ao amor que eles me deram: eu só sei gostar assim.

Antes de considerar uma pessoa autista como "avessa ao contato social", é preciso analisar se ela já passou, ou passa por uma situação de violência social. Talvez eu seja otimista demais, mas acredito que nenhuma pessoa autista queira o mal de outrem de forma consciente. No meu autismo, os sentimentos e emoções são muito mais reativos do que ativos: quando me sinto ameaçado por um estímulo que a pessoa me causa, ou se fui ferido emocionalmente por alguém, acabo evitando a pessoa; de forma permanente, às vezes. Para as pessoas que me ofenderam ou me causaram mal, eu serei completamente arisco, avesso e arredio. Com as pessoas que amo, faço esforço para enfrentar minhas dificuldades e aproveitar melhor as suas companhias. Faz décadas que sabemos da grande verdade: o autismo não veio de uma *criação-geladeira*, nem é adquirido por motivos emocionais.

O meu avô não era nada perfeito. Em certa vez, ele me fez chorar muito por conta de uma decepção. Mas essas coisas passam. Para isso, existe o perdão – embora eu não esqueça da dor que ele me fez passar, não ligo mais para isso.

Tom Jobim e Vinícius de Moraes diziam que "o poeta só é grande se sofrer[23]".

Tenho orgulho em dizer que vivi a maior experiência de amor na pessoa de meu avô: um amor de neto e filho adotivo; amor que me impeliu a sair de mim mesmo e conhecer o mundo através de seus olhos, seus braços, suas mãos e sua mente. Para eternizá-lo, fiz com Bruna Gabrille o meu

---

[23] Citação da música "Eu não existo sem você", de Tom Jobim.

primeiro curta-metragem, "Meu Garoto": um tributo que me ajudou a superar a dor do luto. No filme, eu consegui representar Vovô como ele era – ao menos diante de meus olhos.

Conhecer o Seu Antonio pelo ponto de vista do Henrique Vitorino é uma viagem.

Minha família por "adoção tardia" me ensinou, acima de tudo, que os laços biológicos não representam amor, união, respeito e amizade por si sós. É preciso que haja muito mais: presença, afeto, compreensão, carinho. É preciso que os filhos redescubram a magia de estar com seus pais, e os pais saibam respeitar e amar seus filhos autistas independentemente de suas escolhas, crenças, ou mudanças pessoais. Ninguém está sozinho: mais cedo ou mais tarde, as pessoas que realmente amam nosso jeito de ser irão nos encontrar, e nos ajudarão a crescer. É que os frutos nunca caem muito longe da árvore. Eu adoro saber que, na comunidade autista, estou encontrando minha nova família. Solidão, nunca mais: terei primas, primos, tias e tios à vontade. Isso não substitui nenhum membro de minha família biológica: tenho amor por todo mundo, e por todo o mundo.

É que no corpo humano, o sangue e o coração vivem um pelo outro.

A força de Sansão: superdotação no espectro autista

Muitas pessoas conhecem a história de Sansão, o herói bíblico conhecido por sua força singular. Ao apaixonar-se por Dalila, uma das nobres moças de um povo rival, Sansão comete um erro crasso: ele lhe confessa que a sua força provém de seus cabelos. Dalila traiu a confiança de Sansão e cortou o cabelo do herói enquanto ele dormia. Quando ele acordou, percebeu que sua força havia se esvaído. Sansão foi capturado e preso pelas forças inimigas, e teve seus olhos furados. Ao ser preso no templo de Dagon, deus dos filisteus, Sansão clamou por ajuda divina. Então aconteceu-lhe um milagre: suas forças voltaram a ele mais uma vez. Num rompante de fúria, Sansão destruiu as duas colunas fundamentais do edifício em que estavam presas suas correntes. Dessa forma, ele soterrou a si mesmo e a todos os seus inimigos.

Trago essa pequena história para fazer uma comparação entre a força deste personagem bíblico e a superdotação no espectro autista.

Reitero que não tenho a intenção de me diagnosticar na superdotação, a não ser que isso seja necessário para melhorar meu autoconhecimento, ou para fins médicos. Dentro de minha mente, faço a opção política de continuar com a superdotação autodiagnosticada. Antes de ser isso ou aquilo, eu sou unicamente autista. Às vezes, as categorias entre diferentes níveis de suporte, diferentes hipersensibilidades, diferentes alterações cerebrais me incomodam. Estou no espectro, e ponto final.

Quando desejei falar sobre a superdotação, por sua vez, apoiei-me em minhas próprias vivências. Existem fortes indícios que eu esteja nesta matiz do espectro: minha precocidade intelectual não me deixa mentir. Muitas pessoas neurotípicas diziam que eu era um "garoto prodígio" sem saber o mal que me causavam. Eu era, na verdade, um *enfant terrible*[24].

Se Sansão foi vítima de sua própria força, eu também sou vítima das minhas próprias habilidades específicas: o hiperfoco é uma delas.

Minha possível superdotação me causa aceleradíssimos processos mentais. Sobre o *Manual do Infinito*, consegui elaborar todos os seis temas dos quarenta e três textos em poucas horas. Ao mesmo tempo em que estou escrevendo, preciso limpar a casa e fazer comida, pois não terei como almoçar sem fazer arroz. Além de todas essas informações, preciso saber que Gaborone é a capital do Botswana, país africano que não possui litoral. Ao mesmo tempo, preciso ver imagens da cidade de Gaborone (minha imaginação funciona apenas com imagens concretas), e passo a pesquisar mapas sobre a topografia do continente africano. Volto a escrever o texto, e logo preciso ouvir o disco que escuto quando o filho de meu avô vem me visitar. Pego o celular, mando uma mensagem para ele, e fico ansioso para saber quando ele irá me responder. Volto à cozinha, corto, pico e refogo os temperos, e ponho o arroz para cozinhar. Ao mesmo tempo, vejo que o piso da cozinha está sujo. Pego o produto de limpeza até que lembro: hoje é dia de trabalhar fora! E o meu texto? Corro para o computador e vejo que hoje é domingo – dá para fazer tudo com calma.

Meus momentos de hiperfoco são extremamente produtivos, mas isso tem um preço para meu corpo físico. Neste momento, percebo que sinto dor no estômago: estou com fome. Eu me determinei a terminar o livro o mais rápido possível, mas ao mesmo tempo não desejo perder a qualidade dos textos. Preciso parar de escrever para comer, mas onde

---

[24] Termo francês que possui dois significados: criança que tem grande maturidade intelectual, e que surpreende os adultos com suas habilidades. Também designa a criança que revela suas opiniões embaraçosas para os adultos, ou diz coisas que lhe criam problemas.

posso encontrar comida? (Nestes momentos, pensar em me alimentar é algo extremamente difícil. Não consigo sequer levantar, ou saber o que fazer: essa é uma aparição da famosa *disfunção executiva*). Talvez eu tenha que me dar vinte ou trinta minutos para sair do modo de hiperfoco e, então, pensar no que fazer.

Eu tive que comprar um lanche em uma padaria qualquer.

E surge a exaustão, a falta de ideias, o arrependimento por saber que tantas horas sem comer é uma violência contra o meu próprio corpo. Mesmo assim, não consigo me lembrar sozinho de comer. O que me ajuda são os alarmes: para comer, para beber água, para lembrar a hora de dormir, ou para fazer um intervalo no trabalho. [Tive que fazer uma pesquisa sobre o *método Pomodoro*. Às vezes nem eu me aguento com minhas pesquisas.]

A alta performance mental sempre me deixa exaurido. Por isso, me habituei a trabalhar sempre perto de um copo d'água, ou de uma xícara de chocolate. Quando sinto fraqueza mental, faço uma coisa errada: como um docinho. Também aprendi a fazer as coisas certas: quando minhas ideias sofrem um congestionamento (ou seja, quando eu não consigo escrever), eu geralmente tiro um pequeno cochilo. O sono é restaurador.

Vinte minutos que sejam, como agora, já me dão novo vigor.

Preciso fazer tudo de forma tão acelerada? Não. Preciso ter esse desespero perfeccionista? De modo algum. Mas eu sempre me pressiono a fazer em uma hora o que eu conseguiria fazer em três, ou quatro. Neste ponto, apoio-me na razão de meu neurologista: tenho a necessidade de fazer terapia para controlar a fúria de meus pensamentos rígidos. Apesar de todo o profissionalismo que exijo de minha literatura, não posso ser escravo de meus prazos impossíveis. Que meu hiperfoco sempre lembre que, antes de um escritor, existe um ser humano que precisa de descanso.

O *Manual do Infinito* me fez tirar forças de minha fraqueza: aprendi a ser um escritor profissional falando de autismo. Com o *Manual*, aprendi que a prática constante supera o talento nato, e que sempre vale a pena descansar. Antes de ser uma máquina de ideias, o escritor é um observador do mundo ao seu redor. Quando eu tenho vontade de escrever rápido, é de bom tom que eu viaje de trem: a baixa velocidade das ferrovias é o que permite a contemplação do entorno.

A superdotação é uma alegoria perfeita na cabeça dos neurotípicos. Para mim, ela é uma força muito vulnerável. É por isso que gosto de ser um tanto isolado: não sou de falar sobre as minhas forças, nem sobre as minhas carências.

Se Sansão tivesse guardado o segredo de sua fraqueza, talvez não tivesse morrido esmagado.

Tiozinho: as aventuras de um autista velho em um corpo jovem

Meu analista diz que é normal eu gostar de fazer amizade com pessoas mais velhas: "É por conta da sua maturidade intelectual". Este fato é, como diz a redundância, uma "verdade verdadeira". Eu nunca gostei de papo de gente jovem. Na escola, em vez de interagir com os alunos da minha idade, preferia me aproximar dos professores e descobrir o que eles estavam estudando, quais eram os seus *hobbies* favoritos, e que pessoas existiam por trás daquela gloriosa função de ensinar.

Eu não tinha, na verdade, maneiras de interagir com meus colegas de sala: eles sempre estavam ocupados em me xingar, roubar meus pertences, rir da minha cara ou bater em mim.

Por mais que eu não tenha facilidade com a Matemática, curiosamente, os professores que recordo com mais carinho são dessa matéria: lembro primeiramente do Prof. Adalberto, já um senhor no ano de 2002, que me ensinou o que eram polígonos. Lembro também da Profª Tânia, que me ensinou a fórmula de Bhaskara e o gracioso triângulo que chamamos de Delta: $\Delta=b^2-4ac$. Não sei como posso usar essa fórmula em meus poemas, mas lembro dela com nitidez. Lembro também do Prof. Luís, que me falou de sua admiração pelo grande matemático e filósofo Malba Tahan. Prof. Luís não me contou que Malba Tahan era carioca; seu objetivo era me encantar na busca pelo conhecimento matemático no deserto. Ele também foi o primeiro professor que me falou do *Discurso do Método* de Descartes:

eu achava que o livro era cheio de desenhos, linhas e planos cartesianos. Mais tarde, na faculdade de Filosofia, percebi que a imaginação visual havia me enganado. René Descartes é um dos filósofos mais abstratos e racionalistas que conheço: se ele pensa, logo existe.

Eu penso, é claro, em muitas outras coisas que Prof. Luís me ensinou, mesmo que eu não tenha aprendido: matrizes, frações, equações de terceiro grau, cálculos de números negativos, ou *o valor de x*. Prof. Luís me dava impressão de que eu estava diante de um verdadeiro cientista. Sua concentração durante as aulas me inspiravam. Lembro-me de seu afinco em me ensinar, mesmo que eu fosse um caso perdido. E me lembro também de como ele era bonito: sim, eu o admirava. Na época, não sabia o porquê. Sua mão forte escrevendo no quadro era muito mais interessante do que as equações que ele arquitetava.

Meu autismo nunca se separou de mim.

Só passei a interagir com pessoas mais jovens quando estudei Teatro, e quando conheci a comunidade autista. Mesmo assim, há uma grande disparidade entre o jovem autista e o jovem neurotípico. É certo que as pessoas autistas podem ter mais maturidade do que as pessoas neurotípicas. Geralmente, o amadurecimento autista vem tanto da inteligência, quanto do sofrimento. Sei muito bem que uma pessoa que amadurece cedo é uma pessoa que sofre mais. Por outro lado, reconheço que minhas preocupações eram bem diferentes daquelas dos jovens neurotípicos da minha idade. Enquanto eles se preocupavam em exibir sua influência social, beijar na boca ou comprar o sapato da moda, eu me preocupava em saber qual seria o meu lugar no mundo. Nos meus 20 anos, enquanto os jovens que conheci se preocupavam com baladas, vida sexual e trabalho, eu me importava com as teorias filosóficas de Leibniz e as consoantes solitárias da língua hebraica. Seja na neurodiversidade, nos estudos ou no comportamento, eu sempre fui um jovem atípico.

Eu me identifico com outra geração, que não a minha. Em certa época, desenvolvi interesse específico na geração da década de 1910-1920 (a geração que viu a Segunda Grande Guerra no fim de sua adolescência). Com o tempo, percebi que este era um tema hiperfocado no assunto do meu primeiro projeto de romance. Hoje sei que não estou necessariamente focado em uma época: posso me envolver com a música épica de George Gershwin; dançar as baladas italianas e francesas dos anos 60; curtir os sucessos da música disco enquanto passeio de carro; limpar a casa ouvindo pop japonês ou indonésio dos anos 80, ou ainda tomar cerveja ouvindo Bossa Nova. Eu definitivamente não sei onde estou na minha escala de tempo, pois procuro entender e absorver dentro de mim mesmo o melhor de cada época. Sei apenas de uma coisa: eu sou da época em que as coisas eram mais simples.

A complexidade do século XX foi boa em muitas coisas: o avanço das discussões anti-preconceito, a difusão da tecnologia, ou a evolução da ciência contra os descontroles biológicos. Por outro lado, tanta informação me deixa esgotado. Sinto saudades da época em que o mundo não era tão globalizado: as notícias demoravam mais para chegar, as pessoas pareciam menos nervosas e mais letradas, e a música exigia mais respeito: era preciso sentar-se em frente à vitrola. Atualmente, gosto muito da Belle Époque e dos anos 20 do Século XX: sim, já fazem cem anos.

Meu tipo de música também remonta ao passado. São raras as músicas atuais que me chamam a atenção, embora eu faça esforço em ouvi-las e apreciá-las. Tenho me dedicado a ouvir músicos, cantoras e cantores mais jovens que eu. Confesso que prendi a respiração quando ouvi Billie Eilish pela primeira vez. Gostei. A língua da geração do ano 2000 é diferente da minha, e preciso reconhecer que não sou mais tão menino. Assim como o tempo de meu avô está um tanto distante do meu, tenho a vontade de ver o meu tempo não ser mais o tempo das gerações mais novas. Tenho o sonho de pôr meus filhos adotivos no colo e dizer: "No tempo do pai não era assim…" Penso em mostrar aos meus netinhos adotivos a maravilha de se ouvir os Bee Gees em um disco de vinil. Eles, é claro, me olharão horrorizados e dirão: "Mas o que é isso?!"

Ninguém vive de saudosismo, pois o futuro sempre anda para a frente. Meus amigos jovens me deram o apelido de "Vô Vitorino", coisa que eu adoro. Amanhã, Vovô Antonio ficará orgulhoso do avô que serei.

O ontem já foi amanhã algum dia, dizem os Bee Gees num átimo de poesia[25].

Meu pensamento catastrófico me causa a impressão de que vou morrer jovem. Ainda bem que este pensamento rígido é uma bobagem. Tenho muito amor pela vida e, claro, quero viver muito. Meus amigos idosos me dizem que a velhice é dura e chata, mas tenho o direito de viver essa experiência. Ao mesmo tempo que vivo com toda a intensidade da juventude, procuro a sabedoria de economizar minhas forças para quando envelhecer. A prudência, é claro, nunca sai de moda.

Sinto incrível liberdade ao dizer que a experiência de amar uma pessoa mais velha que eu me faz muito bem.

Quando eu realmente for um autista de cabelos brancos, e quando chegar a minha hora de partir deste mundo, quero ser lembrado nas minhas letras autistas, nas pequenas contribuições que fiz para a minha comunidade, em cada pessoa que conseguiu vencer o preconceito e se assumir integralmente, em cada pessoa autista que conseguir o seu diagnóstico para ser respeitada, tratada com dignidade e acolhida em suas especificidades.

Quero, acima de tudo, viver no amor que meu esposo terá com meus filhos, meus netos, e com toda pessoa autista que deles se aproximarem.

Uma das coisas boas da velhice é que nos acostumamos com a ideia de que a vida é escassa. Exatamente por isso, precisamos vivê-la o melhor que pudermos. Além disso, chega a hora em que cansamos de brigar tanto. Ficam as lutas e os direitos conquistados; eterniza-se o amor. *Quem se ocupa em amar não tem medo do fim.*

Essa foi a maior lição que meu saudoso tio Nelson me ensinou: o amor é uma sinfonia que dá as costas para o abismo da existência.

---

[25] Trecho da música *Reaching Out*: "Yesterday was once tomorrow".

Vida em branco: a falta de memórias da infância

A memória vívida de minha infância é o que faz a minha literatura pulsar. Mesmo assim, existem coisas que meu cérebro acha melhor esquecer.

Quase todas as memórias de minha infância são visuais. Lembro do arcaico ano de 1994, quando meus pais tinham na sala um tapete preto com detalhes cinza. Recordo de como o entorno da casa dos meus pais era tranquilo e arborizado naquela época, antes de toda a destruição ambiental que ocorreu no bairro. Não consigo me lembrar de coisas abstratas na infância. Um de meus maiores medos pueris vinha em forma visual: imaginei Deus, um velho severo e barbudo, escrevendo meus pecadinhos infantis em um livro-ata dourado.

É claro que eu não tinha medo de Deus. Eu tinha medo de que Deus lesse meus pecados em voz alta, me fazendo corar de vergonha.

Tive outra visão na infância – dessa vez, muito da concreta – que me causou um pânico que perdura até os dias de hoje. Certa vez, enquanto eu explorava o terreno vazio da casa dos meus pais, encontrei um saco plástico jogado pelo muro. Fiquei curioso e desejei ver o que tinha dentro daquilo: eu não imaginava o que poderia ser. Ao abrir o saco, eu vi um cachorro em estado avançado de putrefação. Sem olhos, com o nariz deteriorado e os dentes à mostra, aquele cachorro me causou uma mistura de nojo, ojeriza e terror. Nem me lembrei de cobrir o cachorro morto. Saí correndo para o meu quarto e, no caminho, apenas gritei para minha mãe: "Jogaram um cachorro morto no terreno!" Lembro de fechar e trancar a porta do meu quarto, deitar na cama, e esperar que o horror da assombração passasse. Os olhos vazados daquele cachorro nunca pararam de me atormentar, inclusive em meus frequentes pesadelos na idade adulta. Dormi com o barulho do meu pai batendo a enxada na terra: o cachorro foi enterrado ali mesmo.

Somente depois disso é que descobri porque a música *Deus lhe pague*, de Chico Buarque, me causa tanto medo: "Pela mulher carpideira pra nos louvar e cuspir / E pelas moscas-bicheiras a nos beijar e cobrir / E pela paz derradeira que enfim vai nos redimir…"

Na época, a cena do cachorro morto me causou imenso medo da morte e de todos os seus fenômenos. Meu pensamento catastrófico (uma característica do autismo) me fazia imaginar todos os processos da putrefação. Por este fato, tomei horror de quaisquer fungos, inclusive cogumelos: demorei muito para provar *champignons*, e só fui capaz de degustar *shiitakes* refogados aos trinta anos. (Ainda bem que aprendi o prazer de degustar uma pizza de *funghi secchi*, ou o queijo brie, ou o gorgonzola.)

Com as perdas de Tio Nelson e Vovô Antonio, tive que enfrentar novamente o meu carma da morte. Em 2011, quando perdi Pe. Pedro, um de meus maiores amigos na vida seminarística, vivi semanas de pesadelos com a sua putrefação. É algo que realmente não desejo para ninguém.

É terrível não conseguir interromper a imaginação de insetos caminhando e devorando meu corpo, ou de um cogumelo crescendo a partir de minhas narinas.

A falta de memórias infantis surge em momentos dolorosos, como durante a minha adolescência. Lembro de situações esporádicas, como quando conversava com minhas amigas de sala (foi a época em que eu tive mais amizades com mulheres), ou da amizade intensa com meus professores. De resto, tudo tornou-se um vão: a lembrança se transformou numa espécie de memória falsa. Quando preciso reviver tais memórias, meu mapa arqueológico e a associação de fatos e ideias resolvem muito. Lembrar, é claro, não deixa de ser uma ficção. Lembramos apenas do que queremos, e contamos as coisas do nosso jeito – não como realmente eram.

Outra espécie de memória falsa recorrente é quando li uma coisa e sei citá-la, mas não sei onde consegui obter a informação. É uma espécie de "memória em mosaico" que se constitui de minúsculos fragmentos. Quando eu era pequeno, falava sem pensar, o que me fazia contar muitas das minhas invencionices como se fossem verdades. Depois de adulto, aprendi a levar a ficção para onde ela deve estar – as páginas dos livros. Quando lembro de algo que não sei citar, é preferível que eu não fale: não quero passar por mentiroso. No entanto, eu sei que li aquilo em algum lugar. O que fazer quando sei de algo, mas não sei como aprendi?

Talvez eu tenha que ler um pouco menos, ou ser mais sistemático em meus fichamentos de leitura.

Quando me propus a escrever o *Manual do Infinito*, precisei de controle ao misturar as informações técnicas com minhas experiências pessoais, além de toda a arte literária que o envolve. Na verdade, o *Manual* precisaria ser um livro de poemas. Só assim eu daria conta de abarcar toda a beleza e a variedade do espectro autista. Apesar de minha imensa vontade, precisei fazer o livro no formato em que ele está. Quem sabe, no futuro, eu possa escrever um livro de poemas sobre autismo?

[A poesia sobre o autismo é um segmento que não tem mercado porque ainda não tem visibilidade. É uma pena que os grandes editores não acreditem que a poesia de qualidade é rentável, ainda mais em um país de tradição tão poética como o Brasil.]

Com a terapia psicanalítica, aprendi que minhas histórias fazem parte do meu processo de evolução enquanto ser humano. A autoficção é a forma de contar e recontar minha própria vida, e do autismo ser cada vez mais visível em mim. É preciso que eu sempre repita minhas histórias com a intenção de validá-las, respeitá-las, usá-las como exemplo para que não mais aconteçam. Em cada uma dessas histórias, está uma pessoa autista que luta, vive, sofre, ama, se ilude, goza, sonha; enfim, que existe e quer ser reconhecida. Que este livro seja a inspiração para que mais pessoas autistas tenham suas vozes valorizadas.

Disso, eu não esquecerei jamais.

Superação sem capacitismo: como transformei minha vergonha em autoestima

O discurso de "superação" pode ser muito tóxico para pessoas com deficiência.

Relembro a noção de *capacitismo*: julgar uma pessoa pelas capacidades que ela pode, ou não pode ter, apenas pela aparência ou falta de aparência da sua condição. Eu, autista, tenho deficiência sensorial e uma condição neurológica atípica. As questões de sensibilidade exagerada (hipersensibilidade) ou de falta de sensibilidade (hipossensibilidade) não me impedem de exercer o direito de casar, votar na pessoa de minha preferência, ter posicionamento social ou trabalhar em qualquer área de meu interesse. Apesar disso, podemos encontrar pessoas autistas que possuem certos impedimentos para algumas dessas atividades. Mesmo assim, não podemos inferir que o autismo "limita" ou "não limita" as pessoas autistas. É por isso que existem níveis de suporte, e que estes mesmos níveis não são estáticos, ou fixos em si mesmos. Dependendo de sua necessidade, uma pessoa pode passar por diversos níveis de suporte durante a vida.

A ideia de superação vendida pela mídia e por certas pessoas da comunidade é perigosa, pois ela iguala pessoas num mesmo "pote", como se todo autista fosse igual e conseguisse superar suas dificuldades apenas com força de vontade. Eu fui capaz de escrever um livro de mais de 200 páginas, como fiz aqui, mas existem dias em que não tenho condições de levantar da cama e pôr água para ferver. Além disso, é muito fácil que um autista abastado consiga encontrar suportes profissionais para ajudar-lhe a "superar" seu autismo. Quem paga a conta desse discurso capacitista são os autistas empobrecidos e na linha da miséria: pela sua vulnerabilidade financeira, social e familiar, quase todos os seus abismos e dificuldades são *insuperáveis*.

Quero trazer neste texto uma verdadeira história de superação, mas sem o contexto tóxico que esta palavra carrega. Quero dizer que é possível para todas as pessoas autistas, de acordo com a sua necessidade de suporte, os seus interesses específicos e com um acolhimento inclusivo da sociedade, conseguirem aquilo que desejam. Contarei a história de como transformei o meu perfeccionismo em autoestima que me impele a ser um ativista autista.

O perfeccionismo quase destruiu a minha vida. Por não me sentir apto a fazer o que eu sinto vontade, vivia numa tristeza de morte. Eu tinha a limitação de pensar que *tudo o que eu escrevia era lixo*, e que eu nunca seria capaz de atuar, cantar, escrever uma peça de teatro ou um roteiro de cinema, ou publicar um livro. A minha principal necessidade, contudo, era um suporte emocional. Quando entendi a necessidade de ser constantemente acompanhado em meus trabalhos literários, e que eu preciso de visitas, carinho e cervejas com meus amigos-suporte, a minha criatividade literária ressurgiu das cinzas. Foi como se minha criatividade finalmente tivesse assumido uma postura de autoridade, e mostrasse para o perfeccionismo quem é que mandava em minha cabeça. Eu não nasci para ficar parado: *minha criatividade é viva*.

Quando conheci a comunidade autista e recebi meu diagnóstico, foi como se uma força sobrenatural tomasse conta de mim. Passei a escrever pelo prazer de escrever, e não pensando em recompensas, nem me sentindo pressionado. Afirmo com convicção que escrever por prazer nos faz criar uma literatura muito melhor. Embora eu não sinta prazer ao denunciar condições insalubres das pessoas autistas (tais como a falta de diagnóstico, os preconceitos dentro da própria comunidade, ou as situações de violência a que estamos constantemente expostos), sinto prazer em usar minhas habilidades literárias para fazer barulho e denunciar. Sinto que não tenho tantas habilidades sociais, então atuo socialmente através de minha escrita. Mesmo assim, desejo buscar auxílio profissional para desenvolver minhas habilidades sociais; além dos livros, pretendo erguer minha voz na luta por uma sociedade mais justa, plural, sustentável e humanizada.

Pare um pouco.
Pense com sinceridade.
Quantos livros de pessoas autistas você já leu neste ano?
Quantos livros de pessoas autistas você já leu na vida?

Tenho desejo de ver companhias teatrais feitas somente de pessoas autistas. Quero ver autistas vencendo concursos e recebendo prêmios de importância nacional. Sinto vontade de trabalhar com pessoas autistas em diferentes projetos artísticos, e oferecer toda a minha capacidade e vontade para que sejam capazes de escrever e publicar os seus próprios livros. Apesar de minha intensa dificuldade, tenho o interesse em conhecer associações de pais e mães de autistas por todo o Brasil. Quero conhecer a realidade dos autistas nível 1, nível 2 e nível 3 de minha cidade, e de meu estado. Adoraria tomar um café com cada mãe, cada pai, cada avó e cada avô de pessoa autista. Gostaria de estar perto de cada pessoa autista e assegurar-lhe que ela não está sozinha em seu espectro; que existe uma comunidade que lhe acolhe da maneira que ela é, e que ela não precisa se isolar tanto do mundo para ser feliz. A frase-clichê de que "juntos somos mais fortes" é real e verdadeira.

Sozinho no meu quarto, eu estaria triste e sem fazer o que dá sentido para a minha vida. Dentro da comunidade autista, eu finalmente me senti liberto para ser esse escritor, músico, professor, judeu, ator, LGBT, cantor, dramaturgo, compositor, poeta e ativista. Que mais pessoas tenham a oportunidade de se transformar como eu me transformei, desde que suas especificidades, habilidades e vontades sejam respeitadas.

A habilidade extraordinária de uma pessoa autista não nasceu para ficar trancada no porão da casa. Nós, autistas, existimos para ser a fagulha positiva do mundo.

Mesmo que o nosso suporte seja integral.

Minha vida não é nada sem você: o luto no autismo

Na última vez em que vi meu tio, não conseguia sentir nada – nem ter uma crise. Eu simplesmente não estava ali. Ao não ver o rosto de meu avô pela última vez, experimentei alguns momentos de insanidade.

Na última vez em que meu tio me viu, ele puxou conversa e quis ficar comigo até quando eu enjoei dele, e fui tomar cerveja com meu amigo Toninho. Meu tio foi para casa sozinho, a pé. Na última vez em que meu avô me viu, foi por videochamada. Ele ainda não sabia que seria vitimado pela doença que definiu o início do século XXI. Meu avô saiu de casa durante a pandemia porque não aguentou o isolamento. Infectou-se com o SARS-CoV-2, provavelmente, ao se achegar e procurar conversa com os clientes de uma quitanda ao lado de sua casa. Ele não imaginava que o vírus chegaria tão perto.

O último texto do livro, invariavelmente, precisa falar sobre o fim. Numa sociedade que cultua a juventude, o prazer, a rapidez e a facilidade, abordar a morte parece algo doentio. Não encaro esse fenômeno da vida com tanta estranheza. Por vezes gosto de ler alguns textos que falam sobre cuidados paliativos, doenças terminais, rituais de despedida e outras coisas que muitos consideram *mórbido*. Procuro textos assim para tentar entender o mistério que, um dia, também me tirará deste corpo e desta mente autistas. A vida precisa ter dignidade até o seu final, e me incomodo quando noto que as pessoas fogem do assunto como se quisessem se enganar com uma falsa eternidade. Preciso dizer como o meu autismo reage a este fenômeno natural e que, por consequência, faz parte da vida.

Quando eu era pequeno, a experiência do cachorro morto me fez reduzir a morte aos seus fenômenos físicos. É certo que todo composto, cedo ou tarde, tende à sua decomposição. Vemos constantemente a decomposição de diversos elementos: seja um metal enferrujado, uma folha de árvore que se solta, uma fruta caída ao chão por longo tempo ou o arroz que estraga na geladeira. Com os seres vivos, não é diferente: todos os minerais e vitaminas que compõem o nosso corpo voltarão para a terra, de uma forma ou outra. No caso de uma morte humana, o corpo também se desintegrará: órgãos e tecidos moles deixarão sozinhos apenas os ossos, que talvez perdurarão por milhares, ou milhões de anos.

Depois de muito tempo, passei a entender a morte em seu sentido metafísico. Morrer é deixar de existir? Não sabemos exatamente. O que é possível saber de forma unânime é que as pessoas que permanecem vivas guardarão a memória de quem partiu. As religiões se debruçam e se calam diante desse mistério. Já as pessoas que não têm religião, ou que não creem numa figura divina (ou figuras divinas), preferem encarar o silêncio do vazio, o que acredito ser muito mais sincero e corajoso. No fundo, crentes ou não, todos sabemos que nosso tempo não é infinito. A cada dia que passa, o tempo parece correr mais e mais rápido.

Para o meu autismo, o mais perturbador acerca da morte é saber que não existe dia ou hora certos para receber a notícia do falecimento de alguém. Mesmo em caso de doença terminal, não existe chance de respirar fundo, apertar os cintos e pensar: "Tal pessoa não está mais aqui; tal pessoa morreu". Com pessoas queridas, o choque da notícia é muito mais intenso. Mesmo assim, prefiro que me digam logo: não gosto de surpresas e floreios.

Querido, vim aqui para te dizer uma coisa. Tal pessoa está acamada, você sabe, e ela precisou ir para a UTI porque a situação se agravou. Chegou o ponto em que o médico que acompanha o caso, e que respeita muito a nossa família, nos reuniu e disse que havia algo muito importante a ser comunicado. Ele aparentava estar triste, e seus olhos...

Até a notícia chegar, eu já morri de nervoso.

Existem pessoas autistas, ao contrário, que precisam saber da notícia devagar – ainda mais quando se fala de entes muito queridos, ou de suportes para ela. Comunicando a pessoa autista com sutileza ou com objetividade, o luto autista é muito intenso em todos os níveis de suporte. É muito comum que pessoas autistas não consigam lidar com a perda de suas amizades-suporte, embora a racionalidade e o pensamento concreto possam ajudar a compreender a morte com mais naturalidade que uma pessoa neurotípica[26].

A única pessoa cuja partida eu ainda não aceito é a do Vovô. Eu não consigo.

Dizer a notícia com calma não significa mentir, omitir ou esconder a verdade. Não se pode dizer à pessoa autista que o ente falecido "viajou para o interior", que "saiu e vai voltar mais tarde", ou que "foi morar em outro lugar". O correto é dizer que *está com Deus*, que *foi para o Céu*, que *faleceu*, que *virou uma estrelinha*, que *mora nas estrelas* – tudo varia de acordo com a crença individual de cada pessoa. Mas é preciso informar a pessoa autista de que o ente querido não está mais conosco, e que ele ou ela não irá mais voltar. Sim, é possível que a pessoa autista tenha crises. E é por isso mesmo que os autistas precisam tanto de suporte neste momento difícil: não para "sofrer menos", e sim para passar pelo sofrimento com mais rapidez. A pessoa autista sempre teve, e sempre terá o direito de saber toda a verdade – por mais dolorosa que seja.

Nem comentarei sobre a necessidade de não obrigar a pessoa autista a ir em velórios, ou enterros: acho que obrigar qualquer pessoa a ir a um

---

[26] Lembre-se do caso do garoto autista que, surpreendendo sua família, não considerou que o pai tinha morrido por levar uma foto dele onde quer que fosse. Neste caso, os neurotípicos enlutados tiveram muito mais dificuldade de passar pelo luto do que um autista de suporte 3.

velório em que não se quer ir, ou de obrigar qualquer pessoa a tocar e beijar uma pessoa morta é mais que um absurdo: é uma violência. Falar coisa tão óbvia chega a ser ridículo.

Embora a pessoa querida não esteja mais conosco, é possível desenvolver rituais que nos conectam a ela e aliviam a saudade. Assim que a pessoa autista se sentir segura e confortável, é possível utilizar-se de lembranças, imagens, alimentos, passeios ou fotos da pessoa querida. O luto é o momento de perceber que os conceitos de presença e ausência são relativos: é possível estar perto de quem está fisicamente longe, e também é possível desconhecer a pessoa que está do nosso lado.

Os rituais de conexão com os entes queridos formam laços de afeto com as pessoas que participam dele, e não necessariamente precisam ser rituais de cunho religioso. Como eu professo e sigo o Judaísmo, sempre lembro de meus mortos durante o entoar do *Kadish* às sextas-feiras, uma oração restrita ao serviço litúrgico e que é feita somente pelas pessoas enlutadas – ou seja, as que perderam seus entes queridos recentemente, ou que celebram aniversário de falecimento. Nesta oração, agradecemos pela vida de quem esteve conosco, e bendizemos o Eterno pelos momentos que estivemos juntos. O *Kadish* me ensinou que a relação entre as pessoas deve sempre ser considerada uma bênção, pois são estas pequenas memórias que nos eternizam na mente dos nossos queridos.

Para autistas que não possuem religião, existe a possibilidade de fazer momentos de reflexão e tributo, ou trabalhos voluntários em honra e memória de quem faleceu. Para os autistas que professam religião, existe o contato extracorpóreo através de preces, meditações, intenções, orações, atos de caridade e bênçãos. Todas essas ferramentas nos auxiliam a nos conectar com as pessoas falecidas que amamos, e aprendemos cada dia a substituir a dor da perda pela saudade do reencontro.

Para terminar o livro homenageando meus dois heróis, e os homens que mais quiseram ver minha carreira de escritor, meu tio Nelson e meu avô Antonio, dedico a eles estes dois belíssimos sonetos de minha autoria.

Que outras pessoas autistas, a partir das histórias que contei no *Manual do Infinito*, se sintam convidadas a contar as suas próprias histórias.

A vida deste livro, pois, se encerra aqui.

A Assunção de Antonio
(Do Soneto 146 de Petrarca, "A morte de Laura")

São Pedro, ao te ver chegar em casa,
até se esqueceu de teu passamento.
Alegre, fez aceno barulhento
ao ver-te mais ardente que uma brasa.

"Que luz em ti refulge?", serafins
cantavam. Pleno sol em ti luzia...
No Céu, fizeram festa todo o dia
e até o Senhor tocou seu bandolim.

Aqui na Terra, com a voz cortada
pela dor de perder a ti, e a rima,
contemplo o céu. Quase chorando, rogo:

"Ó velho, não me esqueças, nem por nada!"
E tu me abrindo os braços lá de cima:
"Te apresse, meu garoto! Volte logo!"

A Rosa Celeste

*Levei a rosa branca em tua tumba,
no entanto, não a viste nem provaste
desse olor que o meu peito já perfuma
e alivia a saudade que deixaste.*

*Fiquei em solidão no campo santo:
a dor, a flor e eu, na eterna espera.
Cantei-te mil poemas de acalanto...
Nada sentes, estás em outra esfera.*

*Nem precisa, meu tio, me agradecer,
muito menos me dar alguma prova
de que o amor sobrevive por inteiro.*

*Nenhum milagre é tão verdadeiro
quanto a rosa branca em tua cova,
pois nela tu pudeste florescer.*

Agradecimentos do autor

Agradeço todas as pessoas autistas e neurotípicas que, direta ou indiretamente, contribuíram para que o *Manual do Infinito* se tornasse realidade:

Minha mãe Maria do Socorro, meu pai Claudemir
e minha família biológica,
por todo o suporte, proteção e amor

Roberto Barbosa, o *Canhotinho do Cavaquinho*,
meu pai artístico e mentor musical

Alberto Luiz Teixeira, o *Beto*,
o melhor amigo de hiperfoco nas madrugadas

Tomás José Padovani,
por tudo o que fez para que este escritor autista pudesse se desenvolver

Prof. André Castelani

Prof. Alvaro Posselt

Bruna Gabrille
e meus amores da vida teatral:
Marina, Kleber, Rodrigo e Rafael

Carol Souza (Canal *Autistando*)

Espaço Cultural "A Casa Amarela" de São Paulo/SP,
representado por Sueli Kimura e Akira Yamasaki

Associação judaica *Chaverim* para pessoas com deficiência,
representada por Décio Zatyrko, o *Tate*

Dra. Cláudia Costin

Fábio Sousa, o *Tio Faso*

Fernando Murilo Bonato

Jessé Almeida Facioli

Dr. José Luiz Goldfarb

Lígia de Oliveira Alves

Mário Ferreira Neves (*em tributo*)

Dra. Nancy Meyer Canavesi,
o Clube dos Aposentados Casa Branca
e a Associação dos Aposentados e Pensionistas
do ABCDMRR, em Santo André/SP

Prof. Paulo Afonço Nunes

Prof. Orlando Lisboa de Almeida, o *Tio*

Rosa Maria Zuccherato e a editora Nova Alexandria,
por acreditarem profissionalmente em um escritor autista

Dr. Rudá Alessi

Sinagoga do Clube "A Hebraica" de São Paulo/SP,
representada por Sylvia Lohn, Margot Lohn Kullock,
chazan David Kullock e toda a família da *Sinazoom*

Zifir Maia

i.i.i.I.i.i.i

A gratidão concede a eternidade para quem faz o bem.

Henrique Vitorino

i.i.i.I.i.i.i

Santo André, 27 de janeiro de 2022
Dia Internacional de Lembrança às Vítimas do Holocausto

Dicionário da Pessoa Autista
* Termos assinalados com asterisco foram criados no *Manual do Infinito*.

A

ABA: do inglês "Applied Behavior Analysis", Análise Comportamental Aplicada. O método ABA é uma terapia comportamental que ajuda a pessoa autista a aprimorar seu comportamento social através de estímulos e recompensas.

*Abordagem Espectral do Autismo: teoria criada pelo autista brasileiro Henrique Vitorino que sugere uma interpretação holística do autismo, não mais utilizando-se dos atuais *Níveis de Suporte*. O diagnóstico espectral não se baseará em interpretações definidas previamente pelos especialistas; antes, o diagnóstico partirá da própria pessoa autista. Os antigos pilares de diagnóstico do autismo (interação social e comunicação prejudicadas, e sensibilidade alterada) serão reinterpretados através de uma escala espectral, de modo que os níveis de suporte não serão mais suficientes para definir uma pessoa autista. A abordagem espectral do autismo respeita a natureza plural do Transtorno do Espectro Autista, reduzindo o *Capacitismo* dos profissionais em relação à pessoa autista.

Abuso Sexual (*cf.* Violência).

Acessibilidade: aspectos que permitem que uma pessoa com deficiência se integre em um espaço físico sem nenhum entrave ou obstáculo. No caso da pessoa autista, um ambiente acessível pode ser livre de estímulos, que possui espaços neutros para evitar sobrecargas sensoriais, que oferece atendimento diferenciado para autistas, etc. (*cf.* Inclusão)

Ageísmo: também chamado de etarismo, é o preconceito a uma pessoa pela sua idade; preconceito contra pessoas idosas. (Do inglês *ageism*).

Altas Habilidades: (*cf.* Superdotação).

Alto Funcionamento: forma *Capacitista* de se referir à pessoa autista com *Autonomia*, ou na *Superdotação*. (*cf.* Capacitismo).

*****Amigo de Hiperfoco:** pessoa que oferece apoio emocional à pessoa autista quando está em seu momento de *Hiperfoco*.

*****Amigo-suporte:** pessoa que oferece apoio emocional à pessoa autista, ou que lhe dá suporte em atividades do dia a dia.

Anjo Azul: expressão antiga que retrata a suposta "inocência" de uma pessoa no espectro. O termo é refutado pela maioria da comunidade autista, reconhecendo que o termo possui implicações capacitistas e machistas. (*cf.* Capacitismo)

Asperger, Hans: pediatra austríaco (1906-1980) que notabilizou-se pelos estudos do que nomeou de "psicopatia autística" na década de 1940. Após a morte de Asperger, a antiga síndrome ganhou o seu nome. Estudos recentes, no entanto, indicam que Hans Asperger colaborou ativamente com o regime nazista, contribuindo e sendo conivente com os ideais de eugenia racial. Com a mudança do *DSM-5* para a nomenclatura "Transtorno do Espectro Autista", grande parte da comunidade decidiu abolir o nome e a memória de Asperger.

Asperger, síndrome de: diagnóstico inserido no *DSM-IV*, em 1994, descrito como um transtorno global do desenvolvimento. Com a atualização do *DSM-5*, em 2013, a síndrome de Asperger foi transformada no grau 1 do Transtorno do Espectro Autista, considerado o mais autônomo dos níveis de suporte. Grande parte da comunidade autista, no entanto, rejeita esta nomenclatura pela ligação de seu criador com o regime nazista.

Aspie: denominação diminutiva de "Asperger", criada pelas pessoas que afirmam ter a síndrome de Asperger. Mesmo após a anexação deste diagnóstico no Transtorno do Espectro Autista, o termo ainda é utilizado por este setor da comunidade. (*cf.* Supremacia Aspie.)

Assédio Sexual (*cf.* Violência)

Assexualidade: também chamada de espectro assexual, é a falta de atração sexual parcial, condicional ou total, independente do sexo ou do gênero. Para uma pessoa neste espectro, diz-se que ela é *assexual*. Uma pessoa assexuada, por sua vez, é a que nasceu sem órgãos genitais.

Atípico: relacionado ao que não é neurotípico. (*cf.* Neurodiversidade)

Ativismo: atividade social que estimula pessoas a se reunir e fazer reivindicações sociais, geralmente através de denúncias de injustiças. No caso do autismo, o *Ativismo Autista* consiste em pessoas autistas e seus responsáveis exigirem o lugar que lhes é de direito na sociedade e a proteção prevista por lei, além de lutarem contra o *Capacitismo*.

Ativismo Autista: militância social baseada nos direitos e necessidades das pessoas no Transtorno do Espectro Autista, além das demandas de seus familiares e suportes.

Autismo Leve: concepção antiga sobre o Transtorno do Espectro Autista, onde se acreditava que a divisão correta era "leve", "moderado" e "severo". Este modelo de divisão do autismo induz ao *Capacitismo*.

Autismo Virtual: suposta crença de que a exposição a telas de *smartphones* ou computadores pode fazer uma criança "desenvolver" o Transtorno do Espectro Autista. Além disso, a teoria afirma que o aumento de casos de autismo se deve unicamente às telas dos eletrônicos, ignorando o fato de que a ciência avançou no *DSM* e possibilitou um diagnóstico mais efetivo para as pessoas que nascem no espectro autista. O autismo é uma condição neurológica congênita - que acompanha a pessoa desde o nascimento.

Autista de Alto Funcionamento: (*cf.* Alto Funcionamento).

Autoconhecimento: habilidade que uma pessoa tem de conhecer a si mesma como se fosse outra pessoa; atos que permitem que uma pessoa possa se conhecer e se entender. (*cf.* Saúde Mental).

Autodiagnóstico: certeza que uma pessoa possui de estar no Transtorno do Espectro Autista, embora ainda não tenha sido avaliada por um neurologista ou um psiquiatra especialista no assunto. (*cf.* Diagnóstico; Laudo Médico)

Autolesão: ferimentos ou contusões que a pessoa autista pode se causar durante uma *Crise nervosa*, ou *sensorial*. Geralmente, a própria pessoa autista não deseja se lesionar. É preciso que algum *Suporte* intervenha para que não haja lesões graves.

Autonomia: capacidade que uma pessoa autista possui de se manter sozinha, cumprir sua própria rotina e se cuidar durante os momentos de *Crise*. Mesmo que saiba se cuidar sozinha, uma pessoa autista autônoma também precisa de *Suporte* em momentos específicos. (*cf.* Liberdade)

B

Barulho branco: frequência sonora que isola ruídos externos. É útil para os autistas com sensibilidade auditiva aguda. O ruído branco é semelhante ao barulho de uma cachoeira.

Bullying: violência própria do ambiente escolar ou profissional, onde um ou mais agressores escolhem uma vítima para atacá-la de todas as formas possíveis, seja física ou psicologicamente; linchamento moral. (Do inglês *bull*, touro)

Burnout: *(cf.* Ressaca.)

C

Capacitismo: julgamento preconceituoso pelas supostas capacidades, ou suposta faltas de capacidades, que uma pessoa com deficiência possui. O capacitismo pode acontecer tanto de forma negativa (menosprezar as dificuldades de uma pessoa no nível 1 de suporte) como de forma positiva (exaltar o trabalho de uma pessoa no nível 3 porque ela "superou" suas dificuldades, e não pelo valor do trabalho em si.) Uma forma de capacitismo muito comum é elogiar um cantor autista apenas porque ele enfrenta sua fobia social no palco, e não por aspectos técnicos de seu trabalho.

CID: A Classificação Internacional de Doenças é um manual de padronização internacional e de catalogação de doenças. Importante para o dia-a-dia dos profissionais de Medicina, a CID define quantas doenças existem no mundo, orienta a sua nomenclatura e define um código para cada uma delas, o que facilita o diálogo entre os médicos do mundo todo. À época de criação deste livro, a CID em vigor é a CID-10, que estará em vigor até 2022.

Ciência para a Sexualidade: também chamada de "Educação Sexual", a Ciência para a Sexualidade prepara a criança e o adolescente para a vida afetiva, e o posterior exercimento da sexualidade na vida adulta. Os assuntos abordados por esta matéria, muito mais do que apenas o ato sexual, se refere ao autoconhecimento corporal, noções de respeito em relação às outras pessoas, e indicações de autodefesa no que se refere a potenciais situações de assédio e abuso sexual.

Cisgênero: pessoa que se sente congruente ao gênero que nasceu. Uma mulher cisgênero é uma pessoa que nasce com o aparelho genital feminino, e que se sente mulher. (*cf.* Transgênero)

Colapso (*cf.* Crise sensorial)

Comportamento autolesivo (*cf.* Autolesão)

Crise: estado de extrema irritação da pessoa autista, que pode vir de fatores sensoriais ou psicológicos. Para interromper uma crise, é necessário retirar a pessoa autista da fonte do *Estímulo*. *Cf.* Autolesão.

*****Crise nervosa:** irritação proveniente de estímulos emocionais (como raiva, medo, tristeza, alegria), ou estímulos psicológicos (surpresa, ou mudança de rotina).

Crise sensorial: irritação proveniente do estímulo contínuo dos cinco sentidos. Cada pessoa autista possui sua própria miscelânea de estímulos mais propensos a provocar-lhe uma crise.

Cura do Autismo: (*cf.* Mercado do Autismo).

D

Déficit de atenção: *cf.* TDAH.

DI: sigla para Deficiência Intelectual; ou seja, quando a pessoa possui um atraso considerável em seu desenvolvimento, além de dificuldades cognitivas, e nas tarefas do seu dia-a-dia. Existem diversas pessoas no espectro autista com deficiência intelectual, o que refuta o antigo conceito de que "autistas são pequenos professores", como dizia *Hans Asperger*. O termo "retardo mental" é considerado pejorativo e não deve ser utilizado sob nenhum aspecto.

Diagnóstico clínico: sintomas e sinais que são identificados por profissionais em autismo (especialmente neurologistas e psiquiatras). O diagnóstico clínico do Transtorno do Espectro Autista conduz a pessoa autista ao *Laudo Médico*. O diagnóstico pode ser feito através de exames, mas o mais comum é através de entrevistas com a própria pessoa autista, e seus familiares.

Disforia (de gênero): sensação psicológica de desconforto vivida pelas pessoas trans quando não se sentem congruentes ao gênero em que nasceram. A *Transição* é um caminho importante para reduzir a sensação de disforia. A disforia foi o novo nome trazido pelo *DSM-5* para substituir o "transtorno de identidade de gênero".

Disfunção executiva: dificuldade que a pessoa autista possui para executar uma tarefa específica. Em crises de disfunção executiva, a pessoa autista precisa de suporte externo; seu comportamento antissocial e a lentidão de pensamento prejudicam as suas atividades diárias.

Diversidade: *Cf.* Neurodiversidade.

DSM: O Manual de Diagnóstico e Estatística de Transtornos Mentais (em inglês, Diagnostic and Statistical Manual of Mental Disorders) é um manual elaborado e emitido pela Associação Americana de Psiquiatria para definir o diagnóstico e a nomenclatura de transtornos mentais. À época de criação deste livro, o DSM mais recente é o DSM-5, emitido em 2013.

E

Ecolalia: repetição característica do autismo, onde a pessoa autista repete o que ouve de forma idêntica. As repetições podem tanto ser feitas fora de contexto, como podem ser utilizadas para a comunicação. As ecolalias são um tipo de *Estereotipia* verbal.

Educação Sexual: (*cf.* Ciência para a Sexualidade).

*Empoderamento afetivo: capacidade que a pessoa autista desenvolve de se realizar em seus próprios afetos, permitindo que a plenitude de sua felicidade afetivo-sexual se transforme em plenitude de vida.

Espectro: na Psicologia, o espectro é um tipo de abordagem que reúne diversas características que se assemelham entre si. No caso do espectro autista, pessoas podem ter sensibilidade aguda em sentidos diferentes do corpo; o fato é que todas possuem hiper e hiposensibilidades. Atualmente, o espectro autista é dividido por níveis de *Suporte*: o nível 1 (autista que possui *Autonomia* quase completa), o nível 2 (autista que equilibra a sua *Autonomia* com a necessidade de suporte pontual) e o nível 3 (autista que não possui *Autonomia* nas suas atividades diárias).

Especularidade: comportamento próprio do autismo onde a pessoa repete a fala de outra pessoa, mas com entonação própria. *Cf.* Ecolalia.

Estafa: *Cf.* Ressaca.

Estereotipia: movimentos ou atitudes repetitivas que são próprias do autismo, e que funcionam como um relaxamento sensorial para a pessoa autista. *Cf.* Stim.

Estereótipo: modelo-padrão para um determinado tipo de pessoa. No caso do autismo, existe o estereótipo de que todas as pessoas autistas são geniais, possuem altas habilidades intelectuais, ou que não têm sentimentos - o que é uma grande inverdade. É necessário combater os estereótipos através do conhecimento da realidade de cada pessoa autista.

Estímulo: qualquer fonte de excitação para os sentidos - um cheiro, uma fonte de luz, um ruído qualquer, um toque. Os estímulos descontrolados ou inesperados podem causar *Crises* na pessoa autista.

Estresse Pós-Traumático: transtorno de ansiedade que ocorre em pessoas que vivenciaram eventos traumáticos: acidentes, perda de relacionamentos, situações de violência, etc. O tratamento do estresse pós-traumático pode ser feito com terapia psicológica, atuação medicamentosa ou ambas.

Etarismo: *(cf. Ageísmo.)*

F

Feminismo: conjunto de movimentos políticos, teorias sociológicas, ideologias e atitudes que pleiteiam a igualdade de direitos entre gêneros, particularmente entre mulheres e homens. O direito ao voto e ao trabalho feminino foram conquistados pelas mulheres feministas após muita luta social - inclusive com perseguição e morte de inúmeras mulheres. Atualmente, o feminismo pleiteia a igualdade de salários entre mulheres e homens, a visibilidade social equânime entre gêneros, e a luta contra o preconceito às mulheres trans. *(cf. Machismo)*

***Fetichismo Autista:** característica própria do autismo de atribuir energia, ou se apegar a objetos. Muitas vezes, os objetos-fetiches são *Stim Toys* ou fazem parte da rotina da pessoa autista - como comer sempre com os mesmos talheres, ou sentar-se ao mesmo lugar na mesa. *(cf. Pensamento Rígido).*

Fixação Mental: *(cf. Pensamento Rígido).*

Fobia Social: é a dificuldade de lidar com situações que exigem contato ou interação com outros seres humanos. No espectro autista, as pessoas podem demonstrar mais ou menos fobia social. Em momentos de *Crise*, a fobia social de uma pessoa autista pode se acentuar.

G

Gênero: *(cf. Identidade de Gênero).*

Graus de Autismo: *(cf. Níveis de Suporte).*

H

Hans Asperger: *(cf. Asperger, Hans).*

Heterossexual: pessoa que se sente atraída sexualmente por pessoas de gênero oposto ao seu. (*cf.* Identidade de Gênero).

*Hiperempatia: capacidade que uma pessoa autista possui de se ligar emocionalmente a outra numa forma muito intensa, o que lhe pode ocasionar problemas psicológicos. É natural que pessoas autistas que sentem a hiperempatia tenham tendência a ser mais criteriosas em seus relacionamentos, o que se considera "falta de sensibilidade" numa leitura *Capacitista*.

Hiperfoco: momento em que a pessoa autista se concentra em uma única atividade prazerosa. Apesar da aparente "habilidade especial", os hiperfocos podem ser danosos para a pessoa autista: sem estímulo de seus suportes, ela poderá ficar sem dormir, se alimentar ou fazer suas atividades diárias. O hiperfoco também pode ser um obstáculo à vida profissional da pessoa autista se ela não trabalhar em sua área de *Interesse Específico*.

Hipersensibilidade: excesso de excitação dos sentidos. Não existe um padrão para a hipersensibilidade: cada pessoa autista possui as suas sensibilidades particulares. O excesso de hipersensibilidade pode levar a *Crises Sensoriais*.

Hiposensibilidade: falta de excitação dos sentidos. Assim como a *Hipersensibilidade*, não existe um padrão para a hiposensibilidade. O excesso de hiposensibilidade pode levar a acidentes como queimaduras e intoxicações.

Homossexual: pessoa que se sente atraída por pessoas de gênero igual ao seu. (*cf.* Identidade de Gênero).

I

Identidade de Gênero: maneira que uma pessoa se sente e se percebe como ser individual. Em suma, é como a pessoa se reconhece no mundo.

- **Cisgênero:** pessoa que se sente congruente com o gênero que recebeu ao nascer.
- **Transgênero:** pessoa que se sente incongruente com o gênero que recebeu ao nascer. (*cf.* Disforia).
- **Gênero não-binário:** pessoa que está entre o masculino e o feminino, que é indiferente sobre o gênero que possui, ou que não quer definir o seu gênero. Neste caso, a pessoa pode se definir agênero, andrógine, gênero-fluido, *neutrois*, xenogênero, gênero-cor, ou ainda outras modalidades de gênero.
- **Inclusão:** métodos e ações específicas para diminuir a diferença entre os diferentes tipos de pessoas, e permitir que todos façam parte da sociedade de

acordo com suas especificidades: deficiências, etnias, crenças, idades, gêneros, etc. (*cf.* Acessibilidade)

Insensibilidade: (*cf.* Hipossensibilidade)

Interação Social: ação que acontece entre dois ou mais indivíduos. No caso do autismo, a interação social se refere principalmente quando a pessoa autista precisa se comunicar com outra pessoa, ou quando sai de sua casa. A interação social ocasiona *Estafa* na pessoa autista e, em excesso, pode causar *Crises* sensoriais ou nervosas.

Interesse específico: Assuntos pelos quais a pessoa autista possui grande interesse. Os temas podem, inclusive, abarcar grandes áreas (como "Comunicação e Humanidades"). Para autistas que conseguem unir sua vida profissional ao seu interesse específico, o trabalho torna-se uma grande fonte de prazer. Embora não seja muito comum, os interesses específicos podem mudar algumas vezes durante a vida.

L

Laudo Médico: documento emitido unicamente por psiquiatras ou neurologistas que comprova que a pessoa autista está no espectro. O laudo também possui garantias legais: no Brasil, o laudo médico garante que a pessoa autista será protegida pelas leis que lhe são específicas, como o Estatuto da Pessoa com Deficiência. (*cf.* Diagnóstico Clínico).

Letargia: (*cf.* Ressaca).

Liberdade: conceito inerente à toda pessoa humana, garantido pelos Artigos 1º e 3º da Declaração Universal dos Direitos Humanos. A liberdade é a capacidade que o ser humano possui de agir de acordo com as suas próprias motivações, sem nenhum impedimento ou coerção de quaisquer espécies. A pessoa autista tem direito a ter sua liberdade respeitada e resguardada, mesmo que não possua condições de cuidar de si mesma. (*cf.* Autonomia)

Luta Social Autista: (*cf.* Ativismo Autista).

M

Machismo: comportamento social que considera os homens cisgênero como gênero superior, mais capacitado ou mais forte. Também designa atitudes violentas dos homens cisgênero heterossexuais contra outros gêneros, particularmente as mulheres cis e transgênero. Crença que a masculinidade deve manter o poder, seja através da força física ou da influência psicológica e moral (patriarcado). Todos os gêneros podem pensar e agir com orientações machistas. (*cf.* Feminismo).

Mãe-geladeira: ideia desenvolvida pelo psiquiatra austríaco Leo Kanner (1894-1981) na década de 1940. Este conceito afirma que o autismo possivelmente viria da falta de afeto da mãe com a criança autista. A evolução científica da época ainda não permitia vislumbrar as implicações biológicas e genéticas que podem ser a causa do autismo. Atualmente, alguns setores do *Mercado do Autismo* (ou do *Autismo Virtual*) defendem este conceito já refutado pela ciência. Sem dizer que, ao "culpar" apenas a pessoa da mãe pelo autismo do filho, naturalmente enxerga-se uma concepção científica influenciada pelo *Machismo*.

*Mapa arqueológico: capacidade de organizar os próprios pensamentos em categorias, e de conseguir recuperá-los com rapidez. Habilidade que algumas pessoas autistas podem ter de se localizar no tempo através de lembranças ou fatos localizados.

Mascaramento: ato de esconder ou ocultar movimentos, pensamentos, atitudes ou comportamentos próprios do espectro autista. O mascaramento é muito mais comum no nível 1 de suporte, embora todos os níveis tenham o seu modo de "esconder" seu autismo entre o convívio neurotípico. O mascaramento causa grande desgaste na pessoa autista: quanto mais uma pessoa no espectro esconde suas características, mais aumentará a sua possibilidade de ter uma *Crise*.

Masking: (*cf.* Mascaramento).

Meltdown: (*cf.* Crise; Ressaca).

Mercado do Autismo: iniciativas realizadas por pessoas autistas, famílias e profissionais *Neurotípicos* para lucrar com a venda de produtos, terapias ou cursos ligados ao espectro autista. Em quase a sua totalidade, o mercado do autismo beira o charlatanismo e o golpismo, pois se criam ilusões refutadas e combatidas pela ciência: tais como a "cura do autismo", ou a crença que o ganho de habilidades funcionais fará a pessoa autista "sair do espectro". Graças ao mercado do autismo, muitas pessoas autistas são vítimas de tratamentos insalubres, degradantes e torturantes. Por este fato, o termo tem significado pejorativo. No entanto, é importante diferenciar o *Mercado do Autismo* da venda de produtos específicos para pessoas autistas, tais como *Stim Toys*, cobertores compensados, loções sem fragrância, etc.

Método: (*cf.* Pensamento Rígido).

Misoginia: sentimento de desprezo, aversão, intolerância ou ódio às mulheres. (*cf.* Machismo).

Movimento repetitivo: (*cf.* Estereotipia).

Mutismo seletivo: ocasião em que a pessoa autista perde a capacidade de falar fluentemente, ou de comunicar-se através das palavras faladas. Pode acontecer, geralmente, durante crises e eventos estressores. Todos os níveis de suporte podem passar por crises de mutismo seletivo. Se não for tratado adequadamente, o mutismo seletivo pode tornar-se frequente.

N

Não-falante: pessoa autista que não fala. Apesar de não comunicar-se através da fala, uma pessoa autista não-falante pode ser verbal através da escrita. (*cf.* Mutismo Seletivo; Não-verbal).

Não-verbal: pessoa autista que não utiliza as palavras com o intuito de se comunicar. (*cf.* Não-falante).

Neurodiversidade: conceito criado em 1999 pela socióloga australiana Judy Singer. A neurodiversidade considera que indivíduos com funcionamento neurológico diferente do padrão não podem ser considerados pessoas deficientes, e sim *diversas*. Pessoas com dispraxia, disgrafia, dislalia, discalculia, dislexia, *TDAH*, autismo e síndrome de Tourette, por exemplo, são consideradas neurodiversas. A neurodiversidade visa considerar as diferenças neurológicas como outras diferenças humanas (etnia, gênero, religião e posicionamento político), que devem ser respeitadas integralmente. (*cf.* Neurotípico).

Neurotípico: pessoa que possui funcionamento neurológico e cognitivo dentro de um padrão definido pela ciência. (*Cf.* Neurodiversidade).

Níveis de Suporte: classificação atual do Transtorno do Espectro Autista, onde se é medida a necessidade de *Suporte* que uma pessoa autista possui. A abordagem do autismo por níveis de suporte é questionada por parte da comunidade autista, que percebe incongruências entre esta teoria e a complexa realidade das pessoas autistas. (*cf.* Abordagem Espectral do Autismo).

• **Nível 1:** pessoa com baixa necessidade de suporte, mas que precisa de apoio em atividades específicas.

• **Nível 2:** pessoa com necessidade de suporte mais frequente, embora tenha certo grau de *Autonomia* em algumas atividades diárias.

• **Nível 3:** pessoa com alta ou total necessidade de suporte para suas atividades diárias.

O

Obsessão: (*cf.* Pensamento Rígido).

P

Padrão de Comportamento: uma das formas do *Pensamento Rígido* na pessoa autista.

Pensamento Catastrófico: tendência própria do autismo de imaginar coisas ruins para si mesmo. O pensamento catastrófico faz parte do *Pensamento Rígido*, um dos itens de diagnóstico do autismo.

Pensamento Rígido: um dos "sintomas" do Transtorno do Espectro Autista que podem ser identificados mais facilmente. Em geral, o pensamento rígido pode ser traduzido com diversos fatores:

• Dificuldade de pensar com empatia (colocar-se no lugar do outro);

• Dificuldade ou incapacidade de entender contextos ou discursos em que se usa ironia, sarcasmo ou deboche;

• Tendência ao maniqueísmo dualista (algo é bom, ou é mau) e ao fanatismo;

• Prescrições de rotina detalhistas e muito rígidas;

• Pensamento perseverativo e obsessivo, como fazer sempre os mesmos caminhos, vestir sempre as mesmas roupas em determinadas circunstâncias, ou alimentar-se sempre com os mesmos talheres;

• Excessivo apego a objetos (*cf.* Fetichismo Autista);

• Tendência ao Transtorno Obsessivo-Compulsivo (TOC);

• Dificuldade, ou incapacidade de entender conceitos relativos ou generalizados.

Perfeccionismo: uma espécie de comportamento obsessivo que busca a perfeição em qualquer atividade. No espectro autista, o perfeccionismo é um dos tipos de *Pensamento Rígido*. Se a pessoa autista não buscar terapia apropriada, o perfeccionismo pode torná-la inapta profissionalmente: ela destruirá cada obra que fizer, ou desistirá de cada trabalho que tiver simplesmente por não se sentir boa o suficiente.

***Pré-crise:** estado psicológico em que a pessoa autista está prestes a ter uma *Crise* nervosa ou sensorial. A pré-crise pode ocasionar mal estar, agitação, confusão mental e *Hipersensibilidade* ainda mais exarcerbada.

Preconceito: opinião criada sem nenhum conhecimento de causa, e sim pelo seu *Estereótipo*. No Brasil, o artigo 3º da Constituição Federal garante o direito de prover o bem de todos, sem quaisquer preconceitos ou outras formas de discriminação. O preconceito a etnias, deficiências, gêneros, idades, orientações sexuais e religiões, entre outros, são considerados *crimes de ódio*. (*cf.* Violência contra a pessoa autista).

R

Racismo: sentimento de desprezo, aversão, intolerância ou ódio a alguém por sua etnia, cor, ou origem.

Relacionamento abusivo: Relação em que uma parte comete qualquer tipo de abuso à outra parte, para o detrimento desta. Os abusos mais comuns são físicos e psicológicos, mas podem haver ainda outros tipos de abuso nesta violência. O abuso sempre é cometido pela parte da relação que tem mais poder. No espectro autista, o termo é utilizado geralmente em relações afetivas, mas pode ser utilizado também no contexto familiar, profissional, acadêmico, etc.

Relacionamento tóxico: (*cf.* Relacionamento Abusivo).

Representatividade: conceito que defende a abertura de papéis sociais para pessoas que nunca puderam estar naquela condição, gerando um exemplo a ser seguido pelas gerações posteriores. Alguns exemplos de representatividade são mulheres sendo eleitas para as presidências de seus países, pessoas não-brancas assumindo a gerência de grandes empresas, uma pessoa trans recebendo um prêmio de nível nacional, ou de uma pessoa autista sendo reconhecida pela mídia. É de suma importância que pessoas autistas possam se espelhar em pessoas autistas para conquistar o seu lugar na sociedade. (*cf.* Ativismo Autista).

Ressaca: estado de cansaço, ou fadiga extrema após uma *Crise*. É necessário respeitar o período de sono ou descanso da pessoa autista para que ela se recupere plenamente.

Rigidez de pensamento: (*cf.* Pensamento Rígido).
Ritual: (*cf.* Pensamento Rígido).

S

Saúde Mental: de acordo com a Organização Mundial da Saúde (OMS), é a condição de bem estar em que o indivíduo consegue lidar com os seus desafios diários sem prejuízos, desenvolve suas capacidades e habilidades, e consegue oferecer sua contribuição à sociedade. No caso da pessoa autista, a saúde mental inclui ainda a necessidade de ambientes acessíveis e o respeito às suas limitações enquanto pessoa com deficiência. (*cf.* Acessibilidade).

Segregação: o impedimento de pessoas a ter os seus direitos sociais respeitados, excluindo-as do convívio com as demais. Geralmente, os setores que possuem mais poder social (chamados de *maioria*) tende a segregar os setores que não possuem *Representatividade* (chamados de *minorias*). Como exemplos, existem a segregação racial, a segregação urbana entre bairros ricos e bairros empobrecidos, a segregação entre gêneros, a segregação das pessoas com deficiência das sem deficiência, entre outras.

Seletividade Alimentar: o termo traduz uma série de eventos relacionados à alimentação. A seletividade alimentar não é exclusiva do espectro autista, mas muitas pessoas no espectro relatam dificuldades ou métodos específicos nas suas refeições. A seletividade alimentar pode acontecer das seguintes maneiras:
• recusa de um alimento específico devido ao seu cheiro, à sua textura, ao seu modo de preparo ou à sua fonte (existem pessoas autistas que recusam qualquer tipo de carne ao saber que um animal precisa morrer para servir de alimento);
• pequena quantidade de alimentos aceitos pela pessoa autista, o que pode implicar em um déficit de vitaminas e minerais;
• ingestão frequente de um único tipo de alimento (*cf.* Pensamento Rígido).

Sensibilidade: a maneira de percepção do mundo através dos cinco sentidos (audição, visão, tato, olfato e paladar). As pessoas autistas possuem alteração fundamentais em sua sensibilidade, seja através da falta (*Hiposensibilidade*) ou do excesso (*Hipersensibilidade*). O autismo é considerado deficiência no quesito sensorial.

Sexismo: preconceito ou discriminação baseada no sexo de uma pessoa. (*cf.* Machismo).

Sinestesia: relação de interconexão entre dois sentidos. Para a pessoa sinestésica, um cheiro pode evocar uma cor, uma cor pode evocar um som, um som pode evocar uma sensação tátil, etc. A sinestesia não é exclusiva do espectro autista, mas pode acontecer entre pessoas no espectro.

Sobrecarga: estado psicológico em que a pessoa autista não consegue suportar o excesso de *Hipersensibilidade*, ou de *Interação Social*. (*cf.* Pré-crise).

Socialização: (*cf.* Interação Social).

Stim: *Cf.* Estereotipia.

Stim Toy: do inglês "brinquedo de *Estereotipia*". Dispositivos sensoriais que auxiliam a pessoa autista criança ou adulta a aliviar sua sobrecarga sensorial, se distrair e evitar crises.

Superdotação: diagnóstico paralelo ao autismo. Na superdotação, a pessoa autista pode ter um desempenho excepcional na sua área de *Interesse Específico*, ao preço de não conseguir realizar outras tarefas com facilidade. Entre as décadas de 1990 e 2010, a pessoa autista na superdotação recebia o diagnóstico de *Síndrome de Asperger*, ou "autismo de *Alto Funcionamento*". O diagnóstico de superdotação vem através de teste de QI (quoficiente intelectual) realizado por neurologista ou psiquiatra especialista. (*cf. Supremacia Aspie*).

Suporte: pessoa que auxilia ou incentiva a pessoa autista a fazer suas atividades diárias. Acompanhante da pessoa autista. Pessoa que traz conforto à pessoa autista (*cf.* Amizade-Suporte).

Supremacia Aspie: termo cunhado por volta de 2010, quando pessoas diagnosticadas na então *Síndrome de Asperger* se reconheceram pessoas de *Alto Funcionamento*; logo, elas seriam um "estágio mais avançado na evolução humana". A visão de "alto funcionamento" e "*Altas Habilidades*" influenciou a sociedade para enxergar os autistas como pessoas geniais, dotadas de raciocínio rápido e excepcionais - no sentido mítico do termo. Outros conceitos criados pela Supremacia Aspie são o *bom autismo* (o autismo de "alto funcionamento", ou seja, o próprio Asperger) e o *mau autismo* (o autismo geralmente acompanhado de deficiência intelectual). Diferentemente do padrão da comunidade autista, os partidários da Supremacia Aspie defendem valores capacitistas e totalitários. (*cf.* Asperger, Hans; Capacitismo).

T

TDAH: O Transtorno do Déficit de Atenção com Hiperatividade (TDAH) é um transtorno neurobiológico que possui causas genéticas, e que acompanha o seu portador por toda a vida. Os sintomas frequentes do TDAH incluem desatenção, comportamento impulsivo e inquieto. É comum que crianças sejam diagnosticadas mais facilmente, mas essa condição também influencia a vida de adultos. Pessoas no espectro autista também podem ter TDAH. Em inglês, o TDAH tem a sigla de ADHD (Attention Deficit/Hyperactivity Disorder).

Tipicidade: (*cf.* Neurotípico).

Transfobia: sentimento de desprezo, aversão, intolerância ou ódio às pessoas *Transgênero*.

Transgênero: pessoa que se sente com um gênero diferente daquele com o qual nasceu. (*cf.* Disforia).

Transição: atos e procedimentos em que as pessoas *Transgênero* podem comportar-se, agir e definir-se com o gênero que verdadeiramente lhes representa, e não com o que nasceram.

• **Transição social:** importante passo na transição completa, é quando a pessoa trans define o seu *nome social*, começa a utilizar as roupas de sua identidade e assumir as características de seu verdadeiro gênero. (Para homens trans, a transição pode incluir abandonar as roupas consideradas femininas e deixar os pelos corporais crescerem. Para mulheres trans, pode-se deixar o cabelo crescer e utilizar roupas consideradas femininas.)

• **Transição hormonal:** tratamento realizado com medicamentos e hormônios, além de acompanhamento psicológico, que permite à pessoa trans ter características mais próximas ao seu gênero de fato, o que pode lhe trazer bem-estar e autoestima.

• **Transição cirúrgica:** procedimento médico que dá à pessoa trans as características físicas do seu gênero de fato. Além da cirurgia de redesignação sexual feita para homens e mulheres trans, os homens trans podem fazer a cirurgia de mastectomia masculinizadora.

V

Verbal: pessoa autista que utiliza as palavras com o intuito de se comunicar, seja através da palavra escrita, ou da fala. (*cf.* Não-falante).

Violência: atos[27] que *segregam*, ofendem, ameaçam e vilipendiam os direitos das pessoas com deficiência - neste contexto, as pessoas autistas:

• **Violência de gênero:** praticar qualquer ato que prejudique a pessoa autista baseada em seu gênero. Pessoas trans e mulheres cis estão muito mais expostas a esse tipo de violência.

•*****Violência contratual:** celebrar contratos com pessoa autista sem a presença de dois curadores designados pela Justiça; obter assinaturas de pessoa autista para contratos que lhe causarão danos morais ou psicológicos; assinar contratos em nome de pessoa autista e usar o seu crédito para contrair dívidas.

• **Violência econômica (financeira):** extorquir a pessoa autista; apropriar-se dos bens de uma pessoa autista para usufruto alheio; captar dinheiro em nome da pessoa autista para benefício alheio.

• **Violência física:** privar a pessoa autista em cárcere domiciliar; bater, maltratar, amarrar, espancar e torturar a pessoa autista; deixar que a pessoa autista passe fome ou sede; intervir com medicamentos para mudar características da pessoa autista; submeter a pessoa autista a tratamentos que não são comprovados ou recomendados pela ciência, principalmente no que tange o corpo da pessoa autista.

• **Violência moral:** agredir verbalmente; criar falsos testemunhos que ofendem a pessoa autista e/ou sua condição; atacar a honra e a integridade moral da pessoa autista; desmoralizar a pessoa autista devido à sua condição.

• **Violência patrimonial:** apropriar-se dos bens de pessoa autista, ou a ela destinados; controlar o uso de heranças e espólios que pertencem à pessoa autista. (*cf.* Violência econômica).

• **Violência psicológica:** ameaçar e induzir a pessoa autista ao pânico; criar um ambiente de medo, terror ou desespero; tratar a pessoa autista como psicologicamente incapaz ou débil; aproveitar da situação de vulnerabilidade da pessoa autista para agredi-la verbalmente.

•*****Violência sensorial:** criar um ambiente hostil para a pessoa autista; não respeitar a necessidade de controle sensorial da pessoa autista; conscientemente fazer ruídos, emitir luzes, e exalar cheiros que prejudicam a pessoa autista; não

---

[27] Em caso de violência contra a pessoa autista, procure a autoridade policial, a Ordem dos Advogados, ou a Secretaria de Direitos Humanos de sua cidade.

criar um ambiente propício para a moradia da pessoa autista, ou impedi-la de morar com boa qualidade de vida. (*cf.* Acessibilidade)

• **Violência sexual:** condutas que ameaçam a pessoa autista no exercimento de sua sexualidade, e de sua vida sexual.

- **Abuso sexual:** ação propriamente dita de violação sexual, onde o agressor pode obrigar a vítima a realizar o ato sexual (inclusive à força); gravar imagens íntimas da pessoa autista sem o seu consentimento.

- **Assédio sexual:** qualquer pedido, atitude, conduta ou gesto de natureza sexual que não é desejado pela pessoa autista.

- ***Celibato compulsório:** obrigar a pessoa autista a permanecer solteira, ou a não vivenciar sua sexualidade; coibir a vida sexual da pessoa autista através de ameaças; utilizar medicamentos para impedir que a pessoa autista sinta libido, ou uma vida sexual satisfatória.

- **Exploração sexual:** tentativa de aproveitar a vulnerabilidade da pessoa autista para obter sexo; oferecimento de presentes, favores ou vantagens para benefícios sexuais pela pessoa autista.

• **Violência social:** colaborar para a disseminação do preconceito contra a pessoa autista; menosprezar ou constranger pessoas autistas pela sua condição social ou nível de ensino; menosprezar autistas autodiagnosticados, ou contestar o laudo de autistas diagnosticados porque vivem como qualquer outra pessoa sem deficiência.

Visibilidade: fenômeno social em que pessoas excluídas de seus direitos (chamadas de *minorias*) conseguem alcançar os meios de comunicação, ou cargos importantes, e conseguem mostrar que existem - apesar das inúmeras tentativas de se fingir o contrário. No século XX, pode-se pensar na visibilidade das lutas feministas nos anos 60, na ascensão cultural da comunidade gay nos anos 80 e 90. No início do século XXI, deu-se início à visibilidade das pessoas trans, e das diferentes neurodiversidades. A visibilidade, por consequência de sua demanda social, é um ato político. (*cf.* Representatividade).

X

Xenofobia: sentimento de desprezo, aversão, intolerância ou ódio às pessoas estrangeiras. (*cf.* Racismo).